岩 波 文 庫
34-231-1

大 衆 の 反 逆

オルテガ・イ・ガセット著
佐 々 木 孝 訳

岩 波 書 店

凡　例

一、本書は、José Ortega y Gasset, *La Rebelión de las Masas* の佐々木孝氏による全訳である。スペインで一九三〇年に刊行された本論に加え、フランス語版のために一九三七年に書かれた「フランス人のためのプロローグ」(Prólogo para franceses)、および英語版のために一九三八年に書かれた「イギリス人のためのエピローグ」(Epílogo para ingleses)から構成される。いずれも底本には、*Obras Completas de José Ortega y Gasset*, Tomo IV (1929–1933), Sexta Edición, Revista de Occidente, Madrid, 1966 が用いられている。

二、次の方針で訳者の訳稿は作成された。

- 一つの段落が長い箇所は、便宜的に改行を加えた。
- 原文の強調を示すイタリック表記は、適宜、傍点を付すか、引用符で括った。
- 原文の《　》は引用符とした。
- 原注は、底本では各頁に脚注で示されているが、巻末にまとめて通し番号をつけた。

・訳注は〔　〕を用いて本文中に挿入した。

三、今日の観点からして不適切な表現が含まれているが、原著の表現を尊重して考慮の上、そのままとした。

四、「訳者あとがきに代えて」にあるように、推敲を経た翻訳原稿が完成した後、訳者は急逝された。校正に際して、底本と照らし合わせて必要な修正を加えたほか、表記の統一を行った。それにあたっては、ホアン・マシア氏の多大な助力を得た。

（岩波文庫編集部）

目　次

大衆の反逆

フランス人のためのプロローグ

1

一応これを本とみなすとすれば、本書の成り立ちはこうなっている。はじめて発表されたのは、一九二六年、マドリッドのある新聞紙上[『エル・ソル』紙]である。しかし取り扱っている事柄があまりに人間的なものなので、時間の経過とともに変化しないわけにはいかなかった。人間の現実は常に変動している。とりわけ目まぐるしい速さで展開し加速する時代がある。下降と凋落《ちょうらく》を繰り返す私たちが生きる時代は、まさにそうした時代に属する。事実の方がこの本を追いこしてしまったのは、そのためである。本書の中で予告されていることの大部分は、ほどなく現在のものとなり、そして今[一九三七年]ではすでに過去のものとなってしまった。それればかりではない。本書はここ数年の間、フランス以外の国々で大いに読まれてきたので、フランスの読者にもその見解の少なからずが、誰のものとも知られぬままにすでに伝えられており、決まり文句にまでなっている。

したがって今回は現代に最もふさわしい思いやり、つまり余計な書物は出版しないという思いやりを実践するまたとない機会であったのかも知れない。実は私もその方向にできるだけのことをしてはみたのだ。ストック書店が本書のフランス語訳を出版したいと申し出てからもう五年にもなる。そんな折、私が本書の中で表明した見解の全体像がフランスの読者には自明のものではないので、それなら、うまくいくかどうかはともかく、それを彼らの思索と批判に委ねるのもいいではないか、との指摘を受けたのである。

私はそうした忠告に全面的に承服しているわけではない。しかし殊更《ことさら》むきになることでもあるまい。ともかく私がこだわりたいのは、読者が見当はずれの幻想を抱いて本書を読み始めないことだ。つまり本書が、発行部数をほこるマドリッドの一新聞紙上に発表された一連の記事にすぎないことはご承知おきいただきたい。私が書いてきたほとんどすべてのもの同様、本書も、宿命によって私と共に生きる、ある限られたスペイン人のために書かれたのだ。だから、相手をフランス人に変えた私の言葉が、その言わんとしていることをうまく伝えることができるかどうか、かなりあやしいのである。

人間の行なうほとんどすべてのことにも言えるが、話すということは、普通考えられているよりも遥かに幻想的な作業である。そう信じている私にとって、大きな幸運など望む気にもなれない。私たちは言語というものを、自分の思想を明らかにするのに役立つ手段と定義している。しかし定義というものは、たとえ偽りでないとしても、一筋縄にはいかぬもの、つまり暗黙の留保を含んでおり、そういうものとして解釈しないとやっかいな結果を引き起こす。定義とはそのようなものだ。たとえば言語は私たちの考えを隠すため、嘘をつくためにも役立つ、などというのはそのほんの一例にすぎない。もし日々普通に「話されること」を真実だとみなさないならば、嘘もあり得ないであろう。贋金《にせがね》は正貨に支えられて流通する。つまり欺瞞は、純真さに巣食うお粗末な寄生虫ということだ。

いやいや、それどころではない。例の定義の最も危険な点は、私たちが普段それを聞くときに抱く楽観主義的な付け足しの方なのだ。なぜなら前述の定義そのものは、言語を通じてすべての考えを充分適確に表明できるなどとは、決して請け合っていないからである。そこまで約束はしていないが、かといって厳密な意味での真理を率直に見せてくれるわけでもない。人間同士が互いに理解しあうことはどだい不可能であり、人間は根源的に孤独と定められている。だから隣人に辿り着こうと思えば、それだけで精力を使い果たしてしまうのだ。そうした努力のうちの一つが言語であり、これは私たちの内部に起こることの幾つかを、ときにはできるかぎりの近似値をもって表明できる、ただそれだけのものなのだ。

しかし私たちは普通、これらの留保事項を無視している。むしろ逆に、人は話そうとするとき、自分の考えていることをすべて表現できるはずだと信じているから、、、こそ話す。もちろんこれこそ幻想なのだ。言語は、それほどのものではない。大なり小なり、私たちの考えていることの一部分を表現するだけで、残りのものの伝達に対しては乗り越えることのできない障害がもうけられている。もちろん言語は、数学の命題や証明にはかなり役立つ。だが物理学となると、すでに曖昧かつ不充分なものになり始める。しかも会話はそれより重要で、より人間的で、より「現実的」な主題に関わるにしたがって、その不正確さ、愚鈍さ、混乱が増大する。話せば分かる、という古くからの先入見にとらわれて、あまりにも素朴に話したり聞いたりするので、互いに相手のことを無言のうちに推察しようと努める以上に、互いを誤解することの方が多いのだ。

真にものを言うということは、単に何かを言うだけではない。何者かが何者かに向かって何かを言うことなのだ、という事実があまりにも忘れられている。すべての言説の中には、話されている言葉の意味に対して無関心ではいられない発信者と受信者がいるのだ。意味は彼らが変わるに応じて変化する。二人が同じことを言っても、意味は同じではない(Duo si idem dicunt non est idem.)。すべての語は場合によって変化する(1)。言語活動は本質的に対話であり、それ以外のすべての発言形式は効果が劣っている。それゆえ一冊の本は、私たちにひそかな対話をもたらすかぎりにおいて良書である、と私は考える。つまり著者が具体的に読者を想定でき、そして読者の方でもまるでその行間が親しく自分に触れ、愛撫しようとする――あるいは極めて慇懃《いんぎん》に殴打を食らわそうとする――その一本の触手のようなものが出てくるのが感じられる限りにおいて良書であると考えるのだ。

言葉はこれまでの濫用によって、その権威を失墜してしまった。ここで言う濫用とは、他の多くの場合と同じく、配慮なしに、つまり道具としての限界について意識なしに使用することである。ほとんど二世紀も前から、話すとは「万人に向かって」(urbi et orbi)話すことだと信じられてきたが、これは結局、誰に対しても話さないに等しい。私はこうした話し方を嫌悪するし、自分が誰に対して話しているか具体的に知らないときには胸の痛みさえ覚える。

それが本当にあったことかどうか保証の限りではないが、次のような話が伝わっている。ヴィクトル・ユゴーの金婚式が祝われた際、エリゼー宮で祝典が催されたが、そこには各国代表がそれぞれお祝いを持って参列したそうだ。大詩人は大広間で片肘を暖炉の縁にもたせかけながら、彫像のように威厳ある態度で立っていた。各国代表は参列者の面前に進み出て祝辞を述べ、贈り物をフランスの詩人にさし出す。一人の案内係がわれ鐘のような声で次々と知らせる。

「イギリス代表閣下！」、するとヴィクトル・ユゴーは、芝居がかった震え声で、そして感嘆の眼差しで言う、「イギリス、ああシェイクスピアの！」。案内係は続ける。「スペイン代表閣下！」、するとヴィクトル・ユゴーは、「スペイン、ああセルバンテスか！」。「ドイツ代表閣下！」、するとヴィクトル・ユゴーは、「ドイツ、ああゲーテよ！」。

しかしそのとき一人のずんぐりむっくりの、ぶざまな歩き方をする背の低い男の番になった。案内係は叫ぶ。「メソポタミア代表閣下！」。

それまで堂々と自信満々だったヴィクトル・ユゴーは一瞬とまどったように見えた。彼の両の瞳は、心配そうに、まるで見つからない何物かを求めて全宇宙をさまようがごとく大きな弧を描いた。だがまもなく彼は、自分がそれを見つけたことに気づいた。そして再びその座の主人公としての自信を取りもどす。事実、彼は前と同じように感きわまった声音で、ひとつも衰えぬ確信をもって、その代表の祝いにこう言って応じた。

「メソポタミア！　ああ人類よ！」。

私がこの話をしたのは、ヴィクトル・ユゴーほどの威厳はないかも知れないが、次のことを明らかにしておきたいからである。すなわち、私はいまだかつてメソポタミアのために書いたことも話したこともないし、人類全体を相手としたこともないということである。人類全体に語りかけるというこうした習慣は、最も崇高な形式、ということはつまり民衆扇動の最も卑劣な形式ということだが、一七五〇年ごろ、正道をはずれた知識人たち〔ルソー等のフランス啓蒙思想家〕によって採択された。つまり彼らは、おのれ自身の限界を知らず、その務めが言説の人、ロゴス〔言語、理性〕の人でありながら、言葉というものが極めて繊細な運用が必要とされる秘蹟とも言うべきものであることに気づかずに、尊敬の念も慎重さもなしにそれを使用したのである。

2

言葉が効果的に機能する範囲は意外に狭い。この見解は、本書がヨーロッパのほとんどすべての言語圏で読者を獲得したという事実によって無効になるのではないかと思われるかも知れない。しかしむしろ私は、これがもう一つ別の、重大な事実の兆候であると考える。つまり、あらゆる状況において西洋全体が陥っている恐るべき同質性のことである。本書が現われて以来、そこに描かれている力学どおりに、その同質性は苦悩の形を露わにしながら増大してきている。私はいま苦悩という言葉を使った。その意味は、各々の国で苦境として感じられているものが、実はヨーロッパ大陸のどこでもまったく同じように起こっているという事実だ。そして苦しんでいる当の人間が気づいたときには、その絶望は無限大に増幅しているのである。

以前は他の国に向かう窓を開いて、国内の澱《よど》んだ空気を換えることができたのに、今となってはこの方法は何の役にも立たない。なぜならその他の国の空気も自国同様であり、とても吸えたものではないからである。窒息するような重苦しい感じはそこからくる。冷笑家(pince sans rire)であったヨブ[旧約聖書「ヨブ記」の主人公]は、友人たちに、世界中を歩き回った旅人や商人たちに尋ねる。「世界のどこに、知性が存在するところがあるかご存知ですか?」。

しかしここで必要なのは、さまざまな環境が次第に類似していくこうした事態の中においても、たがいに異なる、そして対照的な価値をもつ二つの局面を区別しておくことである。

古代世界の崩壊以来、歴史の上に大挙して飛び立った西洋諸民族は、常に生の二重の形式によって特徴づけられてきた。というのは、各民族がそれぞれ固有の資質を形成していく一方、諸民族間に、あるいはそれらの上に、見解や様式や熱狂することに関する共通項目が形成されるという事態も生じたからである。そればかりではない。諸民族が次第に同質的なものになると同時に、次第に異なったものになるというこの宿命は、まさに最上級の逆説として理解されねばならないのだ。なぜなら諸民族において、同質性は多様性と無縁ではなく、むしろその反対だからである。つまり画一的な新しい原理の一つひとつが豊かな多様化をもたらしたのである。キリスト教的理念はそれぞれの国の国民教会を生んだ。「ローマ帝国」(Imperium)への回顧は、国家のさまざまな形式に対し霊感をもたらした。十五世紀の「文芸復興」(ルネサンス)は種々異なる文学のきっかけを作った。科学と「純粋理性」のような、人間に関する統一原理はさまざまな知的様式を創り出し、果ては数学の極端な抽象作用までをも多様に創り上げることになる。加えて、ついに十八世紀の途方もない見解が登場するのだ。それによれば、すべての民族は同一の政体を持つべきだというのだが、この見解でさえそれぞれの国民におのが国民性についての違った意識を覚醒させ、それによって各自が特有の天命に向かって鼓舞されるようになったのである。

それというのも、ヨーロッパ系と呼ばれるこれらの民族にとって、生きることは常に――明らかに十一世紀のオットー三世以来――共通の空間もしくは範囲で動き、行動することだったのである。すなわち各民族にとって、生きるとは他民族と共存することであった。この共存は、平和と闘争のいずれの様相をも呈した。ヨーロッパ内の戦争は、ほとんど常にまるで内輪のいさかいを思わせるような奇妙な様相を呈してきたのだ。つまり敵対者の絶滅を避け、まるで競技か村内の若者たちの争い、遺産分配をめぐっての相続者間の争いのようなものだったのである。「いくらか方法は異なっても、すべては同一のことを目指している」(Eadem sed aliter)。カール五世はフランソワ一世にこう言った。「わが従兄フランソワと私は完全に同意見である。つまり二人ともミラノを欲している」と。

西欧の誰もが我が家のように感じていたこの共通の歴史的空間が、地理的にヨーロッパと呼ばれる物理的空間に相当していることそれ自体は、実は大したことではない。私の言う歴史的空間は、ある期間共存した有効半径によって計られる、つまり一つの社会的空間のことなのだ。ところで共存と社会は同じ価値を持つ言葉である。社会とは、共存という単純な事実によって自動的に生じる。そして共存によって、おのずからそして必然的に習慣、慣習、言語、法律、社会的権力が分泌されていく。いまなお私たちが、そのとばっちりに苦しんでいる「近代思想」の最も重大な誤謬の一つは、社会をそれとほとんど反対なものと言ってもいい結社と混同してしまったことである。

社会というものは、意志の一致によって成立するものではない。それは逆で、あらゆる意志の一致は、社会の存在、つまり共存する人びとの存在を前提としている。またこの一致は、すでに存在する社会、つまり共存のための形式をきっちり定めずして成り立つことはできない。社会を契約による法的な集まりとみなす考え方は、本末転倒で無分別な試みである。なぜなら、法は、つまり「法」という実在は、それについての哲学者、法学者あるいは民衆扇動家の見解とは違って、とっぴな表現を許してもらえるなら、社会の自然発生的な分泌物以外の何物でもないからである。まだ存在もしていない社会の中の人間関係を前もって法が律するよう望むなどというのは、どうか私の無礼を許していただきたいが、私には法とは何かについての、かなり混乱した滑稽な考えのように思われる。

しかし法に関して、このような混乱した滑稽な見解が優勢だという事実は、別に奇異とするにはあたらない。というのは、現代の最大の不幸の一つは、西欧人が現在の深刻な社会紛争に遭遇した際に、社会とは何か、集団、個人、習慣、法律、正義、革命とは何かに関して極めて馬鹿げた古くさい概念しか持ち合わせてこなかったことが挙げられるからだ。現在の困惑の大部分は、物理現象に関する私たちの見解の完全さと、「精神諸科学」のあきれるほどの遅れとの間の不均衡からきている。大臣、教授、著名な医者や小説家は、それらのことに関して、場末の理髪師なみの概念しか持ち合わせていないのが普通なのだ。時代の調子を奏でるのが場末の理髪師だというのは、まったくもって自然なことではなかろうか[2]。

だが話をもとに戻そう。私が言いたかったのは、ヨーロッパの諸民族が遥かな昔から一つの社会、一つの集団であったということだ。それはつまり、社会とか集団という言葉が、ヨーロッパを構成する諸々の国民に応用されたときと同じ意味で、社会であり集団であったということである。そうした社会は、社会としてのあらゆる属性を示している。つまりヨーロッパ的慣習、ヨーロッパ的しきたり、ヨーロッパ的世論、ヨーロッパ的法、ヨーロッパ的社会的権力などの属性を示している。しかしこれらの社会現象が現われるのは、ヨーロッパ社会が置かれているその発展段階に見合った形においてであるが、しかしヨーロッパ社会そのものは、その構成員すなわち国民のようには進んでいないのである。

たとえば社会的権力という社会を圧力する形式は、それを管理する任務を帯びた特別な機関がまだ存在しない原始的な社会をも含めて、社会全体に機能する。もしこのように社会的権力の行使を委託された特別の機関を国家と呼ぶならば、ある種の社会には国家がないと言っても構わない。しかしそこに社会的権力はないなどと言うことはできないのだ。もしも社会的権力を、世論が振るう集団的暴力に他ならないと考えるなら、世論があるところに社会的権力が欠けているはずもないわけだ。ところでもう何世紀も前から、そして次第に強度を増しながら、一つのヨーロッパ的世論が、そして世論を操作するような技巧までもが存在するというのは否定しがたい事実である。

それゆえ私が読者にお願いしたいのは、本書の最後の数章で、現在の外見が呈する様相に逆らってまで、一つの可能性としてあり得るであろうヨーロッパの国家的統一が、いささか大胆に主張されているのを見ても、どうか悪意の笑みを浮かべないでいただきたいということである。私はヨーロッパ統一国家群（ヨーロッパ合衆国）というものが、およそ存在し得る最もつましい幻想の一つであることを否定しないが、かといって他の人たちがそうした符牒の下で考えてきたことに与《くみ》するつもりもない。だが他方、諸民族が形成する成熟した社会や集団がすでに存在しているヨーロッパで、社会的権力の行使を具体化する国家機構創出の機運が未だ熟していないなどというのは、さらにあり得ないことなのである。

つまり私がそう考えるようになったのは、そうした幻想への誘いに対する気後れでもなければ、私が嫌悪して生涯を通じて闘ってきた「理想主義」への傾きでもない。社会としてのヨーロッパ統一が一つの「理想」ではなく、きわめて古くからある日常的な事実であることを私に教えてくれたのは、まさに歴史から見たリアリズムなのだ。さて、ひとたびこのような事態が明らかになった以上、ヨーロッパ全体の国家の可能性は必然的に高まる。一挙に事態を終局に導く機会は、どのようなものであってもいい。たとえばウラル山脈あたりに出没する中国人の弁髪でもいいし、時おり「マグマ」のように噴き出すイスラム教徒の脅威であってもいい。

もちろんそうした超・国民的な国家の姿は、最後の数章で証明しようと思っているが、国民国家が古代人の知っていた都市国家とは大いに異なっているように、従来の国家ともかなり違っているであろう。私が本書で目指したのは、ヨーロッパの伝統が私たちに提示している国家や社会についての繊細な概念に何とか忠実であるよう、人びとの精神を船出できる状態にまで準備することであった。

ギリシャ・ローマ的思考にとって、現実を動的なものとして捉えることは、決して容易なことではなかった。それはちょうど子供が本を手にしても挿絵くらいしか理解できないように、ギリシャ・ローマ的思考は目に見えるもの、あるいはそれに類したものから離れることができなかったのである。そうした限界を乗り越えようとした土着の哲学者たちの努力は、すべて無駄に終わった。現実を理解しようとする際に、多かれ少なかれ有形の物体が彼らの理論的枠組みとして働き、それはまさにギリシャ・ローマ人にとっては何にもまして「物」そのものであったと言える。彼らは、統一が目に見える連なりとなっているところにしか一つの社会、一つの国家を見ることができなかった。たとえば都市がそうである。

　ところがヨーロッパ人の精神的志向はそれとは正反対のものである。彼らにとって目に見えるすべてのものは、まさに目に見える状態である限り、それを絶えず生み出している隠れた力、すなわち真の実在の単なる外見であり、仮面のように思われている。力つまり潜勢力《デュナミス》が統一的に機能しているところでは、現実が一見して種々異なるものとして私たちの前に現われようとも、そこには真の統一があるのだ。

　国家という周知の、そしてこわばった仮面を着けているところにしか、つまりヨーロッパの特定の国々にしか、社会的権力の統一を見ないというのでは、再び古くからの隘《あい》路《ろ》に入っていくことになろう。ともかく私は、そうした国々において機能している決定的な社会的権力が、国内のもしくは国民の社会的権力にのみ基づいているという見方を断固として否定する。ここではっきり気づかなければならないのは、もう何世紀も前から――意識するようになってからは四世紀このかた――ヨーロッパのすべての民族が、その動的な性格から、まさに力学的な「ヨーロッパ的均衡」もしくは「勢力均衡」(balance of Power)という名称で呼ばれている社会的権力にしたがって生きているということである。

その力の均衡こそが、真正なるヨーロッパの政府と言えるものであり、古代世界の廃墟から飛び立った蜜蜂のように勤勉で好戦的な諸民族の群れを、歴史を通じて律してきたのだ。ヨーロッパの統一は幻想ではなく現実そのものである。幻想と言うなら、それはまさにフランス、ドイツ、イタリア、スペインが実体的で独立した現実であるという思い込みの方なのだ。しかしながら、ヨーロッパは「物」ではなく一つの「均衡」だから、誰もはっきりとはヨーロッパの現実を捉えていないのも頷ける。すでに十八世紀に、歴史家ロバートソン〔ウィリアム・ロバートソン。スコットランドの歴史家。一七二一—九三〕は、ヨーロッパの均衡を「近代政治の大いなる秘密」と呼んだ。

もちろんそれは大いなる逆説的秘密だ！　なぜなら均衡つまり勢力の均衡は、本質的に複数性に基づく現実だからである。もしもこの複数性が失われると、動的な統一も消滅するであろう。事実、ヨーロッパは蜜蜂の群れである。つまり多数の蜜蜂が一つの群れとなって飛んでいるのだ。

ヨーロッパの素晴らしき複数性が有するこの統一的性格は、良き同質性、豊穣なる望ましき同質性と私に呼ばしめ、モンテスキューをして「ヨーロッパは多数によって構成されている一つの国にほかならない」(3)と言わしめた。さらにはバルザックをして、ロマン主義的に「大陸の大家族、そこではあらゆる努力が、何かは知らぬ不可思議な文明の神秘へと向けられている」(4)と語らしめた同質性である。

3

根本的統一性から絶えず湧出し、しかもその統一性を支えながら元の状態に戻っていくというこのヨーロッパ様式の多様性は、西洋の最大の宝である。粗雑な頭の人間には、このように複数性の主張から統一性の認識へと、交互に休みなくとんぼ返りのように動く軽業師的な考えなど思いつくことはできないであろう。そうした粗雑な頭の持ち主は、東洋の永久に続く専制下に存在すべく生まれた、動きの鈍い人間である。

ところが今日、その宝を完全に消耗させようと脅かす同質性の一つの形が、大陸全体の上に君臨しているのだ。すなわち本書で取り上げられている「大衆化した人間」(el hombre-masa)〔人間の種類としての大衆〕がいたるところに出没していることである。大衆化した人間とは、数えるばかりの貧弱な抽象概念で組み立てられ、ヨーロッパの端から端まで同一の、即席で造られた人間である。今や大陸全体の生が呈し始めた、息の詰まるような単調で物悲しい様相はそのせいである。

この大衆化した人間は、前もっておのれ自身の歴史を空《から》にした人間、過去という内臓を持たず、「国際的」と呼ばれるあらゆる規律に従う者たちである。それらの人びとはいわゆる市場の偶像(idola fori)〔イギリスの哲学者、フランシス・ベーコンの言葉。人類相互が接触し伝聞が起こる際、不正確な言葉の使用によって生じる偏見のこと〕によって組成された人間の殻にすぎない。彼らには「内部」が、頑として譲渡できないおのれだけの内面性が、取り消すことのできない自己が欠けている。必要とあらばいつでも、どのようなものの振りでもできるのはそのためである。彼らにあるのは欲求だけであり、自分には権利はあるが義務があるとは思ってもいない。彼らは貴族の義務を持たない(sine nobilitate)のであり、スノッブ(俗物)(5)なのだ。

例をあげれば現代のどの労働者にも明瞭に現われているこのような俗物性《スノビズム》が、人びとの魂を盲目にしている。だから、いまやヨーロッパの生を支える全構造の限界を乗り越えねばならぬときにもかかわらず、内面の多様性を失うことがあってはならぬということが理解できなくなっているのだ。俗物はおのが運命を空っぽにしているので、自分がこの地上でなにか特定の、かけがえのないことをするために存在しているとは感じていない。だからおのれ独自の使命や特別な伝令があることも理解できない。話が聞こえない者の敵意にも似た感情をもって、自由主義に敵対するのだ。ヨーロッパにおいて自由は、常に私たちが本来の自己になるための準備として理解されてきた。だから自分には真正な使命などないと知っている人間は、あわよくば自由なしですませたいと望むのもむべなるかな、である。

誰もがおかしいほど安易に、古き自由主義を槍玉にあげ、罵《ののし》ることでは一致してきた。でもなんとなくうさん臭い話ではある。なぜなら普通、人は少々いかがわしく、あるいは少々愚かしいことでもなければ、意見の一致を見ることなどないからだ。私はなにも古き自由主義が完全に理にかなった見解であるなどと言うつもりはない。それが古いもの、しかも主義(ismo)であるならば、完全に理にかなったものであるはずがない。しかし私は、すでに自由主義が分からなくなって非難し始めた集産主義者(collectivista)たちが考えるよりは、自由主義とは遥かに深遠で明確なものであると考えている。そればかりか、そこには今までヨーロッパがいかなる存在であったかについての、実に鋭い洞察が含まれているのだ。

たとえばギゾー[フランスの歴史家・政治家。一七八七―一八七四]が、ヨーロッパ文明を他の諸文明に対置させるとき、私たちは彼の言葉を傾聴せざるを得ない。すなわちヨーロッパ文明においてはいかなる原理も、いかなる理念も、そしていかなる集団もしくは階級も、絶対的な形で勝利をおさめたことがないこと、そしてヨーロッパ文明の恒常的発展とその進歩的性格はまさにそうした事実に負うものであるとの指摘である。(6) ギゾーは自身の言葉を自覚している。表現は否定形であるがゆえに不充分であるが、しかし直截な見方を孕《はら》んで私たちの耳に届く。ちょうど海にもぐった潜水夫から、深海の匂いが立ち昇るように、私たちはこの男が実際にヨーロッパの過去という深みに到達したことが分かるのである。事実、美辞麗句と大混乱の時代であった十九世紀初頭に、『ヨーロッパ文明史』(*Histoire de la Civilisation en Europe*) のような書物が書かれたことは、にわかには信じがたいことなのだ。いまでも私たちは、自由と多様性が相互補完的なものであり、二つともがヨーロッパの不動の核心部分を構成しているということを、そこから学ぶことができる。

しかしギゾーは、大抵のフランス自由主義の理論家がそうであるように、常に評判が悪かった。別段、私はそれを不思議とは思わない。一人の人間あるいは集団に対して安易に、そして執拗に称賛の言葉が向けられるとき、この人間あるいは集団には、おそらく卓越した資質の他に、どこか極めて不純なものがあるのではないか、との強い疑念が生じる。もしかするとこれは私の陥った誤謬かも知れないが、しかしそれは自分から求めたのではなく、経験が私の内部に注ぎ込んだ疑念であると言わざるを得ない。

とにかく私は、誰もが嘲笑と愚弄の的にしてきたこの自由主義の理論家グループが、十九世紀を通じて、ヨーロッパ政治のなかで最も貴重な存在であったとあえて主張したいのだ。彼らはフランス大革命後のヨーロッパでしなければならぬことは何かをはっきり見透かした類例を見ない人たちであり、その上あの世紀の暮りゆく下衆《げす》根性と軽薄さの中で、一線を画した品位と節度を体現した人たちであった。

社会において個人を抑制する規範のほとんどすべてが崩壊し効力を失ったとき、個人はおのれの内部から引き出すものによってしか品位を保つことはできない。そのためには、自分たちの周囲に漂っていた投げやりで浮ついた雰囲気から身を守るためだけであったとしても、いささか大仰に振る舞わなければならなかったのだ。ギゾーはバスター・キートン〔アメリカの喜劇俳優。一八九五―一九六六〕のように、笑わない人間でいることができた。(7) 彼は決して諦めなかった。彼の中には、社会状況の中であてどなく漂流することも自暴自棄に陥ることもできずに、絶えず警戒しながら生きてきた数世代にもわたるニーム〔フランス南部のガール県の都市。ギゾーの出身地〕のプロテスタントの血が色濃く流れていたのである。彼らの中には、存在することは抵抗することであり、流れに逆らうには大地にしっかり踵《かかと》を据えなければならないという心底からの思いが本能にまでなっていた。ともかく現代のように単なる「時流」や自棄の時代にあって、「引きずられるままになる」ことをしない人たちと付き合うことは良いことである。これら自由主義の理論家たちは、知識人としての責任に関しては例外的存在であった。つまりこの責任は一七五〇年以降のヨーロッパ知識人たちに最も欠けているものであり、そしてその欠如は今日の無秩序の深い原因の一つとなっている。

だが私は、フランス人の読者に向かって話すときにも、この理論家たちのことを周知のこととして語っていいものかどうか自信がない。なぜなら彼らのグループの思想[8]に肉迫した本は一冊も存在しないし、嘘かと思われるかも知れないが、ギゾーやロワイエ・コラール［フランスの政治家・哲学者。一七六三―一八四五］に関する、いささかなりともまともな本もないというのが実態だからである[9]。実を言えば、ソネット一つすら公表していない。それはともかく、彼らはヨーロッパ社会が抱える最も重大な問題について深く、そして独創的に考え、十九世紀全体を通じて最も評価さるべき政治理論を構築した。重要な問題がいくつか提起されたときの[10]彼らの姿勢に真摯に肉迫することなしに、その歴史を再構築することはできないであろう。彼らの知的様式は、彼ら以前であっても以後であっても、ヨーロッパで成功したあらゆる知性と種を異にしているばかりか、別の類、別の本質を持ったものである。だからこそその古典的明澄性にもかかわらず、理解されることがなかったのだ。

しかしながら未来には、知性の傾向が彼らのものに非常に似通ったものになる可能性は大である。少なくとも私は、体系的厳密さをもって、これら理論家たちの見解を定式化しようと努める人は、思いがけない思考の喜び、そして従来のものとはまったく異なる社会的政治的現実の洞察が可能になることを保証したい。これら理論家たちの中には、絶対的なるものを求めることをおのれの責務とした、最良の合理主義的伝統が生きいきと持続しているのである。彼らは、絶対的なるものを安売り(bon marché)の抽象物の中に見出した百科全書派や革命家たちの腺病質の合理主義ではなく、歴史的なるものの中に真の絶対的なるものを見出したのだ。

　歴史は人間の現実である。他に現実はない。人間は歴史の中でいまあるがままの人間となった。過去を否定するのは、愚かで空《むな》しい。なぜなら過去は、「全速力で駆け戻るべき人間のあるがままの姿」だからだ。過去は単にそこにあるのではない。つまり過去は私たちが否定するために過ぎ去ったのではなく、むしろ私たちが歴史に加わり補完するために敢えて過ぎ去ってくれたのである[11]。

　彼らが「人間の諸権利」という言葉を軽蔑したのは、それらがまさに「形而上学的」なもの、抽象物、非現実だからなのだ。真の権利は、絶対的にそこにあるものである。なぜならそれは、歴史の中に現われ、歴史の中で強く現実化してきたものだからだ。それこそが、諸々の「自由」や合法性、行政、そして諸々の「法的資格」となる。もし彼らが今日生きていたなら、非政治的なストライキや集団契約の権利を認めていたに違いない。イギリス人にとっては、これらすべてのことはまったく自明なことかも知れない。だが大陸人たる私たちは、まだこの段階にも到達していない。おそらくアルクイヌス［イギリスの神学者・教育者。七三二頃―八〇四］の時代から、私たちはイギリス人より少なくとも五十年は遅れているのだ。

現代の集産主義者たちが深く考えもせずに、自明のこととして旧来の自由主義は個人主義的であると考えるとき、彼らもまた似たような自由主義に対する無知に陥っている。前述したように、これらの主題の中には、ある極めて混乱した概念がまかり通っている。近年のロシア人たちには、ロシアを「集産体」と呼ぶ習慣があった。ところでロシア人というのは、ゲーテが語っているイタリア人大尉のように、実に頻繁に「頭を混乱させておく必要がある」人たちだが、彼らがかなり混乱した精神でこの集産主義という言葉に反応して、一体いかなる想念あるいはイメージを湧き立たせたかを調べてみるのも面白いのではないか。以上すべてのことに関して私が読者諸兄にお願いしたいのは、以下の命題をぜひ考慮に入れていただきたいということである。といっても、それらを受け入れるというよりは検討し、次いで判定を下していただきたいのだ。

第一の命題。個人主義的自由主義は十八世紀固有のものである。部分的にフランス革命の立法に霊感を与えてはいるが、しかし革命と共に消滅した。

第二の命題。十九世紀特有の創造物こそまさに集産主義であった。それは十九世紀が始まるやいなや案出された最初の理念であり、その百年を通じて全地平線上に溢れかえるまでにひたすら成長した。

第三の命題。集産主義という理念はフランスに起源を持っている。最初はボナールやド・メーストルの超反動主義者たちの中に現われた。本質的な点でそれは、前世紀の「生き残り」たるバンジャマン・コンスタン〔フランスの政治家・作家。一七六七―一八三〇〕という例外を除いて、すべての人に即座に受け入れられた。しかし勝利を収めたのは、サン・シモン、バランシェ、コントにおいてであり、そしていたるところに繁殖した。[12] たとえばリヨンの医者M・アマールは一八二一年に、人格主義と対比させながら集産主義について書くことになる。[13] 一八三〇年と一八三二年に「未来」(*L'Avenir*)誌に掲載された個人主義を論駁するいくつかの記事も読んでいただきたい。

しかしそれよりもっと重要なのは別のこと、すなわち十九世紀もさらに進んで、自由主義の偉大な理論家たち、ジョン・スチュアート・ミルあるいはハーバート・スペンサーまで辿り着いたとき、彼らのいわゆる個人の擁護が何に基づいているかということである。つまり彼らが証明しようとしたのは、自由が個人に恩恵を施すという重要なものであることではなく、むしろその反対に、自由が社会に恩恵を施す重要なものであることを証明しようとしたという驚くべき事実なのだ。スペンサーが自著に選んだ題名『個人対国家』が持つ挑戦的な姿勢は、本の題名しか読まない人にとっては解きほぐしようもない誤解の原因となった。なぜならこの書名では、個人と国家は、ただ一つの主体たる社会の単なる二つの機関だと言っているにすぎないからである。そこで議論されているのは、いくつかの社会的必要性がそのどちらの機関によってより良く奉仕されるかだけであって、それ以上を出ることはないのだ。スペンサーの有名な「個人主義」は、彼の社会学の持つ集産主義的雰囲気の枠内でひたすら殴打を振るっていたわけである。つまるところ彼にしてもスチュアート・ミルにしても、白蟻が仲間に餌を与えて誘《おび》き出し、最後は身体ごと喰い尽くしてしまうのに似た、あの社会主義者の残酷さをもって個人を扱っている。集団的なるものの優越はここまで徹底しており、彼らはそれを自明のこととして、自分たちの思想を天真爛漫にも披露したのだ！

旧来の自由主義に対する、私のローエングリン[「白鳥の騎士」とも呼ばれるドイツの伝説の主人公。アーサー王伝説、ケルト神話にも登場]的な擁護がまったく損得抜きで無償のものだということはここからも言える。なぜなら、私は「旧来の自由主義者」ではないからだ。社会的なるものの発見は、もちろん輝かしく本質的なものだが、ほんの最近のことである。前述の人たちは、集団が個人やその単なる総和とは異なる現実であるという事実を見たというよりそれに触れたのだ。しかし集団が何に基づき、その実際の属性がどのようなものなのか、はっきりとは知らなかった。他方、時代の社会現象は、集団の真の姿をカムフラージュしていた。というのは、当時は集団の側からすれば個人に充分な餌を与えることに専念した方が得策だったからである。当時はまだどの分野にも、均質化、収奪そして分配は及んでいなかったのである。

「旧来の自由主義者」たちが、時代の雰囲気であった集産主義への道を周到な準備もなしに開いたのはそのためである。しかし、ただありのままの社会現象や集団的事実の中には、有益なものもあるが、またぞっとするような恐ろしいものもあり、そしてその事実がはっきりすると、人は根本的に新しい様式の自由主義にしがみつこうとする。それは従来のものほど天真爛漫ではなく、より巧妙な戦術を展開する自由主義、まさに地平線上にすでに胚胎し、いまにも開花せんばかりの自由主義なのだ。

彼らはそれなりに鋭敏であったから、後続する私たちが味わうはずの苦悩を、予見しないわけにはいかなかった。一般に信じられてることとは反対に、歴史においては、未来が予言されるのはむしろ普通のことなのだ(14)。私たちはマコーレー［イギリスの政治家・歴史家。一八〇〇―五九］、トクヴィル［フランスの政治家・思想家。一八〇五―五九］、そしてコント［フランスの哲学者・社会学者。一七九八―一八五七］の中に、現代があらかじめ描かれているのを見出す。たとえば八十年以上も前にスチュアート・ミルがどんなことを書いたかを見てみよう。

「個々の思想家に特有な主義主張を別にするなら、世の中には、立法機関を介してであれ、あるいは世論の力を介してであれ、個人の上に社会の力を極限まで強力に押し広げようとする傾向が増大する。ところで、世界に起こるあらゆる変化は、結果として社会の力を増大させると同時に、個人の力を減少させる。つまり社会の力のしかも増大は自然に消滅する悪ではなく、その反対に、日々より一層恐るべきものとなる傾向を持っているのだ。君主としてであれ、あるいは市民としてであれ、自分の見解や好みを他人に押しつける傾向は、どのような形で存在しているのか。それは自分に力がないとき以外は決して自制することができない人間の本性に固有の、ときに最良の、ときに最悪の感情によって精力的に支えられて存在している。そしてその力は衰退の過程にあるどころか、むしろ増大の一途を辿っているように思われる。したがって私たちは、悪に対する強力な道徳的信念の防壁が打ち立てられないかぎり、現在の世界の条件下では、そうした傾向は増大する一方であろうと予想せざるを得ない」(15)。

しかし私たちがスチュアート・ミルに関して最も関心があるのは、彼が全西欧で増加していた粗悪な部類の同質性に対する憂慮を持っていたことである。そのため彼は青年時代に、フンボルト［ドイツの言語学者・政治家。一七六七―一八三五］が発した一つの偉大な思想にその拠りどころを求めることになった。フンボルトによれば、人間たるものが豊かにされ、堅固にされ、そして完成されるためには、「状況の多様性」がなければならない(16)。それぞれの国の内部に、そしてそれらの国々を全体として捉えた場合にも、いくつか異なった環境がなければならない。複数があれば、たとえ一つの選択肢が駄目でも、他に可能性が開かれるわけだ。

ヨーロッパ的生をただ一つの憲章、ただ一つの人間類型、ただ一つの「状況」に押し込めることなど正気の沙汰ではない。それを避けたことが今日までのヨーロッパの成功の秘訣であった。そしてこの秘訣を意識していたからこそ、ヨーロッパの久遠の自由主義は、明瞭に、あるいは口ごもりながら、その唇を常に動かしてきたのである。そうした意識の中で、ヨーロッパ大陸の複数性は積極的な価値として、悪としてではなく善として認められる。本書が要請しているヨーロッパ超国家の理念が歪曲されないためにも、私はぜひ以上のことを明確にしておきたかった。

ご覧のとおり、私たちは「状況の多様性」が次第に減少していく中で、後期ローマ帝国への道を一直線に歩んでいる。あの時代も、大衆の、そしておぞましい同質性の時代であった。すでにアントニウス一族の時代に、当然、印づけられ分析されるべきであるのにそうされなかった一つの奇妙な現象が明瞭に見てとれる。つまり人びとが愚かになったということだ。その過程はそれ以前にもすでに始まっていた。キケロの師であるストア派のポセイドニオスは、その事実に対して柔軟かつ積極的な精神と強い探究心をもって対処し、究明することのできた最後の古代人であると言われてきたが、それも理由のないことではない。彼の死後、人びとの頭は目詰まりを起こし、アレクサンドリア学派を除いて、ただ過去を繰り返すだけの形骸化に陥ってしまっている。

しかしローマ帝国の端から端まで生が採択した同質的であると同時に愚かでもある——これは逆も真なりというもの——この形式の最も恐ろしい兆候、そしてその記録は、思いがけないところに、そして私の知る限り、今まで誰もそれを捜したことのないところに、すなわち言語の中にある。言葉は、私たち各自が言いたいことを充分に表現できないものだが、望まなくても、それが話される社会の非常に神秘的な状態を明らかにし、大声を上げて告げ知らせてくれるのだ。具体的に言うと、ローマ民族のギリシャ化されない領域で話される言葉は、「俗ラテン語」と呼ばれてきた。つまりスペイン語などロマンス諸語の母体である。ところがこの俗ラテン語はあまりよく知られておらず、大部分は復元によって辿られたものにすぎない。しかし知られている性格のうちの二つだけでも、私たちに充分驚異の念を起こさせる。

その一つは、古典ラテン語と比べて、その文法構造が信じられないほど単純だということである。上層階級が保持していたインド・ヨーロッパ語特有の味わい深く複雑な言葉は、平民の話し言葉に、つまり極めて簡便な構造を持つと同時に、ちょうど物質のように重苦しく機械的な平民の話し言葉に取って代わられた。平民の言葉はどもりがちで持って回った文法を持ち、そして幼児語のように、慣らし運転的で回りくどいのだ。事実それは、思索のための鋭い稜線も抒情的な綾も許さない、幼児の、あるいは吃音の言葉である。それは光も温度もない言葉、明白性も魂の熱もない、手探りで進む哀れな言葉である。その単語は、地中海沿岸の居酒屋をいやというほど廻ったために、垢じみて磨滅した古い銅貨のようだ。この飾り気のない言葉の道具の背後に、おのれ自身を空洞化させ、荒廃させ、そして永遠につづく単調な日々を宣告された生命がいったいいくつ透けて見えることか。

俗ラテン語のもう一つの恐るべき性格は、まさにその同質性である。言語学者というのはおそらく飛行家の次に何事にも驚かない心の備えができているのか、カルタゴやガリア、チンギタナ「現モロッコ」やダルマチア「現クロアチア」、そしてイスパニアやルーマニアのように互いに異なる国々が同じように話すという事実を前にしても動じないらしい。ところがかなり気が弱く、風で葦が打ちひしがれるのを見ても震えてしまう私などは、そうした事実を前にして骨の髄まで身震いするのが抑えられない。私にはただただ恐ろしいことに思えるからだ。実を言えば、外から見るならただ静かな同質性として見えるそのことが、内部ではどうなっているかを想像してみたいのである。

そうした事実が物言わぬ刻印として示している生きた現実とは何かを知りたい。もちろんアフリカ的語法、イスパニア的語法、ガリア的語法というものがあった。しかしそれはそうだが、それらは互いに離れていて、わずかな交易しかなく、また交流がむつかしく、文学が言葉の定着に貢献しなかったにもかかわらず、言語の基幹部分は共通で同一であったというのが実際のところなのだ。自分たちの生の水準を低下させ、独自の生を無効化し全般的に平板化することがなかったら、ケルト・イベリア族とベルギー人、ヒポナ［アルジェリア北東部の都市アナバの古代名］の住民とルテチア［パリの古代ローマ名］の住民、マウレタニア［現モロッコおよびアルジェリア］人とダキア［現ルーマニア］人などが、どうして一致することができたであろう。俗ラテン語は、かつてあった豊穣な「状況の多様性」が消滅したことによって、卑俗さという同質的権力の下に歴史が苦悶した証拠として、つまり寒気をもよおすような化石として、古文書保管室の中に収められている。

4

本書も私も政治的ではない。ここで話されていることは、政治以前のものであり、政治の基層に属している。私の作業は、地下の薄暗いところでの坑夫の仕事である。いわゆる「知識人」の使命は、ある意味で政治家のそれとは正反対なのだ。知識人の仕事は、しばしば無駄に終わることがあっても、ものごとをわずかでも明確にしようとするものだが、政治家の仕事は、それとは反対に、ものごとをかつての状態よりもさらに混乱させることにある。左翼であることは右翼であることと同じく、人が愚かであるために選択できる無限の方法のうちの一つにすぎない。事実、両者とも精神的な半身不随の形式である。そのうえ、右翼とか左翼といった性状形容詞が永続していることは、それ自体が偽りである現在の「現実」をさらに偽造することに少なからず貢献している。なぜなら今日、右翼が革命を約束し、左翼が専制を提案しているという事実が示しているように、それらの言葉が意味している諸々の政治体験が混迷の度を強めてきたからである。

人には時代に働きかける義務がある。これには疑問の余地がない。そして私は生涯を通じてそれを実行してきた。常に私は臨戦態勢をとってきた。しかし現在一般に言われていること、つまり「時流」の一つは、精神的明澄性を犠牲にしてもいいから、誰もが厳密な意味での政治をしなければならない、という主張である。もちろんこう言っているのは、他にすることがない連中だ。彼らはそれをパスカルの「愚かになれ」という命令を援用してまで主張している。しかし私はもうだいぶ前から、誰かがパスカルを引用するときには警戒すべきであることを学んできた。これは初歩衛生学の用心である。

全面的政治主義、すなわちすべての物と人間全体を政治へ巻き込むことは本書に述べられている「大衆の反逆」という現象と同じ一つのことである。反逆する大衆は、宗教や認識についてのあらゆる能力を失ってしまった。彼らの頭の中には政治しか、それも軌道をはずれ、狂乱し、われを忘れた政治しかない。というのは、それは認識、宗教心、知恵——要するにその実質からして人間精神の中心を占めるにふさわしい唯一のもの——に取って代わろうとする政治である。政治は人間から、孤独や内面性を奪ってしまう。それゆえ全面的政治主義の宣教は、人間を社会化するために使われる技術のうちの一つなのだ。

誰かが私たちの政治上の立場を尋ねたり、あるいはいかにも現代風の無礼さで先走りし、私たちを一つの立場に押し込めようとするなら、私たちは答えるかわりに、その無礼者に対してこう問い返すべきである。君は人間、自然そして歴史を何と心得ているのか、社会、個人、集団、国家、習慣、法とは何なのか、と。政治などというものは、それらすべての見分けがつかなくなるように、大急ぎで灯を消そうとしているようなものなのだ。

必要なのは、ヨーロッパ思想がこれらすべての問いの上に新しい光をもたらすことである。ヨーロッパ思想の存在理由は、アカデミックな集まりで孔雀の舞をひけらかすことではない。あのダンテが言うように、それらに急いで光を当てて、出口を見つけなければならないのだ。

西の空の暗くならないうちに
……足を早めよ
（「煉獄篇」第二十七歌、六二―六三）

そのことこそが、現代の大衆が提起する恐ろしい問題の解決にあたって、とりあえずは期待できるただ一つのことであろう。

本書が目指しているのは、もちろんそれほど大それたことではない。締めの言葉が明らかにしているように、現代人の問題への最初の接近にすぎない。その問題についてもっと真剣に、もっと根本から語るには、深海の構図を思い描き、潜水服に身をかため、人間の最深部へ降りていく以外に方法がないであろう。これは気負いなしに、しかし決意を持って行なわなければならないし、私自身も『個人と社会』(*El hombre y la gente*)〔原題『人と人びと』〕という題で(フランス語ではないが)ほどなく出版される本の中でそれを試みている。

今日支配的な、そして私が大衆化した人間と名づけたこの人間類型がいかなるものかを一たび会得したなら、さらに豊かな、さらに劇的な次のような疑問が湧き起こる。すなわち、ならばこの人間類型を変革することができるのか、と。つまりそこに含まれている重大な欠陥を、それを摘出しなければ、否応なく西洋の絶滅を招くような重大な欠陥を矯正することが可能であろうか、という問いかけである。なぜなら、読者もまもなくお分かりのように、ことはまさに大衆のこと、いかなる上位の要請に対しても心を開こうとしない頑《かたく》なな人間のことだからである。

私の考えでは、救いの可能性のすべてが賭かっているもう一つの決定的な問いは、大衆がたとえそう望んだとしても、果たして個々の独立した生に目覚めることができるだろうか、というものである。この恐ろしい問いは、あまりにも未知の領域に属しているがゆえに、これ以上は展開することができない。この問題を設定すべき術語は、一般には馴染みの薄いものである。また過去のそれぞれの時代が人間存在に残した個別性の、それぞれ異なった境界の研究は、いまだ素描さえされていない。なぜなら、歴史が進むにつれて、人間が個性的な人格をもつための余裕が増加するという考え方、つまり誠実な技師ではあったが決して歴史家ではなかったハーバート・スペンサーのような考え方は、「進歩主義」特有の精神的怠惰に他ならないからである。本当はその逆なのだ。歴史はこの領域では退歩に満ち満ちており、おそらく現代の生の構造は、人間が個性的な人格として生きることを極度に阻害しているのである。

大都会の中で通りを行き来し、各種の祭典や政治的デモンストレーションに群がるこれら人間たちの巨大な集団を眺めていると、私の中には次のような考えが頭をもたげてきて振り払うことができなくなる。すなわち今日、二十歳の若者には、個人的相貌をとどめているがゆえに個別の自発性や努力を通じて実現しなければならない生の計画など立てることができるであろうか、という疑問である。彼がそうしたイメージを空想世界の中で展開しようとするとき、それは不可能とは言えないまでも、ほとんどありそうにもないことだと気づかないであろうか。なぜなら、そうしたイメージを宿すことができる空間、おのれ自身の考えで動きまわることのできる空間などあり得ないからである。まもなく彼は、隣人の生が彼自身の生を圧迫するように、彼の計画もまた隣人のそれと衝突することに気づくであろう。失意は、彼の年齢にはありがちな適応性の弛緩とあいまって、単にすべての行為ばかりでなく、個人的欲求のすべてまでをも放棄させてしまうであろう。そして正反対の解決法を探す。つまり万人に共通の願望によって構成された標準的な生活を自分のために思い描く。そしてそれを得るためには、他人と結託してそれを懇願あるいは要求しなければならないことが分かるであろう。ここから大衆行動が生まれる。

これは恐るべきものであるが、しかしそう言ったからといって、ほとんどすべてのヨーロッパ人が現在置かれつつある実際の状況を誇張しているとは思わない。たとえば収容可能人数より遥かに多い囚人を詰めこんだ刑務所では、すぐに他人の体とぶつかってしまうから、誰も自分の意志で腕を動かすことも足を動かすこともできない。そうした状況下では、動作は一斉になされなければならないし、呼吸器官の筋肉までもが一定のリズムで機能しなければならない。これこそ白蟻の巣と化したヨーロッパの姿であろう。だがこうした残酷なイメージさえも解決には結びつかない。

つまり世界やそこに住むすべての者を富ませたものこそいわゆる「個人主義」であり、人間という木をかくもみごとに繁茂させたものこそ、この豊かさなのだから、人間を白蟻になぞらえるのはもともと無理なのだ。この「個人主義」のなごりが消滅するとき、ヨーロッパには後期ローマ帝国を見舞ったような大飢饉が再び訪れ、白蟻の巣は恐ろしい復讐の神のひと吹きにあって崩壊するであろう。そのとき、今より遥かに少ない人間しか残らないが、その人たちは、少しは人間らしい人間かもしれない。

好むと好まざるとにかかわらず、すでに視界に入っているこの問題の恐ろしいまでに悲しい光景を前にすると、「社会正義」という主題は、たとえいかに尊重すべきものであろうと色褪せてしまい、ロマン主義の修辞的で嘘っぽいため息と思われるまでに成り下がってしまう。しかし同時に、それは「社会正義」に関して当然の権利として追求するための正しい道、すなわち無益な社会主義化を経ずに、大らかな連帯主義へのまっすぐな道へと向かわせる。だがそれにしても、「連帯」などという言葉は実効的ではない。というのは、今日に至るまで、その言葉に歴史や社会に関わる理念の力強い体系など凝縮されておらず、むしろ曖昧な博愛主義が滲み出る程度だからだ。

現在の状況を改善するための第一の条件は、そのとてつもない困難をよく認識することである。そうすることによって初めて私たちは、悪が実際に生じる深い地層で悪を攻撃することができるであろう。実のところ、文明が扇動者の勢力圏に陥るとき、それを救出するのは至難の業なのだ。扇動者は今に至るまで諸文明の偉大な絞殺者であった。ギリシャ文明とローマ文明は、このいまわしい連中の手にかかって斃《たお》れたのであり、彼らはマコーレーをして「あらゆる世紀にわたって、人間本性の最も卑劣な例は、扇動者の中に見出される」[17]と叫ばしめた。

しかし人が扇動者であるのは、単に彼が大勢の前で叫ぼうとするからではない。ある場合には、それはいとも神聖な司法官の仕事ともなる。扇動者の本質的な扇動性はその精神の内部にある。彼が操作する理念、つまり彼自身が創造したのではなく、真の創造者から受け入れただけの理念に対する無責任な態度に根ざしている。民衆扇動は一つの知的退廃の形式であり、一七五〇年ごろのヨーロッパ史の広範囲な現象としてフランスに現われた。なぜその時に起こったのか。なぜフランスに起こったのか。これは西洋の運命、とりわけフランスの運命にとって、いわば神経の痛点の一つである。

そのとき以来、フランス人そしてその影響下にヨーロッパ大陸全体が、人間の大問題を解決するための方法は革命にあると信じ始めた。この場合の革命とは、すでにライプニッツが「全面革命」[18][19]と呼んでいたもの、すなわちすべてを、あらゆる分野にわたって一挙に変革する意志の意味である。そのおかげでこのフランスという素晴らしい国は、悪条件下で現在のような困難な局面に立ち至った。なぜならこの国は革命的伝統を有しているから、あるいは有していると信じているからである。もし革命的であることそれ自体がすでに大変なことであるなら、逆説的であるが、伝統によって革命的であるとは、またなんと大変なことであろうか。

フランスが大革命といくつかのすさまじい、あるいは滑稽な革命を成し遂げてきたことは確かである。しかしもし私たちが年代記の赤裸々な真実を紐解くならば、そこに見出されるのは、それらの革命が、数日あるいは数週間を除いて、まる一世紀を通じて、フランスが他のいかなる国よりも、その程度に違いはあれ、権力主義的で反革命的な政治形態の下に生きることに貢献してきたということである。とりわけ第二帝政の二〇年間に見られるフランス史の大きな道徳的な亀裂は、一八四八年二月の革命家たち[20]の愚行のせいであったことは実にはっきりしている。ラスパイユ［フランスの政治家。一七九四—一八七八］自身その大部分がかつて彼と親交があり面倒を見た者たちであったと告白している。

革命においては、抽象概念が具体的なるものに反旗を翻そうとする。革命に失敗がつきものなのはそのためである。人間の諸問題は、天文学や化学の問題のように抽象的なものではない。それは歴史的なものであるがゆえに、極めて具体的なものなのだ。その探求にあたって幾分か正しく判断する可能性を与えてくれる唯一の思考方法は「歴史的理性」である。過去一五〇年間のフランスの社会生活を一望のもとに眺めてみるとき、幾何学者や物理学者、そして医者がその政治的判断においてほとんど常に間違ってきたこと、それに反して、歴史家たちが的を射ていたのは一目瞭然である。しかしフランスにおける物理―数学的合理論はあまりにも輝かしいものであったので、世論に対して圧政を振るわずにはいられなかった。マルブランシュ［フランスの哲学者。一六三八―一七一五］は友人の机の上にツキジデスの本があったからというそれだけの理由で、友人と絶交してしまう。(21)

ここ数カ月の間、私は孤独に突き動かされて［このときオルテガは亡命中］パリの街々を歩いたが、そこで気づいたことは、幾つかの影像を別にするなら、何とこの大都市には一人の知人もいないということであった。ところがこれら影像の幾つかは古くからの友人、昔からの激励者であり、私の内面の久遠の師なのだ。私は話し相手がいないので、人間の大きな主題についてこれらの影像と話を交わした。これらの「影像との会話」が、いつの日か陽の目をみるかどうかは知らないが、私の生涯の苦悩に満ちた不毛の一時期を甘美なものにしてくれた。

たとえばそこにはコンティ埠頭にあるコンドルセ侯爵［フランスの政治家・数学者・思想家。一七四三―九四］と危険な進歩思想について交わした談話がある。またムッシュー・ル・プランス通りの一角にあるコントの小さな胸像とは、文学界の大物たちによっても、そして実際の国民の生活とは完全に遊離していた大学によっても、不充分にしか実行されなかった「精神の力」について話し合った。それと同時に私は、ソルボンヌ広場に立っている別の大きな胸像、すなわちコントの弟子ではあるが二番煎じのリトレの胸像に宛てて、コントの胸像からの力強いメッセージの伝達を依頼されるという光栄に浴した。しかし当然のことながら、私が特にもう一度聞きたいと思っていたのは、われらの大先生デカルト、すなわちヨーロッパが最もそのおかげを被っているデカルトの言葉であった。

　私という存在をあちこち小突きまわして、転々とせねばならなくなった、まったくの偶然のおかげで、いま私は理性の新たな発見者デカルトが、一六四二年に住んでいたオランダの一隅を眺めながらこの文章を書いている。木々が私の部屋の窓に影をおとすこのエンジースと呼ばれるところは、今日では精神病院となっている。私は日に二度、戸外でしばしの間、精神病者や狂人たちが不運の染み付いた体を風にさらしながら通り過ぎるのを、近くで観察できる距離から眺める。

　三世紀にわたって「合理主義」を体験した私たちは、あの驚異的なデカルト的理性の栄光と限界について熟慮するよう迫られている。あの理性は単に数学的、物理学的、生物学的理性にすぎないのだ。自然に対するその途方もない勝利、夢見ていた以上の勝利は、一転して人間固有の事柄に直面しての挫折を嫌がうえにも際立たせ、それを補完すべく「歴史的理性」というさらに根源的な別の理性を招き寄せる。[22]

以上はすべての全面革命のむなしさ、つまり八九年の攪乱主義者たちが目指していたような社会の突然の変革とか、歴史を最初からやり直すとかいった試みの虚しさを示している。革命の方法に対抗できるのは、現代のヨーロッパ人が背負っている長きにわたる経験しかない。権利を要求するのにあまりにも性急でこらえ性がなく、しかも偽善的にも寛大な革命は、人間の本質の定義そのものであるほどに基本的な権利を、すなわち生き続ける権利を常に侵害し破壊し踏みつけてきた。「人間の歴史」と「自然史」との唯一の根源的相違は、前者が決してやり直しがきかないということである。

ケーラー［類人猿実験で知られるドイツの心理学者。一八八七―一九六七］と彼のグループは、チンパンジーやオランウータンと人間の違いは、厳密な意味で私たちが認識力と呼んでいるものではなく、むしろ私たちに比べて遥かに少ない記憶力しか持っていないことであると証明した。このあわれな動物たちは、朝になると昨日体験したことのほとんどすべてを忘れてしまっていて、その知力は最小限の体験を土台にして働かせなければならないのだ。同様に今日の虎は六千年前の虎と同一である。なぜならそれぞれの虎は、それ以前に一頭の虎も存在しないかのように、新たに虎であることから始めなければならないからである。ところが人間は、記憶力のおかげで、おのれ自身の過去を蓄積し所有し利用する。人間は決して最初の人間ではない。

つまり人間は、蓄積された過去のある高さから存在し始める。これこそ人間の唯一の宝、特権、そして印である。そうしたなかで適切と思われるもの、保持するに値すると思われるものは、実はその宝のほんの一部にすぎない。重要なのは、いつも同じ間違いを犯さないことを可能にしてくれる記憶、つまり間違いについての記憶なのだ。人間の真の宝は、間違いについての記憶、何千年もの間、一滴一滴上澄みを醸成してきた長い生の体験にある。それゆえニーチェは、超人を「最も長い記憶を持つ」存在と定義したのである。

過去との連続性を断ち切り、新たに始めようと欲することは下降することであり、オランウータンを真似することと同じである。一八六〇年ごろ、あえて次のように叫んだのが一人のフランス人、デュポン・ホワイトであったことを私は嬉しく思う。「連続性は人間の権利である。それは人間を動物から区別するすべてのものに対する敬意なのだ」(23)。

私の前にいま読み終わったばかりの新聞がある。そこにイギリスで新王戴冠を祝った式典の記事が載っている。イギリスの君主制はもうかなり前から、単に象徴的な制度であると言われている。それは事実だが、そう言うことによって、私たちはその最上のものを取り逃がしている。確かに大英帝国において君主制は、はっきりと具体的に感知できるような機能を果たしてはいない。しかしその役割は統治することでもなければ、正義を管理することでもなく、また軍隊に命令を下すことでもない。だからといって、君主制度が内容のない、開店休業の制度だというわけではないのだ。

　イギリスにおける君主制は、極めて限定的だが高い効果をもつ一つの機能、すなわち象徴の機能を果たしている。だからこそイギリス人はいま、はっきりした目的をもって、戴冠式に前代未聞の荘厳さを与えているのである。ヨーロッパ大陸の現在の混乱に対抗させて、自分たちの生活を律している恒常的な規範を主張しようとしているのだ。果たして、もう一つの教訓を私たちに与えてくれたわけだ。それはいつものごとく――ヨーロッパは常に諸民族のひしめき合いに思える――大陸人たちは才能には恵まれているが落ち着きに欠け、決して成熟することがなく、常に子供っぽい人たちであるが、その背後にはイギリスが、ちょうどヨーロッパの乳母のように控えているということである。

　イギリス民族は、常に未来を先取りし、ほとんどすべての領域にわたって一番乗りをしてきた民族なのだ。実際からすれば、私たちはこの「ほとんど」という言葉を削除しなければならないであろう。つまりこの民族は、最も純粋なダンディズムというある種の厚かましさをもって、私たちに古めかしい儀式に立ち会うようにさせる。私たちの間にあってはただトランプの偶然を律するだけの道具だが、彼らの歴史においては最も古く不思議な道具である王冠と王杖がいかに現在も機能しているかを――なぜならそれらは現在的なものであることを止めたことは決してないからであるが――ぜひ見るよう強く促しているのである。

イギリス人は、彼の過去が、まさに過ぎ去ったもの、彼の身に起こったものであるがゆえに、彼にとっては今でも存在し続けているということを、何とかして私たちに明らかにしようとしているのである。私たちがまだ辿り着かない未来の一点から、彼らの過去の、瑞々《みずみず》しい有効性を見せてくれるのだ(24)。

この民族はおのれが生きたあらゆる時代を循環し、それぞれの世紀を今も積極的に保持する真の所有者である。つまりこれは真の人間たちから成る民族であるということを意味する。要するに、未来のために生き続けながらも、過去の中にも生きることであり、真の現在に存在できるということなのである。なぜなら現在とは、過去と未来が実際に存在する場であり、まさに過去と未来の現前のことだからである。

戴冠式という象徴的な祝祭をもって、イギリスは革命的方法に対して、いまひとたび連続性の方法を対置させた。これこそ人間に関わる事柄の進展において、歴史を中風患者と癲癇《てんかん》持ちとの間の輝かしくも果てしない争いとしている、あの病理学的様相を回避できる唯一の方法なのだ。

5

本書を通じて、今日わが物顔に振る舞う人間の解剖がなされるわけであるが、まずその外観から、つまりそう言ってよければその皮膚から始めて、さらにはその内臓に向かって分け入ろうと思う。最初の数章が最も時代にそぐわないものになってしまったのも、ここにその理由がある。つまり時代の表皮が変化したのだ。読者は本書を読み進むにあたって、一九二六年から一九二八年にわたる一時期まで時間を遡《さかのぼ》らなければならないであろう。その頃すでにヨーロッパでは危機は始まっていたが、しかしそれは数多《あまた》ある危機のうちの一つのように思われていた。人びとは依然として安心し切っていた。いまだにインフレ景気によるあり余る贅沢を享受していた。しかも心の中ではこう考えていた。向こうにはアメリカがある！　それは夢のような繁栄(prosperity)のアメリカであった。

本書の中で言われていることのうちで、私がいささか誇らしく思う唯一の点は、経済学者をも含め、ほとんどすべてのヨーロッパ人がその当時陥っていた、信じられないような近視眼的な誤りに私自身は陥っていなかったということである。何と言っても忘れられないのは、当時はきわめて真剣に、アメリカ人たちはそれまで絶えることのなかった人間的不幸つまり危機を永久に廃絶する別の生活様式を発見したのだ、と考えられていたからである。いままで創り出された最も高度のもの、すなわち歴史感覚の創出者たるヨーロッパ人たちが、当時その感覚をまったく欠いていたという事実に、私は顔を赤らめたものだった。アメリカは未来なり、という古い常套句が、彼らの明敏さをいっとき曇らせていたのだ。

当時私はそうした過ちに反対して、アメリカは原始的であるがゆえに、未来であるどころか、実は遥かなる過去なのだと頑強に主張した。そればかりか、普通、考えられていることとは反対に、南アメリカすなわちヒスパノ・アメリカ以上に北アメリカは遥かに遠い過去であったし、いまもなおそうなのである。しかし今日、事態は明らかになりつつある。合衆国が古いヨーロッパ大陸にお嬢さんたちを送りこむことはなくなった。ちょうどその頃、一人のアメリカ人のお嬢さんが私に向かって、「ヨーロッパには何も面白いものなんてないと納得するためだわ」と言ったものだが、そういうこともなくなった。(25)

同様に私は、本と言おうとすれば言える本書の中で、直接の未来である全体的な問題から、ただ一つの要因だけを強引に際立たせている。すなわち人間にとって、さらには特にヨーロッパ人にとって、今日あらゆるものをわが物顔にしつつある平均人の性格描写のことである。そのため私はつらい禁欲を余儀なくされた。すなわち通りすがりに触れるすべてのものについての私の確信を表明することを断念せざるを得なくなった。それればかりではない。本研究の限定された主題を明確にするためには一番、好都合な形式かも知れないが、しかしそれらについての私の見解をしっかり提示するには最悪の形式で問題を展開せざるを得ないことがしばしばあったのだ。

実例として、一つの基本的な問題を示せば充分であろうと考えた。つまり私は、現代の平均人を、近代文明を継続させる能力、そして文化へのこだわりという一点で測定したということである。これら文明と文化という二つのものは、私の専門ではないと言う人がいるかも知れない。しかし実はそれらこそ、私のほとんど初期の頃の著作から私が問題としてきたものなのである。だが私はことを複雑にすべきではないと考えた。つまり文明や文化に対する私たちの姿勢がどのようなものであろうと、そこに考慮しなければならない第一級の要因として、大衆化した人間によって代表される異常事態があると考えたのである。だからこそ、焦眉の急としてその兆候をきっぱり腑分けする必要があったのだ。

したがってフランスの読者は、本書から嵐の真ん中で沈着冷静であろうとする試み以上のことは期待しないでいただきたい。

オランダ、一九三七年五月

ホセ・オルテガ・イ・ガセット

第一部　大衆の反逆

一　密集の事実(1)

それが良いことか悪いことかはともかく、現在のヨーロッパ社会には一つの重大な事実がある。それは、大衆が完全に社会的権力の前面に躍り出たことである。大衆はその定義から見て、自分の存在を律すべきではなく、またそもそも律することもできず、ましてや社会を統治することもできないのだ。この事実は、ヨーロッパが今や、民族、国民、文化として被り得る最大の危機に見舞われていることを意味している。これは、歴史上何度も起こったことであり、その相貌ともたらす結果についてはすでに知られている。すなわち「大衆の反逆」と呼ばれるものである。

この恐ろしい事実を理解するには、「反逆」「大衆」「社会的権力」といった言葉にもっぱら政治的な意味だけを与えることをひとまず避けたほうがいい。社会生活は単に政治的であるばかりでなく、同時に、いやそれ以前に知的、道徳的、経済的、宗教的なものだからだ。それはあらゆる集団的慣習を含み、洋服の着方や娯楽の方法にまで及んでいる。

この歴史現象に近づく最上の方法は、おそらく私たちの視覚体験に訴えて、眼前に繰り広げられる現代の一側面を強調することだろう。

分析するのは難しいが、名付けるだけなら実に簡単なのだ。私ならそれを「密集」の事実、「充満」の事実と命名しよう。

たとえば、都市は人で一杯である。家々は間借り人で、ホテルは宿泊客で、列車は旅客で、カフェーはお客さんで、道路は通行人で溢れている。有名な医者の待合室は患者で、それほど時代遅れでない限り見世物は見物客で、浜辺は海水浴客で一杯といった具合だ。そして、かつては難しくなかったことが、いまではほとんど常に問題になりつつある。すなわち、空《あ》いた場所を見つけるということだ。

ただそれだけのことである。現代生活の中でこれ以上に単純で、明白でそして確かな事実があるだろうか。しかし、この一見、芋虫のようにつまらない観察対象に対し、ちくりと針で刺してみよう。すると、そこから思いもよらないものが噴き出してくるのに驚くはずだ。つまり、今日という日の白昼の光の、その内部に隠し持つ豊かな色が噴き出してくるのだ。

私たちが見ているもの、私たちをそんなにも驚かせるものとは何だろうか。それは、文明によって創り出された諸々の施設や道具を占有する群集そのものの姿である。しかし少し考えてみれば、なぜ自分たちは驚いたのかと、逆に驚かざるを得ない。なぜなら、いまの事態はむしろ理想的なことではないか。劇場に座席があるのは人が座るため、人で一杯にするためなのだ。列車の空席もホテルの部屋も同様である。そう、この光景には、本来なら何の不思議もない。

しかし以前、こういった設備や乗り物は、いつも満席というわけではなかった。それが、今では常に人が満ち溢れ、利用したいと望む人たちが場外にまで取り残されている。この事態は理にかなった当然のことに思える。しかし無視できないのは、以前はそうでなかったことが、今はそうなっているということだ。つまりそこには、少なくとも私たちの驚きという最初の反応を正当化する何かが、ある一つの変革があったはずなのだ。

驚くこと、奇異に思うことそれ自体は、理解の始まりとなる。それは知性人特有のスポーツであり、贅沢《ぜいたく》だ。それゆえ知性人に特有の態度は、不思議さに大きく見開かれた眼で世界を見ることにある。大きく開かれた瞳にとって、すべては不思議で素晴らしい。これは、サッカー選手には分からない楽しみである。知性人は、この世界を歩き回り、神を見る者の絶えざる陶酔にひたるのだ。知性人のしるしは、この驚く眼にある。それゆえ古代人たちは、いつも大きく眼を見開いた鳥、すなわちフクロウをミネルヴァ［ローマ神話の技術・工芸の女神。のちギリシャ神話の知恵・学芸の女神アテナと同一視される」に供したのだ。

密集、充満という事態は、以前は頻繁に起きるものではなかった。それが現在ではどうして常態となったのか。

群集を構成する人たちは、無から生じたわけではない。十五年前も、ほぼ今と同数の人間が存在していた。大戦［第一次世界大戦］の後、この数はもちろん減少した。しかし、私たちはここで最初の重要な問題にぶつかる。つまり、これら群集を構成している個々人は、前にも存在していたが、群集として存在していたわけではないという事実である。かつて、彼らは世界に散り散りとなり、少数者集団に分かれて、あるいは単独で、見たところ個々別々に、たがいに距離を置いて生活していた。各自――個人もしくは小さな集団――は、野原や村や町、あるいは大都市の一角に、おそらく自分や自分たちに固有と言える場所を見出していた。

ところが今や、彼らは忽然《こつぜん》として密集の相の下に現われ、私たちはいたるところで群集を目撃するようになった。いや、いたるところにではない。彼らが現われたのは他でもない、人類文化の比較的洗練された所産、明確に言えば、それまでは少人数のグループのために確保されていた最上の場所に現われたのである。

群集は突然、眼に見えるものとなり、社会の特権的な場所に腰を据えた。かつては、社会という舞台の背景を占めて目立たなかった者たちが、いまは前面に躍り出て主役級の扱いとなった。しかしもはや主人公はおらず、合唱隊しかいない。

群集という概念は量的かつ視覚的なものである。そこで、それを変更することなく社会学の用語に移し変えてみよう。すると、私たちは「社会的大衆」という観念を手にする。ところで、社会は常に二つの要因、少数者と大衆の動的統一体から成っている。少数者とは特別な資質に恵まれた個人もしくは集団であり、大衆は特別な資質を持たない人たちの集合体だ。ここで、大衆というものを「労働者大衆」であるとか、主にそれを指す言葉だと取らないでいただきたい。

大衆とはあくまで「平均的な人たち」のことを言う。そう考えると、単に量にすぎなかったもの、つまり群集が、質的な規定に変化する。大衆とは、多くの人に共通する性質、つまり所有者を特定できない社会的な属性を指し、誰もが他の人間と同じく、自らの中で同じ一つの類型を繰り返すという意味での一般的な人間を表わすにすぎないのである。

こうした量から質への転換によって、私たちが得るものは何か。実に簡単である。私たちは質を通して、量の成り立ちを理解するのだ。一般に群集とは、それが通常形成されるとき、その群集を構成する人びとの中に願望、思想、存在形式の一致が見られることが明白なのは、いまさら言うまでもない。そのようなことは、群集だけではなく選ばれた集団を自称する社会的集団でも同じことだと言う人がいるかもしれない。事実そうなのだが、そこには本質的な違いがある。

群集や大衆と呼ぶことができない集団においては、個々の構成員たちは、それ自体が大多数を排除する欲求や思想、もしくは理想を持つという点で一致している。どのような集団であれ、少数者集団が形成されるには、まずその前に、構成員各自が、言うなれば比較的個別的で特殊な理由によって群集から離れていなければならない。少数者集団を構成する他者との一致点は、あくまで二義的なものとして、各自が個別化された後に見出されるのであり、大部分は一致しないということにおいて一致しているだけなのだ。ある場合には、集団のそうした個別化の性格が露わになることがある。たとえば「非・国教徒」(Non-conformists)と自称するイギリス人のグループは、多数者に一致しないという一点において一致している者たちの集まりなのだ。

多数の者から離れるために少数の者が一緒になるということは、あらゆる少数者集団の形成に常に含まれている要素である。マラルメ[フランスの詩人。一八四二―一八九八]には、ある洗練された音楽家の演奏を聴く少数の聴衆について、「あの聴衆は自分たちの数の少なさによって多数者の不在を強調している」という機知に富んだ言葉がある。

厳密に言うなら、大衆というものは、個人が集まって集団の形をとらない場合でも、心理的事実としても定義することができる。つまり、たった一人の人間を前にしたときにでも、私たちは、彼が大衆であるかどうかを知ることができるのだ。良きにつけ悪しきにつけ、大衆とはおのれ自身を特別な理由によって評価せず、「みんなと同じ」であると感じても、そのことに苦しまず、他の人たちと自分は同じなのだと、むしろ満足している人たちのことを言う。自分を何か特別な理由によって評価しようと自問するとき、たとえば、あれこれの才能があるかどうかとか、何かの分野で秀でているかどうかなどという問いだが、そう自らに問うて、自分には何一つ優れた資質がないと気づいた謙虚な人のことを想像していただきたい。この人は、自分は凡庸でありきたりの、才能のない人間だと感じるかもしれない。しかし自分を「大衆」だと感じているわけではない。

「選ばれた少数者」が話題になるとき、世間一般では、この言葉の意味が意地悪く曲解され、自分を他人よりも優れていると思っている自惚《うぬぼ》れ屋のことだとみなされている。たとえその高度な要求が自分一人では達成できないとしても、本当は他の人にではなく、自分に多くを要求している人だということについて知らぬふりをしているのだ。人間に対して為され得る最も根本的な区別は次の二つである。一つは自らに多くを要求して困難や義務を課す人、もう一つは自らに何ら特別な要求をせず、生きることも既存の自分の繰り返しにすぎず、自己完成への努力をせずに、波の間に間に浮標《ブイ》のように漂っている人である。

以上のことは、正統仏教が二つの異なった宗派から成り立っていることを想起させる。一つはより厳格かつ困難なもの、もう一つはより寛《ゆる》やかでありふれたもの、つまりマハーヤーナ――「大きな乗り物」すなわち「大乗」――と、ヒーナヤーナ――「小さな乗り物」すなわち「小乗」――である。決定的な点は、私たちが自分たちの生をどちらの車に乗せるか、つまり最大の要求を課すか、あるいは最小の要求にとどめるかにある。

したがって社会を大衆と優れた少数者とに分けることは、社会階級による区別ではなく、あくまで人間としての区別なのであって、上層階級と下層階級という序列ではない。たとえば、真の意味の上層階級となり、そうあり続けるなら、「大乗」を受け入れた人が上層階級で見つかる可能性は確かに大きいだろう。一方で下層階級の多くは通常、資質を持たない個人によって構成されていると言える。しかし厳密に言えば、それぞれの社会階層の中にもそれなりの大衆と真の少数者がいるのだ。

後で見るように、現代の特徴は、伝統を持つ選ばれし少数者集団の中においてさえ、大衆や俗物が優勢になっていることにある。本質的に特殊な能力が要求され、それを前提に成立している知的分野の中にさえ、資格のない、あるいは与えようのない、その人の精神構造から判断して失格者の烙印を押すしかないような似非《えせ》知識人が、日ごとに勝利を収めているのが現実なのだ。同じ現象は、「貴族」として生き残っている多くの男女の集団の中にも見られる。また、それとは逆に、以前なら典型的な「大衆」とみなされてきた労働者集団の中に、陶冶《とうや》を受けた高貴な魂を見出すことも、さして珍しいことではなくなった。

ところで、社会の中のさまざまな分野の業務や活動や機能の中には、特別な資質がないかぎり実践できないことがたくさんある。たとえば、芸術や、ある種の贅沢な楽しみがそうだろうし、政治について言えば、統治とか公共問題に対する政治的判断の機能といったものもそうだ。かつて、これら特別な活動は、才能ある、もしくは少なくとも才能があると自負する少数者によって遂行され、大衆はそれに介入しようとは思っていなかった。もし介入しようとするなら、それにふさわしい特別な資質を獲得し、大衆であることをやめなければならないことを知っていたからだ。大衆は社会の健全な力関係の中で、おのれの果たすべき役割を心得ていた。

さて、いま冒頭で述べた幾つかの事例に話を戻すと、私たちは、あの事例が、まぎれようもなく大衆の態度の変化を告げていることに気づく。あの事例はみな、大衆が社会の前面に躍り出て、これまでは少数の人に限定されていた施設を占拠し、文明の利器を自ら使用し、楽しみを享受しようと決意したことを示している。従来の施設は、大衆のために計画され造られていたわけではなかった。その規模はごく限られたものなので、今や人びとは絶えずそこから溢れ出ている。かくして誰の眼にも明らかな新しい事実が現われ出る。すなわち大衆が大衆であることをやめずに、少数者を押しのけ、取って代わったのだ。

人びとがかつてないほどの規模と数で生活を楽しんでいる事実を嘆く人は一人もいないだろう。なぜなら、彼らはそのための欲求と手段をすでに持っているのだから。しかし耐え難いのは、少数者固有の活動をわが物にしようとする大衆の決断が、単に享楽面に現われているだけではなく、それ自体が時代の趨勢になっているという点である。かくして——後述することを先取りするなら——ごく最近の政治的革新の数々は、まさに政治支配の大衆化を意味していると私は考える。

かつてのデモクラシーは、充分に注入された自由主義と、法に対する情熱とによって中和されていた。こうした諸原理に奉仕するにあたって、個人は、自分自身の内部での困難な規律の維持を自らに義務づけており、少数者は自由主義の原理と法的規範の庇護の下で行動し、生きることができたのだ。デモクラシーは、法ならびに法の下の共存と同義語だった。

しかし、今日私たちが立ち会っているのは、超デモクラシーの勝利という事態である。そこでは、大衆が法に対する情熱のないまま直接行動に訴え、物理的圧力をもって自分たちの望みや好みをごり押ししている。これらの新しい状況を、あたかも大衆が政治にうんざりして、専門家にその実践をまかせ切ってしまったのだと考えるのは間違いである。事実はまったくその反対だ。確かに、昔は専門家に任せ、自由主義的デモクラシーはそのようなものとしてあったかも知れない。大衆はつまるところ、政治家という少数者が、たとえ欠点や傷はあろうとも、自分たちよりいくぶんかは政治問題を理解していると考えていた。ところが、いまや大衆は、自分たちがカフェーで話題にしたことを他に押しつけ、それに法としての力を付与する権利があると信じているのだ。私には、多勢の者が直接支配するようになった今のような時代が、歴史の上で他にもあったとは思えない。だからこそ私は、超デモクラシーだと言っているのだ。

同じことは、他の分野、特に知的分野でも起こっている。もしかすると私が間違っているのかも知れないが、現代を生きる物書きは、自分が長い間研究してきたテーマについて書こうとペンを執ったなら、こう考えるべきではなかろうか。つまり、この問題に頭を悩ませたことなどない平均的読者がその著作を読むのは、自分が知らない何かを学ぶためではなく、むしろ反対に、すでに自分の頭の中にあるさまざまな俗見と合致しないときに、著者を断罪しようとして読むのだ、と。

たとえ大衆を構成する一個人が自分には特別な資質があると信じたとしても、そこにあるのは、単に個人的思い違いの一例であって、社会学上の破壊要因とはならない。むしろ現代の特徴は、凡俗な魂が、自らを凡俗であると認めながらも、その凡俗であることの権利を大胆に主張し、それを相手かまわず押しつけることにある。アメリカ合衆国で、「俗見と違うのは下品だ」と言われているのはその現われだろう。大衆は、みんなと違うもの、優れたもの、個性的なもの、資格のあるもの、選ばれたものをすべて踏みにじろうとする。みんなと同じでない者、みんなと同じように考えない者は、抹殺される危険に晒される。そしてもちろん、この場合の「みんな」は、本当の「みんな」ではない。かつての「みんな」は、大衆と、彼らと意見を異にする特別な少数者との複合的な統一体であった。しかし、今や「みんな」は、大衆だけを指している。

以上が、そのおぞましさを隠すことなく描かれた、現代の残忍な事実である。

二　歴史的水準の上昇

繰り返すがこれまで述べてきたことが、そのおぞましさも隠すことなく描かれた現代の残忍な事実である。

さらに言うなら、これは私たちの文明史上、まったくの新事実なのだ。全文明史の発展段階において、これに似たものは一つとして起こらなかった。これに類したものを探さなければならないとしたら、歴史の外に飛び出し、私たちのものとはまったく異なった世界、まったく違った生の領域にもぐりこまなければならないだろう。つまり古代世界にしのびこみ、その没落の瞬間に立ち会わなければならない。ローマ帝国の歴史も、指導的少数者を取り込み、彼らを無力化し、その座に取って代わった大衆の謀反と支配の歴史である。その当時も、密集、充満の現象が生まれた。シュペングラー〔ドイツの哲学者。一八八〇―一九三六〕が見事に考察したように、あの時代も現代と同じく、巨大な建造物を造りあげなければならなかった。大衆の時代は巨大なるものを必要とする時代なのだ[2]。

私たちは大衆の残忍な支配下に生きている。それも完璧な支配である。私たちはすでにこの支配を二度まで「残忍な」と呼んで、きまり文句の神に充分な貢ぎ物を奉納しておいた。さてこうして切符を手に入れたので、私たちは喜び勇んでこの本題の中に入り込み、見世物を内側から見ることができるというわけだ。

それとも読者諸兄は、以上の正確かもしれないが外面的な描写、つまり過去から眺めると恐ろしく見えるこの事実の、表面や側面の描写で私が満足していたとでも考えているのだろうか。この問題をここで投げ出し、この論文を早々に切り上げるとしたら、歴史の表面への大衆の威風堂々たる登場が、私にただいくつかの無愛想で軽蔑に満ちた言葉、少しばかりの憎しみと嫌悪感の相半ばする言葉を思いつかせただけなのだと考えられても致し方ない。根本的に貴族主義的な歴史解釈をその持論とすることで有名なこの私のことであれば、なおのことそう言えるだろう[3]。

ただし、いま根本的という言葉をあえて使ったのは、人間社会が貴族主義的であるべきだなどと言ったのではなく、むしろそれ以上のことを主張してきたからだ。つまり、人間社会は常に、好むと好まざるとにかかわらず、本質そのものからして、貴族主義的であればあるほど社会的たりえ、非貴族主義的であればあるほど社会的たりえない、そう言えるほどに貴族主義的であると言ってきたのだ。この確信は日を追ってますます強くなっている。

もちろん私が言っているのは社会についてであって、国家《ステート》についてではない。さてこのような信じがたい大衆の噴出を前にして、貴族主義的であるとは、ヴェルサイユの貴公子のようにちょっと乙に澄ましてしかめ面をすれば充分だ、などと考えてもらっては困る。ヴェルサイユ――私の言うのはしかめ面のヴェルサイユのことだが――は貴族主義的でないばかりか、まったくその反対なのだ。それは一つの素晴らしい貴族社会の死であり腐敗なのだ。それゆえ、当時の貴族たちに、本当の意味で貴族的なものとして残っていたのは、ギロチンの刃を首に受け入れるときの品位ある優雅さだけであった。つまり、腫瘍がメスを受け入れるように、ギロチンの刃を受け入れた。しかし本当はそうであってはならないのだ。貴族階級の使命を強く感じている者にとって、大衆の支配する光景を目《ま》の当《あ》たりにしたなら、切り出されたばかりの大理石を前にした彫刻家のように、彼の心は刺激され燃え上がらされるはずなのだ。

ここで言う社会的貴族というのは、自分たちの社会を「上流社会〔社交界〕」と自称して、「社会」という名称をそっくりそのまま独占しようとしたり、招待されたりされなかったりで無為な日を送る、ごく限られた数のグループとは似ても似つかぬものである。

もちろん、すべてのものにそれなりの徳と使命はあるのだから、このちっぽけで「上品な世界」にも、広大な世界の中でそれなりの役割はある。しかしそれは、真の貴族が負うヘラクレスばりの仕事とは比較にならない極めて下位の使命でしかない。

私はここで上品だが、まるで無意味に見える、この生が有する意味について話すことに、何の不都合も感じない。しかし今の私たちの主題はもっと大きい。もちろんこの「お上品な社会」も時代と共に変化する。マドリッド社交界のトップ・スターで、まさに現代感覚と若さの花開いた貴婦人が言った次の言葉は、私を大いに考えさせたものだ。「私は招待客が八百人を下回るような舞踏会など、とても我慢ができませんわ」。私にはこの言葉の背後に、今日、大衆の様式が生のあらゆる領域の上に勝利を収め、幸福な少数者(happy few)のためにとっておかれた最後の片隅においてさえ力を揮《ふる》っているのが見えたのだ。

したがって私は、現在の大衆支配に隠されている積極的な意味を見つけ出さない現代に対する解釈も、そしてそれを驚きも哀しみも感じずに、無邪気に受け入れる見解もともに斥ける。すべての運命は、その深い次元において劇的であり悲劇的である。時代の危機が脈打つのを自らの手に摑んで感じなかった人は、運命の核心に到達せずに、ただそのやつれた頬を撫でたにすぎない。私たちの運命に恐ろしい要素を加えているのは、すべてを席巻する凄まじい大衆の精神の暴力的反乱である。そして、これはすべての運命同様に圧倒的で御しがたく、得体の知れないものなのだ。私たちをどこに連れていくのか。それは絶対悪なのか、それともありうべき善なのか。それはまさに、私たちの時代の上に、宇宙的な疑問として、どっしり腰を据えている！　それは何かギロチンか絞首台のような、しかし同時に凱旋門たらんとして、常に曖昧な形をして居座っている！

私たちが解剖に付さねばならぬ事実は、次の二つに纏めることができる。その第一は、大衆は今日、かつては少数者だけに取っておかれていたはずの生の活動範囲の、大部分を占拠していること。第二は、同時に大衆は、少数者に対して不従順になったこと、つまり少数者の言うことを聞かず、後に従わず、尊敬もせず、むしろその反対に、彼らを押しのけ、その座を代わっているということに他ならない。

第一の問題を分析してみよう。私が言いたいのは、大衆がさまざまな楽しみを享受し、そして選ばれた少数者集団が発明し、利用していたさまざまな利器を使用しているということだ。かつては少数者だけの資産だったので、洗練されたものと評価されていた諸の必要性や欲求を、今や大衆が感じているのだ。些細な例だが、一八二〇年のパリには、浴室を持った個人の家は十軒しかなかった。これについてはボアーニュ伯爵夫人［十九世紀前半のパリのサロンを率いたアデル・ドスモン。一七八一―一八六六］の回想録をごらんいただきたい。だがそれだけではない。今日大衆は、かつては特殊な訓練を受けた者だけが操作できた技術の多くを知っているし、かなりの程度まで利用しているのである。

物質的技術ばかりでなく、それよりもっと重要な法的社会的技術についてもそう言える。十八世紀の一部の選良たちは、すべての個人は、誕生するというその事実だけで、またいかなる特別の資格も必要とせずに、ある種の基本的かつ政治的な権利、すなわち人権ならびに市民権を有していると主張した。そして、これら万人に共通の権利こそが唯一のものであると訴えたのである。特別な資質にまつわる他の権利はすべて特権として非難された。当初はわずかな数の人たちの純然たる定理であり理念であったものが、ついでその選良たちによって実際に適用され、主張され、要求されるようになった。彼らは少数者のうちでも優れた人たちだった。しかし十九世紀全般を通じて、大衆はこれらの権利の思想をあたかも一つの理想とみなして次第に熱中していったが、それらを自らのうちに感じていたわけでも、行使することも効力を発揮させたわけでもない。実のところは、デモクラシーの体制下で相も変わらぬ生き方、旧体制下と同じような意識を持ち続けていたのだ。

当時、「民衆」と呼ばれていた彼らは、すでに自分たちが主権者であることを知っていた。しかしそう信じていたわけではない。それが今日では、その理想は一つの現実となっている。もはや社会生活の外的図式たる法制の中ではなく、すべての人の心の中で現実となった。たとえその人の見解がいかなるものであっても、たとえそれが反動的だとしても、例外ではない。つまり、それらの権利を是とする制度を踏みにじったり、悪用したりする場合でさえも、例外ではないのだ。

私は大衆のこうした奇妙な精神状況を認識していない人には、今日世界に起こり始めたことは何ひとつ理解できないと思う。かつては特別な資質を持たない個人、つまり普遍一般の人間個人の主権に関する理念や法的理想だったものが、いまや平均人を構成する一つの心理状態へと移行したのだ。気をつけていただきたいのは、かつては理想であったものが現実の要素となったときには、もはや皮肉なことに理想ではないということなのである。理想の属性でもあり人間に及ぼすその効果でもあった権威と魔力ともいうべき効力が、雲散霧消してしまうのだ。あの寛大で民主主義的な霊感から発した平等への権利は、熱望や理想ではなくなり、欲求や無意識の前提へと変化してしまった。

ところで、前述の諸権利の意味とは、まさに人びとの魂をその精神的隷属から解放し、魂の内部である種の主権と尊厳の意識を宣言することだった。それこそが、求められていたことではなかったか。平均人が、自分を認識し自己の人生の主人、支配者、主君と感じることではなかったか。そして、それはすでに達成されたのだ。しかしなぜ三十年前の自由主義者、民主主義者、進歩主義者は今になって不平を言っているのだろうか。もしかして彼らは、子供のように、一つの物を欲しがりはするが、その結果はいらないとでもいうのだろうか。

平均人が主人公となることが望まれていたのではなかったか。もしそうなら、彼が自分の信じるところにしたがって行動し、あらゆる快楽を要求し、断固としておのれの意志を他人に押しつけ、いかなる隷属をも拒否し、誰に対しても従順たることを止め、わが身や自分の余暇のことだけに気を配り、自分の身なりを整えることに何の不思議があろう。これらのことは、自らを主人と心得る意識に常につきまとう属性なのだ。今日私たちは、それらの属性が平均人、大衆の中に居座っているのを目撃する。

つまり私たちは、いまや平均人の生が、かつては衆に抜きん出た少数者だけの特徴だった生の活動範囲によって構成されているのを見ているのである。ところで平均人は、ある種、地面のような役割を演じている。その上にそれぞれの時代の歴史が繰り広げられるのだ。別の言い方をすれば、地理学で言う海水面の役割を、歴史の中で演じている。現在の平均的水準が、かつては貴族だけが達していた地点だとするなら、いまや歴史の水準が急激に――それは長い地下での準備を経た後だが、しかし外に現われたものとしては急激に――、一足飛びに、一世代のうちに上昇したことを意味している。人間の生の全体が上昇したのだ。言うなれば、現代の一兵卒はいかにも隊長然としている。つまり人類という軍隊は、もはや隊長ばかりで構成されている。そのことは、今日では誰もが強引に、思い切り良く、そして自在に自分の存在を主張し、目の前の快楽にしがみつき、自分の決断を押しつけたりするのを見れば、充分お分かりいただけるだろう。

要するに、現在そして近未来のあらゆる善とあらゆる悪は、その原因と根源をこの歴史的水準の総体的上昇のうちに持っているのだ。

しかしいま私たちの頭に、予測できなかった一つの注意事項が浮かんでくる。それは、生の平均的水準がかつての少数者の水準だということは、ヨーロッパにとっては新事実だが、アメリカにとっては生まれながらの当然の事実だったということである。私が何を言わんとしているかを正しく理解していただくためには、読者に法的平等性の意識について考えてもらわなければならない。自分を自分自身の主人、主君と感じ、他のいかなる個人とも等しいと感じるこの心理状態は、かつてのヨーロッパではただ卓越した集団だけが獲得できたものなのだ。ところがアメリカでは、それが十八世紀以来常に、そして実質的に建国以来常に起こっていた。

これよりもさらに奇妙な一致点がある！　それは、このような平均人の心理状態がヨーロッパに現われ、その全体的存在の水準が上昇しはじめると、ヨーロッパ的な生の調子や生活様式などあらゆる領域において、急速に一つの容貌を見せはじめたことなのだ。それは多くの人に「ヨーロッパはアメリカ化されつつある」と言わしめた様相である。しかしそう言った人たちにしても、この現象にさしたる重要性を認めなかった。彼らはそれを慣習に起こった些細な変化か流行ぐらいにしか思わず、似たような外観に惑わされて、それをヨーロッパに対するアメリカの何かわけの分からぬ影響のせいにしてしまった。そうすることによって、思っているよりも遥かに微妙で驚くべき、そして深刻な問題が軽くあしらわれてしまった。

さていま私は、鷹揚《おうよう》に構えて、海の向こうのアメリカ人に対し、事実ヨーロッパはアメリカ化された、そしてこれはヨーロッパに対するアメリカの影響のせいだ、と言ってしまいたい誘惑にかられる。だが事実はそうではない。真実は鷹揚さに真っ向から勝負し、それに勝たなければならないのだ。ヨーロッパはアメリカ化などされていない。アメリカからさほど影響されたこともない。ひょっとすると、その二つのことは、今のいま始まりつつあるかもしれないが、少なくとも現在を準備した苗床ともいうべき近い過去にそういうことは起こらなかった。いまここにあるのは、アメリカ人とヨーロッパ人の双方に、視点を狂わせる誤った考え方が、絶望的なまでに積み重なっていることである。

ヨーロッパに起こった大衆の勝利と、その結果としての生の水準の素晴らしい上昇は、二世紀にわたって多数の者へなされた進歩主義的教育と、それに並行して起こった社会の経済的繁栄を経て、内発的理由から生じた。その結果、アメリカ的存在形態の最も特徴的な相貌と一致したのだ。かくして、ヨーロッパの平均人の精神的状況とアメリカ人のそれとが一致し、かつては謎であり神秘であったアメリカの生活形態を、初めてヨーロッパ人が理解するようになったのである。したがって事態は、少しばかり奇妙な、つまりアメリカからの逆影響と言ってもいいような影響によるのではなく、これまで考えてもみなかった平均化によるものなのだ。

平均的な生の水準が、古いヨーロッパ大陸よりもアメリカの方が高いということは、ヨーロッパ人によって以前から漠然とながら推測されていた。この大して分析的ではないが事実に対する明白な直観こそが、アメリカは未来なり、という常に受け入れられ、しかも決して疑問視されたことのない見解の起源となった。かくまで広範囲に、しかも深く根を張った考え方が、たとえば根を持たなくとも空気中で育つと言われる蘭のように、風に運ばれてきたはずがないことはお分かりいただけるだろう。そうした考え方の基盤となっているのは、海の向こうの平均的な生の水準が高いという例の憶測であった。

しかしそれとは対照的に、実際はヨーロッパの恵まれた少数者の水準よりアメリカの恵まれた少数者の水準の方が低かったのである。しかし歴史は農業と同じく、山頂からではなく谷間から、つまり卓越した部分からではなく、社会の平均的な高さにあるものから養分を摂る。

私たちはまさに平均化の盛期を生きている。富は平均化され、文化もさまざまな社会階級の間で平均化され、性もまた平均化されている。また両大陸間の差もなくなった。ヨーロッパ人の生の水準は、かつて低かったのだから、この平均化においては得るところの方が大きかった。こうした側面から見るなら、大衆の反逆は、生命力と諸々の可能性の信じ難いほどの増大を意味している。つまりこれは、私たちがよく耳にする「西洋の没落」［シュペングラーの著作をきっかけに議論をよんだ］とはまったく正反対の現象なのだ。西洋の没落などというのは、粗雑で混乱した言葉であって、いったい何について語っているのだろうか。つまりヨーロッパの諸国家《ステート》についてなのか、ヨーロッパ文化についてなのか、それともそれらすべての底にあって、それらより遥かに重要なもの、すなわちヨーロッパの生命力についてなのか、判然としない。

ヨーロッパの諸国家ならびに文化については、後ほど少し触れるつもりだが——没落という言葉はおそらくこの諸国家と文化について当てはまるかもしれない——しかし生命力に関してだとするなら、それは許しがたい誤りであることをここではっきりさせておきたい。先の主張を別の形で言い直すなら、おそらくこの方がさらに説得的で、さらに本当らしく響くであろうが、次のようになる。すなわち三十年前と比べて、現在の平均的イタリア人、平均的スペイン人、平均的ドイツ人は、生命力という点では、北米人やアルゼンチン人とそれほど差が無くなった、と。これはアメリカ人たちにはぜひ覚えておいてほしいデータである。

三　時代の高さ

大衆の支配は、歴史的水準全体の上昇を意味するかぎり好都合な側面を示し、今日の平均的な生が昨日歩んでいた地点よりも高いところを推移していることを明らかにしてくれる。そしてこれは、生がさまざまな高さを持ち得るということ、また普段は「時代の高さ」という言葉を何気なく口にしているが、実はそれが豊かな意味を持つ言葉であることをも気づかせてくれる。私たちはこの点を少し詳しく検討してみる必要がある。なぜなら、現代の最も驚くべき特徴の一つを特定する手立てを与えてくれるからである。

たとえば、あれこれのものは時代の高さにそぐわないなどと言うことがある。それぞれの世代が「われらの時代」と呼ぶものは、年代学の平面的な抽象的時間ではなくて生の時間であり、常にある高さを持っていて、今日は昨日よりも高くなったり、あるいは同じ高さを保ったり、あるいは低くなったりする。没落という言葉に含まれている「落ちる」というイメージは、このような直感に由来する。それと同様に各自は、その明確さに違いはあれ、自分の生きる時代の高さと、自分の生との関係性を感得しているのだ。

現在のさまざまな存在様式の中で、海面に浮かび上がることのできない難破者のように感じている人もいる。むかし気質の人は、今日、物事があまりに急テンポで進み、あらゆることが激しくエネルギッシュになされることに苦痛を感じるが、そのことが彼の脈拍の強さと時代の高さとの間の落差を測るバロメーターとなる。他方、現在の諸形式を充分に満足して生きている人は、現代の高さと、過去のさまざまな時代の高さとの間の関係を意識している。さてその関係とはどのようなものであろうか。

ある時代に生きる人間が、過去をただ過去であるからというだけで、自分たちの時代より低い水準にあると感じる、と想定するのは間違いだろう。それが分かるためには、ホルヘ・マンリーケ［スペインの詩人・軍人。一四四〇―七九］の詩の一節を思い浮かべれば充分である。

過ぎ去りし時は
すべて良かった

しかしこれもまた真実ではない。あらゆる時代が、自らを過去のどの時代よりも劣っていると感じてきたわけではないし、過ぎ去って想起されるいかなる過去よりも、優っていると信じてきたわけでもない。それぞれの歴史的時代は、生の高さというこの奇妙な現象に対する感受性を多様に表明してきただけなのだ。いままで思想家や歴史家たちがこれほど明らかで重要な事実に留意してこなかったこと自体、私には不思議でならない。

ホルヘ・マンリーケが表明した印象は、少なくとも大まかに捉えた場合の、ごく一般的な印象であることは間違いない。ほとんどすべての時代において、自分たちの時代の方が他の過ぎ去った時代よりもさらに優れた時代だとは思えないのである。むしろ普通なのは、人びとが過去のある時代の中に、さらに充実した生を持つ優れた時代をぼんやりと想定することだ。それはギリシャやローマの知的遺産によって教育された私たちなら「黄金時代」と呼ぶであろうもの、あるいはオーストラリアのアボリジニなら「アルチェリンガ」〔「夢の時代」の意〕と呼ぶものである。これによっても明らかなことは、そう感じる人たちが自分自身の生の脈拍を多かれ少なかれ充満性を欠いたもの、衰えており、血管を完全に血で満たすことができないものと感じていたことに他ならない。

こうした理由から彼らは、「古典」時代を、自分たちの時代の生よりもゆったりと豊かで、さらに完全で自分たちには得がたいものを現出する過去として尊敬したのである。

それらの価値ある諸世紀を振り返り想像するとき、それらが凌駕できないものであるどころか、自分たちより遥か上にあるものに思われたのだ。もし温度に意識があるとしたら、ある温度は自分の中にはより高い温度は含まれていないと自覚し、自分よりも高い温度の中により多くの熱量があると認識するようなものである。ローマ帝国の内部では紀元一五〇年以降、こうした生の萎縮感、つまり減少、衰退、脈拍低下などの印象が次第に強まっていった。すでにホラティウスは次のように歌っている。

祖父母に劣れるわれらの父母は
さらに堕落せるわれらを産みたり
われらもさらに無能なる子孫を産むらん
（『頌歌』第三の六）

さらに二世紀あと、ローマ帝国全体を見渡しても、百人隊長の地位につけるような勇敢なイタリア人を見つけることができず、そのためダルマチア人を、次いでドナウ河やライン河地方のバルバロス［わけの分からぬ言葉を話す者の意］を雇い入れなければならなくなった。一方、女性の方は、子供を産まなくなり、イタリアの人口は減少した。

さて今度は、前述の例とは正反対の生の印象を示す、違った種類の時代を見てみよう。これは極めて興味深い現象であり、何としてでも解明しておきたい。それはまだ三十年とは経たない以前のことだが、政治家たちが、群集の前で演説をぶつとき、政府のあれこれの施策、あれこれの愚行を否定しようとして、いつも「それは時代の成熟にふさわしからぬものだ」と言っていたことである。興味深いことに、トラヤヌス帝がプリニウスに宛てた有名な手紙の中で、それと同じ言葉を使っているのだ。トラヤヌスは、密告を手がかりにキリスト教徒を迫害すべきではないと勧めてこう書いている。「それはわれらの時代にふさわしいことではない」(Nec nostri saeculi est.)。つまり歴史上、自分たちは完全で決定的な高さに達したと感じた時代がいくつか存在したということなのだ。

それは旅の終点に達したと信じられた時代、昔からの熱望が叶えられ、希望が満たされた時代だ。それは「時の充満」であり、歴史的な生の完全な成熟である。事実、三十年前のヨーロッパ人は、もう何世代も前から人間の生が当然そうあるべきだったもの、そうあれかしと熱望してきたもの、未来永劫そうあるはずのものに到達したと信じていた。絶頂の時代というのは、常に他の多くの時代を準備の時代として、つまりそれ自体は充満性を持たず、自分たちの時代より劣った時代とみなし、それらの上に自分たちの豊かに実った時代が載っている、と感じているのだ。自分が今いる高さから眺めると、それら準備の段階は、あたかも純粋な熱望と実現されない夢を糧として生きていたかに見える。つまり満たされることのない欲求と、熱に燃えた先駆者たちの時代、「いまだ成らず」の時代、明らかな憧れとそれに呼応しない現実との間の痛ましい対比の時代なのだ。十九世紀は中世をそのように見た。そしてついに一千年にもわたるあの古くからの望みが成就したかに思える日がやってくる。つまり現実がその望みに追いつき、それを従わせる日である。とうとう私たちは仰ぎ見ていた高みに、夢にまで見ていた終点に、時代の頂上に辿り着いたのだ。「いまだ成らず」のあとに「ついに成れり」が続いた。

私たちの両親が、そして彼らの世紀全体が、自分たちの生について持っていた印象は以上のとおりなのだ。忘れてはならないのは、私たちの時代は頂点を極めた後にきた時代だということである。だからこそ対岸というすぐ眼前の、満ち足りた過去にしがみつき、すべてをその視点から眺める人は、現代という時代が頂点からの転落や没落として感じさせる蜃気楼に悩まされるのも当然と言えよう。

しかし常に歴史を大事にし、時代の脈拍をしっかり取り続けてきた私のような老学徒は、そうしたまやかしの頂点という見方に惑わされることはない。

すでに述べたごとく、「時代の頂点」が現実化するには、幾世紀も通じてあがき求めてきた願望が、ついにある日成就することが不可欠である。そして事実、それら充実した時代は自己満足した時代だが、時には十九世紀のように、満足を通り越した時代もある。（4）しかし私たちはいま、それらの大いに満足し充足した世紀の内部が、実は死んでいることに気がつく。本当の生の充実は、満足とか達成とか到着にあるのではないのだ。すでにセルバンテスも言っているように、「道中の方が常に旅籠屋《はたごや》よりいい」。自分の望み、理想を成就した時代は、もはやそれ以上に望むこともなく、願望の泉が涸《か》れてしまっている。つまりかの素晴らしき頂点は、現実には一つの終末なのだ。ちょうど幸運な蜜蜂がハネムーンから帰ると死ぬように、自分の願望を新たにすることを知らないために、満足のうちに死んでしまった世紀もあるのだ。（5）

いわゆる充実の時代が、常に意識の底にきわめて特有な哀しみを感じていたという驚くべき事実はここに由来する。

このようにゆったりと育まれ、ついに十九世紀に実現したと思われた望みとは、要するに「近代文化」と自称するものである。名前からしてすでに物議を醸すものだ。自分自身を「近代的」つまり最後の決定的なものと呼んで、それに対して他のすべての時代をまったくの過去、自分自身に向かってのつましい準備と憧れの時代とするとは！　標的に辿り着かぬ力無い矢だというのか！（6）

ここに私たちの時代と、過去となったばかりの、向こうに消え去ったばかりの時代との本質的な相違が感じ取れるのではなかろうか。事実、私たちの時代はすでに自らを決定的なものとは感じていない。むしろ反対に、決定的で確実な永遠に結晶した時代などというものはなく、生の一時代——いわゆる「近代文化」——が、自らを決定的であるとする思い込みこそ、視界に生じた信じがたい頑迷さと狭隘さではないのか、という漠然とした直感がその根底に見出される。そしてこのように感じるとき、私たちは自分たちが狭く閉ざされた場所から逃れ出て、再び星空の下に立ち、最善のことも最悪のこともすべてが可能な、真正で深遠で、恐ろしく見通しのきかない底知れない世界に出たのだという、えも言われぬ印象を持つのである。

近代文化に対する信仰は、実は悲しいものだった。それは本質的なものはすべて、明日も今日と同じであり、進歩とはすでに私たちの足が踏みしめているものと同じ一本道を、これからもずっと進んでいくことなのだという認識だった。このような道は、むしろ伸縮自在に伸びたとしても、私たちを自由にはしてくれない牢屋のようなものである。

ローマ帝国の始まりのころ、誰か繊細な精神を持った辺境人——たとえばルキアヌスとかセネカのような——がローマに来て、絶対的権力の象徴ともいうべき壮大な帝国の建造物を見たなら、心臓が縮まるような思いをしたことだろう。世の中には、もはや新しいものは何も起こりようがない。ローマは永遠なのだ。そして水たまりから発する沼気のように、廃墟から立ち昇る憂愁といったようなものがあるとするなら、その感じやすい辺境人は、永遠に朽ちないはずの建物から発せられる、さらに重苦しい憂愁を感じたことだろう。

こうした憂愁と比べるなら、私たちの時代の感情が、むしろ学校を抜け出した子供たちの喜びや大騒ぎに似ているのは当然ではなかろうか。私たちはもはや明日の世界に何が起こるかも分からないし、そしてそのことが密かに私たちを喜ばせてもいるのだ。なぜなら見通しが利かないということ、地平線があらゆる可能性に開かれているということ、これこそが真正なる生、つまり生の真の充実だからである。

まだ半分が空欄のままの以上の診断は、多くの同時代人たちの著作の中の、没落を思ってむせび泣く嘆きの声とは好対照をなしている。要するにそのような嗟嘆《さたん》の声は、多種多様な原因に由来する錯覚のせいなのだ。また日を改めて、その幾つかを見てみるつもりだが、とりあえず今日は中でも最も明らかな一つの原因に触れておきたい。それは彼らが一つの、私の考えではすでに力を失った一つのイデオロギーに忠実のあまり、歴史の中からただ政治あるいは文化だけを見て、実はそれらすべてが歴史の表面にすぎないということに気がつかないところからきている。つまり歴史的現実とは、それ以前に、いやそれよりもさらに深い意味で、生きたいという純粋な望み、宇宙の諸力に似た一つの力なのだ。いわば自然の力、つまり海を波立たせ、獣たちを繁殖させ、木々に花を咲かせ、星をまたたかせる自然の力と同じものとは言えないが、しかしその兄弟なのだ。

さまざまな没落の兆候を前にして、私がおすすめしたいのは次の考え方である。没落というのは、もちろん比較概念なのだ。それはより高い状態からより低い状態へと下降することに他ならない。ところでそうした比較はおよそ考えられる限り、さまざまに異なった視点から行なうことが可能だ。たとえばシガレット・ホルダーを作る人にとって、琥珀のホルダーで煙草が吸われなくなる事態は、まさに世も末である。これよりも尊重すべき他の視点があるかも知れないが、しかし厳密に言って、どれも部分的かつ恣意的な視点であって、いま問題としている生それ自体についての価値付けからすれば外面的なものであることに変わりはない。正当かつ自然な視点はただ一つしかない。すなわち生の中に腰を据え、内部から生を眺めることであり、生がおのれ自身を転落したもの、つまり自らを縮小し弱体化し、無味乾燥なものと感じているかどうかを見極めることである。

だがたとえ内部から見たとしても、生がその転落を自覚しているかどうか、どうして知ることができるのか。私にとって、決定的な兆候が何であるかについては疑問の余地がない。すなわち、いかなる過去のいかなる時代の生をも好まない、つまりおのれ自身を常に優先させる生は、どのような意味においても、自らを没落したものと呼ぶことができないということなのだ。時代の高さという問題についての私の探索紀行全体の帰結は以上のとおりだ。つまり私たちの時代こそ、まさにこの点に関して実に奇妙な、私の知る限り有史以来唯一の感情を抱いているということになる。

十九世紀のサロンでは、貴婦人たちやひいき筋の詩人たちが次のような質問を交わすことが決まりのようになっていた。「あなたはどの時代に生きていたらよかったと思いますか」と。すると各自は、自分自身の生の姿を思い描き、それにぴったり当てはまる時代を探しながら、歴史の道筋をいろいろ想像し彷徨《さまよ》うことに熱中したそうだ。ということは、あの十九世紀は、おのれ自身が絶頂にあると感じながら、あるいはそう感じるからこそ、その肩に乗っていると信じていた過去に逆に縛られていたということである。事実十九世紀は、自らを過去の頂点とみなしていた。それゆえ十九世紀は、当時もなお有効な諸々の価値を生み出した比較的に古い諸時代、つまりペリクレスの世紀とルネサンスをなおも信じていたのである。この事実からだけでも、充満の時代に疑いの目を向けるには充分だ。そうした時代は、過去を振り返って、自分たちの時代で完結したものとして過去を見つめていた時代だったのだ。

ところで現代を代表する人なら誰でもいいのだが、それと似た質問をされて、真顔でいったい何と答えるだろう。その答えは、はっきりしている。つまりどのような過去であっても、例外なしに、呼吸もできないような狭い一隅という印象を与えるだろう。すなわち現代人は、自分の生がこれまでのすべての生を上廻る生であると、あるいは逆に言うなら、過去全体が現代の人類にとって手狭になってしまったと感じているのだ。私たちの生についてのこのような洞察は、その根本的な明澄性を前にして、没落についての慎重とは言いかねるすべての考察を反古《ほご》にしてしまうだろう。

さしあたって私たちの生は、どの生よりも大きく感じられる。没落しているなどと感じることができようか。まったくその反対である。つまり自らをより生であると感じているために、過去に対するすべての尊敬の念、すべての関心を失ってしまったのだ。そのため私たちは、あらゆる古典主義を白紙に戻して、いかなる過去のうちにも模範や規範を認めようとはしない時代に、今ここに至って初めて出会っている。何世紀にもわたって連綿と発展してきたその果てに突然に訪れた時代、しかしそれはほんの始まり、夜明け、開始、幼年期のようにも思える時代に遭遇しているのだ。後ろを振り返ってみても、かの有名なルネサンスなどは、私たちにはごく狭い、田舎臭い、空しい身振りの、そして——こう言っていけないわけがあろうか——気障な時代に思えるのである。

私は以前、このような状況をこう要約したことがある。「こうした過去と現在の由々しき分離は、現代の一般的事実であり、そこには多かれ少なかれ混乱した疑惑が含まれており、それが近年、一種独特な生の混乱を生み出している。私たち現代人は、ある日突然自分たちがこの地上に一人取り残されてしまったこと、死者たちは冗談ではなくまさに完璧に死んでしまったこと、彼らはもはや私たちを助けることなどできないことに気づくのだ。残っていた伝統的精神は霧散してしまった。模範、規範、基準もすでに役立たない。私たちは自分たちの問題を、それが芸術、科学、あるいは政治のそれであれ、過去からの実際的な協力なしに、吹きっさらしの、今ここの現場で解決しなければならない。ヨーロッパ人は、その傍らに今に生きる死者もなしに、一人取り残されている。ちょうどペーター・シュレミール[ドイツの詩人・植物学者シャミッソー(一七八一―一八三八)の小説『影をなくした男』の主人公]が自分の影を失くしてしまったように。これは正午を前にして常に起こることである(7)」。

でもとどのつまり、現代はいかほどの高さにあるのだろうか――。

本当は時代の頂点にあるのではない。それなのに現代は、自分が過去のあらゆる時代、名だたるすべての時代の上に位置していると思っている。現代という時代が自分自身について抱いている印象を定式化するのは容易でない。つまり他の時代より以上のものであると信じてはいるが、同時に自分が始まりであるとも感じている。しかもそれが断末魔ではないとの確信のないままにだ。そうであるなら、私たちはどのような表現を選べばいいのだろう。おそらくはこうである。すなわち、他の時代より以上のものだが、おのれ自身より劣る時代だろう。きわめて強いものだが、おのが運命に確信が持てない時代、自分の力を誇ってはいるが、同時にそれを恐れている時代、そう、これが現代なのだ。

四　生の増大

大衆の支配と生の水準の上昇、そして時が到来し告げるこの時代の高さは、それ自体、より包括的で一般的な事実の兆候に他ならない。その事実とは、あまりに単純明快で冗談にしか思えないような事実なのだ。簡単に言えば、突然、世界が、そして世界とともにその中の生が、増大したということである。言うなれば、生は実質的に世界規模のものとなった。私が言いたいのは、今日では平均的タイプの人間の生が、地球全体を包括しているということだ。つまり各自が、いつも世界全体を生きている。一年と少し前のことになるが、セビーリャの人たちは、北極点近くにいた数人の人たちの一挙手一投足を、大衆紙を読みながら固唾を呑んで見守っていた。このとき、燃えるようなアンダルシーア平原の前を氷山が漂流していたわけだ。地面の一区画一区画はもはやその地理上の場所だけのものではなく、地球上の他の場所でも機能し、多大の生の作用を及ぼしている。物はそれが作用するところに存する、という物理学の原理によるならば、私たちは今日、地球上のすべての地点に対して最大限の実質的遍在性を認めることができるだろう。遠くのものが近くになる、不在のものが現前するということが、それぞれの生の地平を信じられないほどの規模で広げた。

そして世界は、時間的にも増大した。先史学や考古学は、歴史の中に途方もない長さの世界を発見した。少し前までは思ってもみなかった文明や帝国がそっくりそのまま、まるで新大陸のように私たちの記憶に刻まれたのだ。絵入り新聞や映画が、これら遥か遠くの世界の断片を大衆に直接見せてくれた。

だがこうした世界の空間的・時間的拡大は、それだけでは何の意味もないだろう。物理的空間や時間は、宇宙にとってはまったく無意味なものである。その意味では、私たちの同時代人たちのスピードそのものに対する一過性の盲目的信仰の方が、普通考えられているよりも遥かに納得がいく。空間と時間によって構成されるスピードも、その元になっている時間と空間よりもさらに無意味なものに違いないが、しかしそれは空間と時間を抹殺することには役立っている。つまり一つの愚かさは他の愚かさによってしか乗り越えることはできないのだ。そしてそのまったく無意味な宇宙的空間ならびに時間に打ち克つことは、人間にとって名誉を賭けた問題であった(8)。空間を減殺し時間の頭を切り落とす虚《うつ》ろなスピードを駆使することに、私たちが子供っぽい喜びを覚えたとしても何の不思議もない。私たちは空間と時間を抹殺することによってそれらを生かすのであり、生のための利用を可能にする。つまり私たちは以前より多くの場所に居ることができ、より多くの往還を可能とし、より短い生的時間に、より長い宇宙的時間を消費することができるのである。

しかし結局のところ、世界の実質的増大はその広さを増すことではなく、より多くのものを含むことにある。それぞれのものは――この言葉を最も広い意味で解釈していただきたいが――欲し、意図し、作り、壊し、見出し、享受し、あるいは撥ね付けることのできるものなのだ。そして、これらすべては生の活動を意味する名称ということだ。

私たちの行動の一つ、たとえば買うという行為を取り上げてみよう。二人の人間を想像してもらいたい。一人は現代の人間、もう一人は十八世紀の人間とする。二人とも同程度の財産、つまりそれぞれの時代の貨幣価値に応じた同程度の資力を持っているとしよう。この場合、それぞれの人間に提供されている商品の数を比較してもらいたい。その相違はほとんど想像を絶するだろう。現代の買い手の前に開かれている可能性は、事実上は無限である。市場に存在しない商品を思い浮かべることは容易なことではないし、その逆もまたしかりだ。つまり売りに出されているものすべてを想像したり欲したりすることもまた不可能なのだ。

現代の人間は十八世紀の人間と比較して、割合として同等の財産を持っていたとしても、だからと言ってより多くの品物が買えるわけではないのではないか、と言われるかも知れない。だがそれは間違いである。今日の方がより多くのものを買うことができる。なぜなら産業が盛んになるにつれて、ほとんどすべての商品が値下げされてきたからだ。しかし先の批判が本当だとしても、私にとって結局はどちらでも良いことなのだ。むしろ私が言わんとしていることをさらに強調してくれるだろう。

買うという行為は、ある商品に決めるという意思決定をもって完結する。しかし、まさにそれゆえに、まずもってそれは一つの選択であり、そして選択は市場が提供する諸々の可能性に気づくことから始まる。そこから結論できることは、生というものが、その「買う」という様式において、もっぱら購入の可能性を可能性として生きることに存する、ということである。普通自分の生について語るとき、最も本質的と思われる次のことが忘れられている。すなわち私たちの生とは、瞬間ごとに、そしてすべてに先立って、自分にとって可能なものについての意識であるということなのだ。もしも瞬間ごとに私たちの前にただ一つの可能性しか無かったならば、それを可能性と呼ぶのは無意味だろう。むしろそれは純然たる必然性と呼ぶべきである。しかし問題はそこにある。つまり私たちの生が持つこの実に奇妙な事実は、常に眼前にいくつかの出口があるとい

う根本的条件を抱えており、そして出口は複数であるがゆえに、選択そして決断の可能性という性格を持つのである。(9)

私たちが生きているということは、状況としていくつか特定の可能性を前にしているということと同じなのだ。そしてこの選択・決断の可能性という領域は、普通「環境」と呼ばれるものとなる。あらゆる生は、「環境」もしくは「世界」の中にあるということだ。(10)なぜならこれこそ「世界」という観念の原初的意味だからである。世界とは私たちの生の可能性の集積に他ならない。したがってそれは、私たちの生とは別個で無関係のものではなく、生の周辺そのものなのだ。それは私たちがそうなり得る姿を、私たちの生の潜在能力を表わしている。この潜在能力が実現されるためには、自らが具体化されなければならない。換言するなら、私たちが実際になれるのは、自分がなることのできるものの最小部分にすぎない。だからこそ私たちには世界がかくも巨大なものに、そしてその中にいる私たち自身がかくも微小に見えるのだ。世界もしくは可能性としての私たちの生は、常に私たちの運命以上のもの、つまり実際の生以上のものなのだ。

しかし差し当たって指摘しておきたいのは、人間の生が潜在能力の次元においてどのように増大してきたかということだけである。人間の生は、かつて無かったような、信じられないほど大きな可能性の領域を持っている。知性の分野においては、いままで以上に可能な観念形成の道があり、より多くの問題が、データが、科学が、視点が存在する。原始時代においては、仕事あるいは職業といえば、牧者、狩人、戦士、魔術師といったほとんど五本の指で数えられるほどのものであったのに対し、今日では可能な仕事の選択肢は遥かに広くなった。快楽についても似たようなことが起こっている。とは言っても、快楽の場合は――この現象は普通考えられている以上の重大性を有しているが――生の他の局面ほどその陣容は豊かでない。しかしながら現代の生存形態を代表する都市に住む平均的生を営む人間にとって、享楽の可能性はこの一世紀の間に驚異的に増大している。

しかし生の可能性の増大は、いままで述べてきたことに尽きるものではない。それはより直接的かつ不可思議な意味でも増加してきたのだ。今日、肉体的ならびにスポーツ的な努力をすることで、過去に関して知られるすべてのものを遥かに凌駕する業績《パフォーマンス》が達成されていることは日々、周知の事実となっている。それら業績の一つひとつを賛嘆したり、破られた記録を認めるだけでは充分でなく、むしろ新記録樹立の頻度が心に刻み付ける印象に注意を払う必要がある。つまり現代においては、人間の肉体がかつてなかったほどの能力を有していると確信しているのだ。なぜなら、これと同じことが科学の分野にも起こっているからである。

わずかここ二十年の間に、科学は信じられないほどその宇宙的地平を広げてきた。アインシュタインの物理学は、昔からのニュートンの物理学が一つの屋根裏部屋でしかないような、広大な空間において展開されている。[11] そしてこの外延的発展は、科学的正確さにおける内なる発展に負っているのだ。アインシュタインの物理学は、一見して重要でないと思われたために、かつては軽視されて意識にも上らなかった極小の差異に注目することで成り立っている。つまり昨日までは世界の極限であった原子は、今日では一つの太陽系全体となり得るまでに膨張してしまったのだ。

つまり私が言いたいのは、それが文化の完成を意味し得る——私にとってこれはいま重要なことではない——ということではなく、その事実全体が前提としている主観的能力の増大のことなのである。すなわち私が主張しているのは、アインシュタインの物理学がニュートンのそれよりも正確であるということではなく、人間アインシュタインの方が人間ニュートンより正確さと精神の自由において遥かに能力があるということなのだ。[12] それはちょうど今日のボクシングのチャンピオンが、これまで以上に力強い殴打を振るうのと同じなのだ。

映画やグラビア雑誌が平均人の眼前に、地球上の最も遠隔の地を見せてくれるように、新聞や会話は、ショーウインドーに飾られた高度な技術の機械が何よりも証明している、あの知的業績に関するニュースを彼のところに運んでくる。以上すべてのことは、彼の脳裏にとてつもない力の印象を植え付ける。

　しかしだからといって私は、人間の生が昔より今日の方がより良いものであると言いたいのではない。私が述べてきたのは現代の生の質ではなく、ただその量的あるいは能力的な増大、そして進歩についてなのだ。以上をもって私は、現代人の意識、その生の特徴を厳密に描写したと思っている。それはかつてなかったほどの大きな潜在能力があると感じ、過去のものすべてが矮小に見えるところに成立しているのだ。

　以上の描写は、とりわけここ十年ほどの間にはびこった没落論、とりわけ西洋没落論という空中に浮かぶ根拠のない考え方を避けるために必要であった。私が行なった、いとも簡単明瞭に思える考察を思い起こしていただきたい。何が没落するのかを明らかにしないで没落について語るのは意味を成さないということだ。この悲観的な言葉は、文化について言っているのだろうか。ヨーロッパ文化の没落はあるのだろうか。それともヨーロッパの諸々の国家組織の没落のことだけを言っているのだろうか。そうだと仮定してみよう。しかしそれだけで西洋の没落を語ることができるだろうか。そんなことはあり得ない。なぜならそれらの没落は部分的衰退であり、文化と国民という歴史の二義的要素に関する衰退だからである。

絶対的な没落はただ一つしかない。それは生命力の衰退であって、自覚されてはじめて存在するのだ。私はこの理由から、普通は看過されている一つの現象、すなわちあらゆる時代がおのれの生の高さについて持っている意識もしくは感情を考察するために立ち止まったのである。

こうして私たちは、いくつかの世紀が他の世紀に対して抱いた「頂点」の感覚について、そしてそれとは逆に、自分がより高いところ、かつての光り輝く黄金時代から没落したと考えるいくつかの世紀について語った。結論としては、私たちの時代が、過去のいかなる時代より優れているとの奇妙な自惚れを指摘できるだろう。そればかりではなく、あらゆる過去を無視し、古典的かつ規範的時代を認めずに、むしろおのれをあらゆる過去の生以上のものと考え、しかもそれらには還元できない新しい生だとみなすという、奇妙な自惚れを特徴とする時代であるという明白な事実を挙げておきたい。

私は以上の考察を肝に銘じることなしに、私たちの時代を理解することはできないのではないかと考える。なぜならこの事実こそ、まさに私たちの時代の問題だからである。もし自分が没落していると感じるならば、他の時代は自分より優れた時代であるとみなすだろうし、そうなるとそれは、他の時代を高く評価し賛嘆すること、それらを形成した諸原理を尊崇することと同じである。そして私たちの時代は、たとえ実現することができないとしても、断固たる明確な理想を持つことだろう。

しかし事実はまったくその反対なのだ。つまり私たちは、信じられないほどの能力を有していると感じていても、何を実現すべきかを知らない時代に生きているのだ。あらゆるものを支配しているが、おのれ自身を支配していない時代である。おのれ自身の豊かさの中で途方に暮れている。かつてなかったほどの手段、知識、技術を有していながら、現代世界は、かつてあったどの時代よりも不幸な時代として、あてどもなく漂流している。

現代人の魂に巣くう優越感と不安感の、この奇妙な二重性はここに由来する。ルイ十五世の幼少のころの摂政［オルレアン公］について言われたことがここでも起こっているのだ。すなわち、あらゆる才能を持ち合わせているが、ただそれらを使う才能だけは持ち合わせていないということである。おのれの進歩主義的信仰に揺るぎの無かった十九世紀にも、はや多くのことが不可能に見えていた。今日では、あらゆることが純粋に可能と思えるまさにそのために、最悪のこと、すなわち退行、野蛮、没落もまた可能であると予感しているのだ。(13)

このことは、それ自体としては悪い兆候ではないだろう。つまり、それはあらゆる生に本質的な不確実性と、それぞれの瞬間に内包されている痛ましくも快い時間につきまとう不安とに再び接触することを意味するからである。もし私たちが生の中心に至るまで生きることを知り、脈動し仮借ないまでに血まみれの小さな内臓までも生きる術を知っているならば、であるが。通常私たちは、小さく頼りない心臓を毎秒忠実に機能させる脈拍に、怖さのあまり手を触れることを避けている。私たちは何とか安全を確保しようとし、私たちの運命の激しいドラマに無感覚であろうとして、慣習や習慣や決まり文句といった、あらゆる麻酔剤を注ぐのだ。したがってほぼ三世紀を経て初めて、明日何が起こるか分からないという意識に突然とらわれたのは良いことだと思う。

ありとあらゆるものに対して真摯な態度をとり、可能な限り責任をとろうとする人はみな、ある種の不安を感じるはずだが、かえってそれが彼に常に警戒を怠らないようにさせるのだ。ローマ帝国の軍務規定には、歩哨が眠気を避け常に警戒するために人差し指を唇に当てておくべしとの一項がある。これは悪い姿勢ではない。それは未来のひそかな兆しを聞き取れるように、夜のしじまにより一層の沈黙を強いる身振りのように思われる。

十九世紀のような絶頂の時代における実感は、視覚的な幻想ともいえるものだった。おのれの方向性を宇宙の歯車に委ねることによって、未来への気がかりを捨てさせる結果をもたらした。マルクスの社会主義と同じく進歩主義的自由主義も、自分たちが最上の未来として欲求したものは、天文学のそれにも似た必然性をもって、否応なく実現されるだろうと想定した。こうした考えによっておのれ自身の意識に防護服を着せた彼らは、歴史の舵から手を離し、警戒することをやめ、敏速さと能力を失ったのだ。

かくして生は彼らの両手から逃げ出し、まったく手に負えないものとなり、今日では航路も分からずに漂っている。進歩主義者は、一見、未来主義の仮面を被《かぶ》りながら、その実、未来について配慮しない。つまり未来には驚きもなければ秘密もないし、急激な変化も本質的な刷新もないと信じきっており、もはや世界は逸脱も後退もなしにまっすぐに進んでいくと確信して、将来についての不安を引っ込め、迷いなく不動の現在に腰をすえる。今日の世界に、計画とか見通し、あるいは理想が欠いているかに見えても、何の不思議もないだろう。誰もそれらを準備しようとしなかった。大衆の反逆の裏側に常に存在する指導的少数者の背任とは、まさにそのようなものだった。

しかし、いまや再び大衆の反逆に話を戻すべきときがきた。大衆の勝利が示している好都合な側面を強調したからには、今度はさらに危険なもう一つの側面に降りていく必要がある。

五　一つの統計的事実

本試論は、私たちの時代の、私たちの現在の生の診断を試みようとするものだ。その最初の部分はすでに語られたが、要約すれば次のようになる。すなわち、私たちの生は、可能性の選択肢としては素晴らしく豊かであり、歴史上知られたどの時代よりも優れている。しかし、その規模が他より大きいというまさにその理由から、伝統として残されたあらゆる河床から氾濫し、原理や規範や理想を超え出てしまったのである。それは他のどの生よりも生そのものだが、しかし、まさにそのためにより多くの問題を孕んでいる。過去からの方向付けが不可能なのだ。(14) だから、おのれ自身の運命をおのれで作り出す必要に迫られる。

しかしいまは診断を完結せねばならない。生は何よりも先《ま》ず、私たちが成り得るもの、可能性であるが、しかしまさにその理由で、諸々の可能性の中から実際に私たちが成ろうとするものを決断しなければならない。環境と決断が、生を構成する二つの基本的な要素なのだ。環境という諸々の可能性とは、私たちの生において与えられ課せられた部分である。それは、私たちが世界と呼んでいるものを構成している。生が自分の世界を選ぶのではない。そうではなく、生きることとは、ある特定の交換不可能な世界、この私たちの現在の生の中におのれを見出すことなのだ。

私たちの世界は、私たちの生を構成する宿命の広がりである。しかしこの生の宿命は、機械的なそれとはおよそ似るところが無い。私たちは、その軌道が前もって絶対的に定められている弾丸のように、生の世界に撃ち出されるのではない。私たちがこの世に——世界とは常にこの、今ここにある世界である——生まれ落ちるや否やはまってしまった宿命は、それとはまったく逆なのだ。つまりそれは、私たちに一つの軌道を強制するのではなく、いくつかの軌道を与え、選択を迫っている。私たちの生のなんと驚くべき条件よ！　生きるとは宿命的に自由を行使しなければならない、つまりこの世界の中で自分が「かくあらん」とする姿を決断しなければならないと自覚することに他ならない。一瞬たりとて自分の決断行為を休むことはできないのだ。たとえ絶望のあまり成り行きまかせにするときでさえ、正確に言えば決断しないことを決断したわけである。

したがって、生においては「環境が決定する」というのは嘘である。その反対なのだ。つまり環境というものは、その前で私たちが決断しなければならないジレンマ、常に新たなジレンマにすぎない。しかし決定する当のものは、私たちの性格である。

以上のことは、集団的な生においても妥当する。集団的な生の中にも、先ず可能性の地平があり、次いで一つの選択への決意があり、かくして集団的な存在の効果的方法が決定される。そして決意はその社会が持っている性格に、あるいはそれと同じことだが、社会の中で支配的なタイプの人間に由来する。私たちの時代で支配的なのは大衆化した人間(hombre-masa)［本書二五頁参照］である。彼らこそが決断を下す。そんなことはデモクラシーの時代、普通選挙の時代にすでにあったことだ、などと言ってもらっては困る。普通選挙において大衆は決断を下さない。大衆の役割はあれこれの少数者の決定を支持することだった。かつては少数者が「綱領」——何と素晴らしい言葉か——を提案していた。綱領とは、かつては実際に集団的な生の綱領だった。その綱領を通じて大衆は、一つの決断された計画を受け入れるように招かれていた。

今日では、以前とはまったく違うことが起こっている。大衆の勝利が大きくもたらされた地中海沿岸の国々の社会生活を観察するなら、政治的にはその日暮らしであるという驚くべき事実を目の当たりにするだろう。この現象は実に奇妙な現象である。社会的権力が大衆の一代表の手に握られている。大衆は、考えられる限りすべての反対勢力を消滅させてしまうほど強力なのである。歴史上これ以上に絶大な政治的力を持つ状況はあり得ないほど、文句の付けようのない最上級の形で、大衆は社会的権力の所有者となった。

それにもかかわらず社会的権力、つまり政府は、その日暮らしをしているのだ。将来像を率直に描くこともしないし、未来を明確に告知するものでもなく、これからどう発展し進展してゆくかを想像できるような何かの始まりを告げるものでもない。要するに生の設計も計画も持たずに生きているのだ。どこに行くかが分からないのは、そもそもどこにも行かないから、前もって定められた道、先取りされた軌道を持っていないからである。

この社会的権力が自己正当化を試みようとするとき、未来についてはいっさい触れず、むしろその反対に、現在の中に引きこもって実にあっけらかんと「当方は諸々の環境によって押しつけられた変則的な統治形態にすぎません」などと吐くのである。つまり将来を見越してではなく、当面の緊急措置としての社会的権力というわけである。したがってその行動はその時どきの紛争を回避するだけに留まる。つまり争いを解決するのではなく、とりあえず逃げるのだ。そのためには、たとえ次の局面では事態がさらに悪化する危険があるような手段であっても、それを用いる。大衆が直接行使するときの社会的権力はこれまでいつもそうだった。つまり全能でありながら一時しのぎなのだ。大衆化した人間とは、その生が計画性を欠いている人間、成り行きまかせの人間である。そのため彼らは、その可能性や権力がとてつもなく大きいにもかかわらず、何事をも構築しないのだ。

私たちの時代は、こうしたタイプの人間が意思決定をしている。だから私たちは、大衆化した人間の性格を分析してみなければならない。

この分析の鍵は、本試論の初めに立ち返って、次のように自問すれば見つかるだろう。「いま歴史の舞台を満たし、溢れているこれらの群集は、いったいどこから来たのか」。

数年前のことになるが、偉大な経済学者ヴェルナー・ゾンバルト［ドイツの経済学者・社会学者。一八六三―一九四一］が、ある極めて単純なデータに注意を促した。現代の諸問題に関心を寄せる人の誰の念頭にもなかったデータだが、それはいかにも奇妙なことである。このきわめて単純なデータは、それだけで現代ヨーロッパに関する私たちの視点を明らかにするのに充分である。いや充分でないとしても、問題解明のための手がかりを与えてくれる。データとは次のものである。すなわち六世紀にヨーロッパの歴史が始まって一八〇〇年に至るまでの十二世紀の長きにわたって、ヨーロッパの人口が一億八千万以上に達したことはない。ところが、一八〇〇年から一九一四年の間つまりわずか一世紀の間に、ヨーロッパの人口は一億八千万から何と四億六千万に上昇した！

私としては、この二つの数字を対比して、ここ一世紀間の驚くべき繁殖能力に関しては、疑問をさし挟む余地は無いと推測せざるを得ないのだ。三世代のうちに圧倒的な人的土台が生産され、歴史の境界になだれ込み、奔流となって決壊した。繰り返すが、このデータは、大衆の勝利を、そしてそこに反映し告知されているすべてのことを理解するのに充分だろう。さらに付言すると、このデータは、先に明らかにした生の増大に関する、最も具体的な数字として追加されるべきである。

しかし同時にこのデータは、私たちがアメリカ合衆国のような新興国の成長ぶりを強調する際の褒め言葉が、根拠のないものであることを示している。私たちはたかだか一世紀の間に一億の人口増加に至ったアメリカの急成長ぶりに感嘆するが、しかし感嘆すべきはむしろヨーロッパの人口増加の方なのだ。ここには、ヨーロッパがアメリカ化されたと想定する幻想を修正するもう一つの理由がある。アメリカを最も特徴づけるものと思われる人口増加の早さでさえ、実はアメリカ独自のものではないのだ。ヨーロッパは前世紀にアメリカを遥かに超える勢いで成長した。いうなればアメリカはヨーロッパのおこぼれでできあがったのである。

ヴェルナー・ゾンバルトが計量したデータがしかるべき認知を受けていないとしても、目覚しい形でヨーロッパの人口が増加したという混乱を呼ぶような事実は隠しようも無いほど顕著である。つまり私が引用した数字で気になっているのは、人口の増加という点ではなく、その大きな対比のおかげで増加の目まぐるしいほどの速度が浮き彫りになっている点なのだ。私たちにとっていま重要なのは、まさにこの点である。なぜならこの目まぐるしいまでの速度は、ものすごい数の人間が歴史の舞台に次々と打ち上げられたのはいいが、彼らを伝統文化で満たすことは難しくなっていることを意味しているからである。

事実、現在のヨーロッパ人の平均的タイプは、前世紀のヨーロッパ人よりもっと健全で強靭な、しかし同時にもっと単純な魂を持っている。時には古色蒼然たる文明の真ん中に突如出現した原始人の印象を与えるのはそのためである。前世紀にとって、あれほど自慢の種だった学校は、大衆に対して近代生活の技術を教えることはできたが、教育することはできなかった。つまり力強く生きるための道具は与えたが、大事な歴史的責務に対する感受性は与えなかったのだ。近代的な諸手段についての誇りや力はあたふたと接種したが、精神は与えなかった。したがって彼らは精神とは一切の関係を持とうとはせず、新世代は、世界がまるで先人たちの足跡も無ければ、申し送られた複雑な問題も無い天国であるかのようにして、世界を手中に収めようとしていた。

したがって、歴史の表面に巨大な群集を解き放った栄光と責任は前世紀のものである。

まさにそうだから、以上の事実は前世紀を公平に裁定するための最も適切な視点を与えてくれる。前世紀の環境の中で人間という果実がそこまで実り豊かであったことについては、そこに何らかの法外なもの、比較を絶するものがあったに違いない。まずこの驚くべき事実についてよく理解し、それを消化しようとしたことを示さずして、過去の別の時代に霊感を与えた諸原理を安易に持ち出すとしたら、それは軽薄滑稽の誹《そし》りを免れることはできないだろう。これまでの歴史全体は、いわば植物のように「人間」の生育を促す社会生活の定理を手に入れるために、およそ考えられる限りのあらゆる実験がなされた、あたかも巨大な実験室のようなものだった。ありとあらゆるこじつけの実験を繰り出したあと、私たちの手もとに残されたのは、次のような実験結果、すなわち人間という種を自由主義的デモクラシーと技術という二つの原理による操作に委ねる条件下で、わずか一世紀の間にヨーロッパ種が三倍にもなるというものだった。

私たちが愚かなままでいることを望まないならば、かくも多くの事実は私たちに次のような結論を出すことを否が応でも求めるはずである。まず第一に、技術的創造に基づく自由主義的デモクラシーは、これまで知られた社会的生の最高水準の形式である。第二に、たとえこの様式の生が想像し得る最上のものではないにしても、私たちがより良いものと考える様式は、前述の二つの原理の本質的なものを保持しているはずである。

第三に、十九世紀の生の様式より劣ったものへ戻ろうとするすべての意図は自殺行為である。

以上のことが、事実それ自体の要求するあらゆる明白性をもって認められたなら、次は十九世紀に対して、はっきり対抗姿勢を固める必要がある。

前世紀の中にどこか法外なもの、どこか比較を絶するものがあることが明らかだとしても、それ以上に明らかなのは、生が拠り所としている原理そのものを一触即発の危機に陥れる人間たち――反抗的な、大衆化した人間――がいて、そういった血統を産み出していることからして、いくつか根本的な欠陥と構造的不備を抱えていたはずであるということだ。もしそうしたタイプの人間がヨーロッパを相変わらず支配し、絶対的な決定権を行使し続けているとするなら、私たちの大陸が野蛮な時代に逆戻りするのに三十年とはかからないだろう。法的技術や物質的技術などというものは、いままで何度となく製法上の秘密が失われたのと同じくらい容易に雲散霧消してしまうだろう。(15) 生は収縮するだろう。今日の潜在能力の豊かすぎるほどの可能性は、実質的な衰退と欠乏、そして苦悩の色濃い無力さへと、つまりは掛け値なしの没落へと変わってしまうだろう。なぜなら、大衆の反逆とは、とりもなおさずラーテナウが「蛮族の垂直的侵略」と呼んでいたものと同一のものだからだ。

だから最大の善と最大の悪の可能性そのものを孕んだこの大衆化した人間を、根底から理解する必要があるのだ。

六　大衆化した人間の解剖開始

今日、政治的な意味でも、非政治的な意味でも、社会的生を支配している大衆というのはどのような人間か。なぜかくある姿になったのか、つまりどのようにして生み出されたのだろうか。

この二つの問いかけに対しては同時に答える方がいいだろう。なぜなら両者は互いに解明し合うからだ。いまやヨーロッパという存在の最前列に自らを位置づけようとしている人間は、十九世紀を指揮した人間とはまったく似るところが無いが、しかし十九世紀に生み出され準備されたことは間違いない。一八二〇年、一八五〇年、そして一八八〇年当時の鋭い観察眼の持ち主なら誰でも、少し推測を働かせれば、そのときの歴史的状況の重大さを先験的《ア・プリオリ》に予見することができたはずだ。事実、百年前に予見できなかったような新事態は何も起こっていないのだ。「大衆は前進する！」と黙示録的にヘーゲルが言った。「新たな精神的力を待たないでは、われらの革命的な時代は、破局に至るだろう」と、オーギュスト・コントは予告した。「ニヒリズムの潮が満ちてくるのが見える！」と、エンガディーン［スイス南東部、イン川上流沿いの谷間地帯］の岩山から口髭のニーチェが叫んだ。

歴史は予見不可能だというのは嘘である。今までも数え切れないぐらい予言されてきた。もし将来というものが予言の標的たり得なければ、後に実現して、すでに過去となったときでも、それを理解することはできないだろう。歴史家は逆立ちした予言者だという考え方は、歴史哲学のすべてを要約している。確かに見通すことができるのは、未来の一般的構造だけかも知れない。しかし実を言えば、一般的構造だけが、過去や未来について私たちが理解できる唯一のことではないか。だから、もしあなたが自分の時代をはっきり見ようと願うならば、遠くから見るべきなのだ。どの程度の距離からだろうか。実に簡単である。クレオパトラの鼻が見えなくなるちょうどその距離からである。

十九世紀が次々と大量に生み出していったこの大衆という人びとの生とは、どのような様相を呈しているのか。さしあたっては、それはあらゆる面での物質的容易さだろう。いままで平均人は、これほどまでの余裕をもって経済問題を解決することなどできなかった。大資本家が減少し、工場労働者の生活がより厳しくなるのに反比例して、すべての社会階層の中の平均人は自分の経済的地平がより一層自由度を増して広がったことを経験している。毎日のように新しい贅沢が彼の生の標準として加わってきた。日ごと一層、彼の位置は確実性を増し、他人の思惑からは独立してきた。以前だったら運命に対して謙虚な感謝の念を起こさせただろう幸運も、感謝するどころか当然要求できる権利に変わってしまった。

一九〇〇年以降、労働者も自分の生活を広げ安定し始めた。しかし労働者はそれを達成するためには闘わなければならなかった。つまり彼らは平均人のように、組織化の権化とも言うべき社会や国家によってお膳立てされた豊かさなど持っていないのである。

一方、そうした経済的容易さや安全性に加えて、平均人には物理的な恩恵、すなわち快適さ(comfort)や治安が与えられる。生活は快適な軌道上にあり、そこには暴力や危険なことが起こる可能性などみじんも無い。

そのように開かれた、そして自由な状況は、必然的に平均的な魂の最深部に一つの生の印象を、すなわちスペイン民族に古くから伝わる、あの機知に富んだ鋭い言い回し、「広大なるかな、カスティーリャ!」〔「自由に気兼ねなく」ほどの意味を持つ励ましの言葉〕に表象できるような生の印象を注ぎ込まずにはおかない。つまりすべての基本的で決定的な領域において、生は新しき人間にあらゆる障害から自由な生として示されたのである。そうした生の自在さは過去の一般人にはまったく欠けていたことを思い出せば、その事実と重大性はおのずから理解できる。彼らにとって生は——経済的な面でも物理的な面でも——重苦しい運命であった。彼らは生というものを生まれながらにして耐えなければならない障害の堆積と感じ、それら障害に自らを合わせ、辛うじて彼らに残された狭い空間に寝泊りする以外の方法はあり得ないかのように感じていた。

しかしそれよりもさらに明らかなのは、視点を物質的な面から市民的道徳的側面に移したときの、両者の状況の違いなのだ。十九世紀中葉以降、平均人は自分の前にいかなる社会的障壁を見出さなかった。つまり社会生活の諸形式の中に、生まれながらにして何の束縛にも制限にも出会わなくなった。何ものも彼の生に抑制を迫ることはなかった。ここにも「広大なるかな、カスティーリャ！」が見てとれる。「身分」も「血統」も存在しない。誰も市民的特権を持っていない。平均人は、すべての人間は法的に同等だと教えられたのだ。

歴史全体を通しても、これまで人間が、今まで述べてきたような条件が定める環境もしくは生の領域に少しでも似た状態に身を置いたことは一度もなかった。事実これは人間の運命に対して、十九世紀に導入された根本的な革新なのだ。人間存在のために、物理的また社会的な意味においても、新たな舞台が創設されたのだ。三つの原理がその新しい世界を可能にした。すなわち自由主義的デモクラシー、科学実験、産業主義である。

最後の二つは一つに、つまり技術に要約することができる。これらの原理はどれも十九世紀に発明されたものではなく、十七、十八世紀に由来する。十九世紀の栄光はこれらの発明ではなく、実際に導入したことにある。この事実を知らない者などいない。しかし抽象的な認識では足りず、そののっぴきならぬ結果をもしっかり受け入れる必要がある。

十九世紀は、本質的に革命の世紀だった。なぜそのような性格を持っていたのか。その理由を、それだけでは革命とはならないバリケードの光景に探すべきではなく、むしろ社会的大衆である平均人を、それまで常に彼らを取り巻いていたものとは正反対の生の条件の中に追い込んだ事実にこそ求めるべきである。社会的な存在がひっくり返されたのだ。革命とは前秩序に対する反乱ではなく、むしろ伝統的な秩序をねじ曲げる新秩序の導入である。したがって、十九世紀によって生み出された人間が、社会的な生への波及効果という意味で、他のあらゆる時代の人間たちとは異なるものになったと言っても決して過言ではないのである。

もちろん十八世紀の人間は十七世紀を支配していた人間とは違っていたし、十七世紀の人間も十六世紀に特徴的な人間とも異なっていた。しかしこの新しい人間に対比させるなら、彼らは同族のように似通った存在であり、本質的な点では同一と言ってもいいような人間たちだった。いかなる時代の「庶民」にとっても、「生」は何よりも先ず制限、義務、依存を意味してきた。つまり圧力を意味してきた。いやそれを抑圧と言い換えてもいいだろう。ただし、ただ法的ならびに社会的な抑圧と解さずに、宇宙からの抑圧を忘れない場合に限られる。なぜなら物理的ならびに管理行政的な科学技術が事実上無制限に発展し始めた百年前までは、宇宙的圧力が欠けることなど決してなかったからだ。ともあれかつては、金持ちで権力を持っている人にとっても、世界は貧困、困難そして危険の領域だったのである(16)。

新しい人間を誕生の時から取り巻いている世界は、どのような意味においても彼に自己限定を迫ることもないし、いかなる禁止も抑制も課すことなく、むしろその反対に、原理的には無限に増大する欲求を駆り立てる。つまり十九世紀ならびに二十世紀初頭の世界は――きわめて重要なのだが――あらゆる完全さや広大な活動の余地を持つという既存の事実だけではなく、自然発生的な無限成長が保障されているかのごとく、その住民たちに明日はもっと豊かになる、もっと完全に、もっと広がりを持つなどと仄《ほの》めかしていたのだ。

そうした絶対的な信仰に、小さなほころびを生じさせるいくつかの兆候が見られる今日においてでさえ、それでもまだ極々少数の人間しか、自動車は五年以内に今のものよりずっと快適で安価なものになることを疑っていない。それを明日にまた日が昇ることを信じるのと同じくらい信じきっているのだ。この喩《たと》えは的を射ている。なぜなら庶民は技術的、社会的にかくも完璧な世界に出会うと、それを造ったのは大自然だと信じ、実際にそれを創造した優れた個人の天才的な努力には決して思い至らないからである。ましてや、それらすべての便益が今日でも、限られた人間たちの稀有な能力に支えられ、それら能力の瑕瑾《かきん》によってあの壮大な構築物が一瞬のうちに雲散霧消させられることなど考えてもみないだろう。

以上のことによって、私たちは現代の大衆化した人間の心理分析表に最初の二つの特徴を書きとめることとなる。すなわち彼らの生的欲求の、つまり自分自身の無制限な膨張と、彼らの存在の安楽さを可能にしてきたすべてのものに対する徹底的な忘恩と、この二つである。これらは二つとも、甘やかされた子供の心理として知られている特徴だ。そして事実、徹底した現代の大衆の心を観察する際に、これら子供の真理を基準点として利用すれば間違いないだろう。かなり長期にわたる非凡な——霊感と克己勉励において非凡な——過去の相続人であるこの新しい平均人は、彼を取り囲む世界に甘やかされて育ってしまった。甘やかすとは、欲求を制限しないこと、自分にはすべてが許されており、何の義務も負わされていないと思わせることである。こうした生活様式に染まった人間は、自分の限界についての体験がない。周りからのあらゆる圧力を避け、他人との衝突をすべて避けようとするあまり、ついには自分だけが存在しているのだと本気で信ずるようになる。他人のことは意に介さない、とりわけ自分より優れた者などいないのだ、との思い込みに慣れてしまう。

他人が自分より優れているとの感情を本当に彼に教え込むことができるのは、彼よりも強い人、そして彼に対して一つの欲望を断念させること、つまり節制し抑制することを義務づけることができる人だけである。もしそうなら、その平均人は次のような本質的な教訓を学ぶことができたはずである。「私ができるのはここまでだ。ここから先は私よりできる人が始める。見たところ、この世には二人の人間がいるらしい。私と私より優れた人である」。他の時代の平均人には、周りの世界が毎日のようにこの基本的な知恵を教えていた。かつては大災害が頻繁に起こり、そこには確かなもの、有り余るもの、安定したものなど一つもないほどに粗っぽい造りの世界だったからだ。

しかし新しい大衆は、可能性で満ち溢れた、しかも安全な風景の中にいる。そして、ちょうど私たちが別段、自分たちの肩でかつぎ上げなくとも太陽が天空高く輝いているように、すべては彼の意のままに、前もっての努力も必要とせずにそこにあるのだ。誰も自分が吸っている空気のことで他人に感謝などしない。なぜなら空気は誰が作ったというものでもないからだ。つまり空気は「そこにある」もの、いつもあるから「当たり前」と言われるものに属しているのだ。これら甘やかされた大衆は、自分の意のままに用意されたその物質的、社会的組織が、空気と同じ起源を持っているのではないか、なぜなら見たところいつもあるし、まるで自然のもののようにほぼ完全だから、などと信じる程度のお粗末な知性の持ち主なのである。

したがって私の主張はこうである。十九世紀が生のいくつかの領域に与えた組織化は完璧そのものであったので、恩恵を受けた大衆の方では、組織を組織と認識せず、それを自然とみなしている。そう考えれば、この大衆が露呈する愚かな精神状態の説明がつき、また定義できるのである。つまり彼らは自分たちの安楽のことしか気にせず、それでいてその安楽の原因については連帯責任を持たないのだ。彼らは文明のもたらす種々の便益が、実は大変な努力と細心の注意によって辛うじて維持される素晴らしい創意工夫と構築であることを見ようとはしない。そして自分たちが果たすべき役目は、あたかも持って生まれた権利であるかのように、それらを断固として要求するのみで事足りると思っている。

飢饉が原因の暴動では人民大衆はパンを要求するのが普通であり、彼らが採用する手段はパン屋を襲撃するというのが定石である。そしてこれは、自分たちを養ってくれた

文明に対して、現代の大衆がさらに広範囲かつ複雑な規模で用いる行動の象徴として役立てることができよう。(17)

七　高貴なる生と凡俗なる生、あるいは努力と無気力

何よりも先ず私たちは、世界がかくあれかしと招いたとおりのものであり、私たちの魂の基本的な形相は、ちょうど鋳型のように周囲の輪郭のまま魂に刻印されている。もちろん生きるとは、まさにその世界と交流することである。世界が私たちに提示する基本的な様相は、私たちの生の基本的な様相と同じものだろう。だからこそ私は、現代の大衆が生まれた世界が歴史上まったく新しい形相を示していることを力説しているのだ。むかしの平均人にとって、生きるとはおのれの周囲に困難、危険、貧窮、運命的な制限や依存関係を見出すことだった。ところが新しい世界は、誰にも依存せず、実質的に無限の可能性をもった安全な領域として現われる。

この最初の永続的な印象を中心として、現代人一人ひとりの魂が形成されつつあるが、それは古代人の魂が中核とした印象とは正反対である。つまりその基本的な印象は、人格の最深部で何か言葉のようなものを絶えずつぶやき、同時に一つの命令である生の定

義を執拗にほのめかす内部の声へと変化するのである。そして伝統的な印象が「生きるとは自分が制限されていると感じること、したがって私たちを制限するものを考慮に入れざるを得ない」と言っていたとしたら、最も新しい声はこう叫んでいるのだ。「生きるとはいかなる制限とも出会わないこと、つまり何の気兼ねもなく意のままにすることなのだ。実際のところいかなることも不可能ではなく、いかなるものも危険ではない。原理的には自分より優れたものは一人もいない」。

この基本的な経験は、かつての大衆の伝統的で恒久的な構造を完全に変えてしまう。なぜなら、かつての大衆は常に自分が物質的限界や上位の社会的権力に体質的に縛られていると感じていたからだ。それが彼らの目に映った生だった。もしそうした状況を改善できたり、あるいは社会的に地位が向上したとすれば、彼らはそれをいわば微笑みかけてくれた幸運という偶然に帰したのだ。幸運という偶然に帰さない場合は、どれだけ大変な努力を要したか、彼ら自身が骨身に沁みてよく知っていた。いずれの場合も、当時は生や世界の性格とは相容れないものであり、極めて特殊な原因に由来するものだった。

しかし新しい大衆は、特別な原因などひとつも無いのに、生の完全な自由を生まれながらにすでに確立した状態だとみなしている。外から働きかけて、彼に限界を認めさせたり、いかなるときであっても他者からの、とりわけ上位の者からの要請を考慮に入れるよう彼に働きかける者など誰もいない。中国の農民は、つい最近まで、自分の生活をつつがないものとしてくれているのは、皇帝陛下がかたじけなくもお持ちなさる人徳のおかげだと信じていた。つまり彼の生は、そのおかげをこうむっている最高審判者である皇帝にたえず左右されていたのだ。

しかしいま私たちが分析している人間は、自分以外のいかなる要請に対しても自らを委ねる習慣がない。あるがままの自分に満足しているのだ。無邪気に、といってことさら自惚れているというわけでもなく、これ以上当たり前のことは無いかのように、自分の中に見出すすべてのもの、すなわち意見、欲求、嗜好、好みを肯定し、良いものとみなす傾向を持つだろう。これまで見てきたように、彼が二流の人間であり極めて限られた能力しか持たず、自己を肯定する根拠となった生活の豊かさや満足を与えてくれる仕組み自体を維持する能力さえないことを、いかなるものもいかなる人も無理にでも彼に気づかせることをしないのだから、これは当然の結果ではなかろうか。

環境が有無を言わさず実力行使をしないかぎり、大衆化した人間は決して自分以外の誰に対しても意見を求めることをしないだろう。そして現在、環境が彼に義務を負わせることはないから、永遠の大衆はその性格のままに、他に意見を求めることを止め、おのが生の主権者と感じている。それに対して選ばれた人間、卓越した人間は、自分を遥かに越えた上位の規範に自らを従わせようとする。つまり、自ら進んで仕えたいと願う内的必然性によって生きているのだ。ここで思い起こしていただきたいのは、本試論の初めのところで、次のように卓越した人間を凡俗な人間から区別したことだ。すなわち、卓越した人間とは自らに多くを求める人間であり、凡俗な人間とは自らに何も求めず、むしろ現状に満足して自己陶酔に陥っている人間である(18)。

普通考えられていることとは反対に、本質的な従属関係の中に生きているのは大衆ではなく選良の方なのだ。選ばれた人にとって、何か超越的なものに奉仕することに基づかないような生では、生きた気がしないのだ。だから彼は奉仕する必要性を抑圧とはみなさない。たとえば、たまたま彼に抑圧がないとしたら不安を感じ、もっと難しい、もっと要求の多い、自分を締め付けてくれる新たな規範を案出する。これが規律ある生、つまり高貴な生である。高貴さは、要請によって、つまり権利ではなく義務によって規定される。これこそ貴族の義務(Noblesse oblige)である。「好き勝手に生きること、これは平民の生き方だ。すなわち貴族は秩序と法を希求する」(ゲーテ)。

貴族の特権は、もともとは譲歩とか恩恵によって与えられたものではなく、むしろその反対に闘いとったものなのだ。そして原理的には、それら特権の保持には、特権を与えられた人間は、必要とあれば、つまり誰かがそれに対して挑んできたならば、いかなるときでも再び闘いとることのできる人であると想定されている。[19] 私的権利もしくは特権は、受身的な所有とか単純な享受ではなく、その人の努力が到達する輪郭を表わしているのだ。ところが一方、私的権利と違って共通の権利、たとえば「人間として、あるいは市民として」の権利は、受動的で、純然たる用益権ならびに恩恵であり、いかなる人間でも受け取ることのできる、運命からの寛大な贈り物なのだ。つまりそれはただ呼吸し、正気を失わないようにするくらいで、いかほどの努力も必要としないのである。言うなれば、非個人的な権利は自然に与えられるが、人間が個人的権利を持つには努力を要するということなのだ。

「貴族」という実に含みのある言葉が、通常の語彙の中で被った堕落現象は腹立たしいことだ。なぜなら、その言葉が多くの人たちにとっては遺伝的な「血筋の高貴さ」を意味するようになって、万人共通の権利に似た何か、つまり不活性な物のようにただやりとりされるだけの、静的で受動的な資格に変わってしまったからである。しかし「貴族」という言葉の固有の意味すなわち語源にある核は、本質的に動的なものなのだ。高貴な人とは「周知の人」、つまり誰もが知っている、無名の大衆の上に際立って知られるようになった有名な人を意味している。そこに含意されているのは、名声をもたらすまでのとてつもない努力である。つまり高貴は克己勉励もしくは卓越した人に相当する。しかし息子の代の高貴さや名声は、すでにして純然たる恩恵となる。息子が人に知られているのは、彼の父が苦労の末に有名になったからだ。息子は反射として人に知られているのだ。事実、相続された高貴さは間接的な性格を持っており、鏡に映った光、死者たちと眠る月の光の高貴さと言える。そこに辛うじて残る生気あるもの、真正で動的なものは、先人が達成した努力の水準を維持しようと、後塵を拝する者の中に生じた波動くらいなものだ。しかしこうした堕落した意味においてさえ「貴族の義務」は継続する。

初代の貴族は自らに義務を負うが、世襲の貴族が負うのは遺産である。ともあれ、最初の貴族からその後継者への貴族身分の譲渡には、ある種の矛盾がつきまとう。より合理的な中国人は、譲渡の順序を逆にした。つまり貴族の身分を継続するにあたって、息子を貴族にするのは父親ではなく、息子の方が自分の卑しい血筋を努力して高めることによって、遡って先祖たちに貴族の身分を贈るのだ。だから貴族の等級を認定するにあたって、遡って特権を受ける世代の多さが判定基準となる。したがって自分の父親だけを貴族にする者もおれば、おのが名声を五代あるいは十代昔の先祖にまで及ぼす人もいるというわけだ。先祖たちはいま生きている人間、その貴族身分が現在活動している人間のおかげで生きている。ということは、貴族の身分はあったのではなくあるなのだ。(20)

「貴族」という言葉は公式の用語としてローマ帝国以前には現われなかったが、しかし現われたときにはまさに没落した世襲貴族に対抗する言葉としてであった。

私にとって貴族とは、常に自己超克しようと努力する生、あるいは既存の自己を超え出て、自らに義務や要求を課することへ向かう生のことである。こうして高貴なる生は、凡俗もしくは不活性な生の対極に位置づけられる。すなわち静的に自らのうちに引きこもった生、外圧によって自己の外に出ることを強いられない限り、終わりのない引きこもりを宣告されている生の対極にあるのだ。私たちは後の方の人間のあり方を、それが群集であるからというより不活性のものだからという意味で、大衆と呼んでいる。

もちろん男女ともに大多数の人は、存在を続けていくにつれて、厳密な意味での外的な必要性に対する反応のように否応なく強いられる努力しかできないことに、嫌でも気づかざるを得ない。そのため私たちが今までの体験の中で知り合った、自発的で貴重な努力ができるごく少数の人たちが、孤立した記念碑のように見えてくる。彼らこそ選ばれた人、高貴な人、単なる反応ではなく自分独自の行動ができる人であって、彼らにとって生きるとは永続的な緊張、絶え間のない習練なのである。習練とはすなわち苦行(áskesis)であり、したがって選良・貴族は苦行者なのだ。(21)

以上、一見すると脱線にも見える話に驚かないでいただきたい。いつの時代の大衆も同じ大衆だとはいえ、優れた者たちを追い落とそうとしているこの現代の大衆化した人間を定義するには、彼の中に混じり合っている二つの純粋な形式、すなわち通常の大衆と真正な貴族あるいは努力の人とを対比させてみなければならなかったのである。

さて今度は少し歩調を速めることができる。なぜなら、私の考えでは今日支配的な人間の類型を解明する鍵あるいは心理的方程式をすでに手にしているからだ。したがって以下に続くものはすべて、あの根本的な構造の結果もしくは必然的な帰結であり、次のように要約できる。十九世紀に組織された世界は、自動的に新しい人間を生み出すことによって、彼らの中に恐るべき欲求とそれを満足させるための強力な手段を注入した。それもあらゆる領域にまたがった手段である。つまり、経済的手段、肉体的手段（過去のどの時代よりも平均して優れた衛生状態や健康状態）、市民的手段、専門的手段（私が理解しているのは今日の平均人は持っているが、しかし過去にはいつも欠けていた莫大な量の部分的知識ならびに実践上の効果的手段）である。彼らの中にこれらの潜在能力すべてを注入したのち、十九世紀は彼らをそのままに放置した。

かくしてこの平均人はおのが本性にしたがって、自己の中にひきこもってしまった。私たちが眼にするのは、どの時代の大衆よりも力はあるが、しかし従来の大衆と違って自己の内部に閉塞されていて、いかなるものにも人間にも心を開かず、それで充分だと信じている――要するに不従順な大衆に出くわす。この事態が続くならば、全ヨーロッパにおいて――その反映として全世界において――大衆はいかなる領域にあっても指導される能力がないことが、日増しに明らかになっていくだろう。私たちの大陸を覆いつつあるこの困難な時局ではあるが、突如、不安にさいなまれた大衆が、しばし善き意志を持ち、いくつか格別に急を要する案件に関して、優れた少数者の指導を受け入れることも考えられなくはない。(22)

しかしこの善意さえもが失敗するだろう。なぜなら大衆の魂の基本構造が自己閉塞性と不従順さでできており、それが事物であろうが人であろうが、自分を超えたところにあるものに注意を向ける機能が生まれつき欠けているからである。たとえ誰かの後を追おうにも、それはできないだろう。聞こうとすれども、自分の耳が聞こえないことを知るだけで終わるだろう。

また他方、現在の平均人がたとえ過去の平均人と比べてその生の水準を上昇させたとしても、単独で文明の歩みを律することができると考えるのは幻想だろう。いま私は進歩ではなく歩みと言った。現在の文明を維持するという単純な歩みでさえ、とてつもなく複雑であり、計り知れない繊細さを必要とする。数多くの文明の利器の使用法は学んだかも知れないが、まさにその文明の原理の起源を知らないという特徴を持った平均人には、文明の歩みなどを律するのは土台無理なのだ。

ここまで忍耐強く読んでくださった読者に繰り返し言いたいのだが、以上すべての主張をもっぱら政治的意味合いで解釈しないことだ。たしかに政治的行動は、あらゆる社会生活において最も実効的で可視的なものではあるが、しかしそれは他のもっと内的で触知できない諸活動の結果だからである。それゆえ政治的な不従順さは、もっと決定的な不従順さ、つまり知的で道徳的な不従順さに由来するものでないなら、それほど問題とはならないだろう。したがって、これら知的で道徳的な不従順さを分析しないかぎり、本試論の主張に対する究極的な解明はなされないということだ。

八　大衆はなぜ何にでも、しかも暴力的に首を突っ込むのか

さて私たちの考察は、何かかなり逆説的な、しかし実際には極めて自然なあることが起こっているというところまで来た。すなわち世界や生が平均人に対してしきりに心を開いているのに、彼らの方が固く心を閉ざしているということである。私が主張したいのは、大衆の反逆がこうした平均人の心の閉塞状態に基づいており、さらに今日人類に提起されたとてつもない問題がこの反逆に根を持っているということなのだ。

もちろん私は、読者の多くが私と同じように考えているわけではないことは知っている。そのこと自体は当然のことであり、それがかえって私の理論を確証してもくれる。なぜなら、たとえ私の理論が決定的な誤謬だったとしても、私と意見を異にする読者の多くが、かくまで複雑な問題についてたかだか五分も考えなかっただろうという事実が残るからである。第一そんな人が私と同じように考えるはずもないではないか。しっかり考えを練るための前もった努力もなしに、この問題について意見を持つ権利があると

考えること自体、私が「反逆する大衆」と呼んだ愚かしい人間のあり方の典型的な一つの例だということを表わしている。それこそまさに閉塞的で封鎖的な魂を持っている。この場合は知的閉塞性が問題なのだ。人はおのれの内部にいくばくかの思想を持っている。それらに満足したり知的に充足しているとみなすことにしてしまう。自分以外のことに何一つ不足を感じないので、自己の思想の限られたレパートリーに最終的に落ち着くことになるのだ。自己閉塞のメカニズムがここにある。

大衆化した人間は自分が完全だと思っている。ところが選ばれた人は、自分が完全だと思うには、特別に自惚れ屋であることが必要である。そして自分の完全さに対する信念は、彼自身とは本来相容れないものなのだ。そうした信念は彼の中から自然に出て来るものではなく、彼の自惚れに由来するものであり、彼自身にとっても虚構の、想像の産物で、しかも問題の多いものなのだ。だから自惚れ屋は他人を必要とする。つまり彼は、これら他人の中に、自分自身について持ちたいと願う意見の確認を求めるのだ。したがって、この不健全な場合においてだけではなく、たとえ虚栄心によって「目が見えなく」なったときでも、高貴な人間は本当に自分が完全であると感じることはできないのだ。

それとは反対に、現代の凡庸な人間すなわち新しいアダムにとって、自分の完全さについて疑ってみようなどという気は一向に起こらない。自分に対する自信は、アダムと同じく楽園的である。彼の魂の生来の自己閉塞性は、自分の不充分さを発見するための前提条件、つまり他人と比較することを妨げる。比較することは束の間だけ自分自身から出て、隣人の身に置き換えることと言えよう。しかし凡庸な魂には、崇高なる運動であるこの置き換えが不可能なのだ。

要するに私たちの前にあるのは、愚か者と用心深い人間との間に永遠に存在する相違である。賢者は自分が些細なことで愚者になるかも知れないと自戒している。だからいつ襲うかも知れぬ愚かさを避けるための努力を怠らない。知性はまさにこの努力に基づいている。それに対して愚か者は、自らを疑うことをしない。自分を分別の豊かな人間だと思っている。おのれの愚かさに居直っているので、羨ましいほど落ち着きはらっている。住んでいる穴蔵の外に連れ出す方法がない昆虫のように、愚か者をその愚かさから追い出して、しばし目が見えない状態から抜け出させて散歩でもさせ、彼のいつもの愚かな見方と他のもっと明敏な観点とを比較するよう仕向ける方法などないのだ。馬鹿は死ぬまで馬鹿である。抜け道はないのだ。だからアナトール・フランス［フランスの小説家。一八四四―一九二四］は、馬鹿は根性曲がりより忌まわしいものであると言ったのだ。なぜなら根性曲がりは時々休むが、馬鹿はまったく休まないからだ。(23)

しかし問題は、大衆化した人間が愚かだということではない。むしろその反対に、現代の大衆は利口であり、他のいかなる時代の大衆よりも知的潜在能力を持っている。だがその潜在能力は彼にとって何の役にも立たない。はっきり言うなら、そういう能力を持っているのではないか、という漠然とした感覚は、彼がさらに自己に閉じこもってその能力を使わないことに貢献している。彼はたまたま自分の内部に溜まった一連の決まり文句、偏見、観念の切れっ端、あるいは意味のない語彙を後生大事に神棚に祀ったあと、天真爛漫としか説明しようのない大胆さをもってそれらを相手かまわず押し付けている。これについてはすでに第一章で現代の特徴として述べた。つまり凡俗な人間がみずからを凡俗ではなく優秀な人間だと考えているのではなく、凡俗な人間がその凡俗さの権利を、あるいは権利としての凡俗さを宣言し、他に押し付けようとしている点がそれである。

今日、知的凡俗性が社会生活の上にふるっている支配権は、過去のいかなるものとも同一視できない。そして、それは現在のさらに新しい状況の要因ではなかろうか。少なくとも現在までのヨーロッパ史上、庶民が物事についての「思想」を持っていると信じたことなど一度もなかったのだ。もちろん信条や伝統、経験や格言、習慣的なものの考え方などは持っていた。しかし、たとえば政治や文学といった物事がどうであるか、あるいはどうあるべきかについての理論的見解を所有しているなどとは考えてもいなかった。

彼らは政治家が計画したりやっていることが良いか、それとも悪いかと考えたのだ。そしてそれに対する支持を表明するか、あるいは反対するかしかなかった。つまり彼らの態度は他人の創造的行為に、肯定的あるいは否定的に反応することに限られた。政治家の「思想」に対して自分の別のそれを対決させようなどとは思いもよらないことだった。ましてや、政治家の「思想」を、自分の信じる別の思想の法廷で裁こうなどと思いつくはずもない。そのことは芸術においても、また社会生活の他の分野においても同じである。おのが限界についての、つまり自分には理論化する素質がないという生得的な意識が、それを完全に禁じていたのだ。ここから当然の結果として出てくるのは、その大部分が理論的な性質を持つ社会活動のほぼ全般にわたって、彼らには決断することなど夢にも思いつかなかったということなのだ。

ところが今日、平均人は宇宙に起こるすべてのこと、そして起こるはずのすべてのことに関して特別明確な「思想」を持っている。だから彼らは他人の話を聞く習慣を失ってしまったのだ。必要なものはすべて自分の中にあるのに、どうして他人に耳を傾ける必要があるのか。もはや聞く場合ではなく、今や裁き、宣告し、決定するときなのだ。(24)

もはや自分が関与しないような社会生活の問題は無いも同然として、本当は目が見えず耳も聞こえないのに、自分の「意見」を他人に押しつける。

しかしこれは利点ではないのか。大衆が「思想」を持つ、つまり教養があるという大変な進歩を表わしているのではなかろうか。いや、とんでもないことなのだ。この平均人の「思想」は言葉本来の意味では思想でもないし、彼らの所有しているものも教養ではない。思想は、真理への王手である。誰であれ思想を持とうと願う人は、真理を欲する姿勢、思想が課す競技の規則を受け入れることがまず必要である。思想や意見を調整する審判、すなわち議論を律する一連の基準が認められないような思想や意見は論外なのだ。これらの基準は文化の原理である。それが何かは重要でない。私が言いたいのは、私たちの隣人が拠るべき市民法の原理がないところに文化は存在しないということだ。討論の際に言及されるような、いくつか究極的な知的立場に対する尊敬の念がないところには文化もない(25)。いざというときに拠りどころとなる商取引が経済関係を統括していないところにも文化はない。美学論争において芸術作品を正当化する必要性を認めないところに、文化はないのだ。

以上のことすべてが欠けているところに、文化は存在しない。そこにあるのは、言葉の最も厳密な意味における野蛮(barbarie)である。もう幻想を抱くことはやめよう、それこそが大衆の募り行く反逆の下で、いまヨーロッパに存在し始めたものなのだ。野蛮な国にやってきた旅人は、この領土は拠るべき原則によって統治されていないことを知っている。文字どおり「野蛮な規範」などというものはない。野蛮とは規範の不在であり、そして申し立ての可能性の欠如なのだ。

文化の高低は、規範が正確に守られているかどうかの強弱によって計られる。文化レベルの低いところは、規範も雑にしか機能していない。文化レベルの高いところでは、あらゆる実践活動において細部にまで規範が浸透している。スペインの知的文化の貧しさ、つまり知性の規律正しい養成と実践の少ないことは、知識が多いか少ないかではなく、話したり書いたりする人たちが通常示す、真実に向き合うための用心や注意が常に欠如しているところに現われている。つまり当たっているか外れているかではなく――私たちが真実を手中にしているわけではない――正しく判断するための基本的な必要条件すら満たさない事態を引き起こす注意の欠如こそが問題なのだ。もしそうなら、私たちは、まずマニ教徒が何を考えているかを調べることに意を用いないで、マニ教徒を意気揚々と論駁する村の司祭を永遠に演じ続けることになる。

ここ数年前からヨーロッパでは「奇妙なこと」が起こり始めたと誰もが気づいている。それら奇妙なことの具体例を挙げるとすれば、サンディカリズムやファシズムのようないくつかの政治的な動きだろう。それらが奇妙に思われるのは単に新しい運動にすぎないからだなどと言わないでいただきたい。革新への熱狂はヨーロッパ人にとって生得的なものであり、ヨーロッパ人をして知られ得る限り最も激しく落ち着きのない歴史を作り出させるに至ったほどのものだ。だからこれら新しい事実に奇妙さが見てとれるのは、単にそれが新しいからではなく、これら新事実のもつ極めて不思議な外見からである。サンディカリズムやファシズムの相の下に「スピノザの「永遠の相の下に」を下敷きにしている」、ヨーロッパに初めて、おのが行為の理由を相手に示すことも、また自己正当化も望まない人間、むしろ単純明快に断固として自分の意見を押し付けようとするタイプの人間が現われたのだ。

新しさとはまさに正当な理由を持たぬ権利、道理なき道理(razón de sinrazón)なのだ。私はそこに大衆であることの新しい様式、つまり潜在能力もないのに社会を指導する大衆のあり方の最も鮮やかな表われを見る。彼らの政治的な振る舞いに、極めて無遠慮で自信過剰な新しい魂の構造が開示されている。しかしその鍵は知的閉塞性にあるのだ。平均人は自分の内部で「思想」を見出すが、思想を考え出す機能に欠けている。思想の生きる基盤である、きわめて精妙な要素が何であるかを考えてもみない。彼は意見を述べたがるが、そのために必要な条件や前提を受け入れようとはしない。彼の「思想」が本来の思想ではなく、艶っぽい小唄のように、言葉に包まれた欲望であるのはそのためである。

一つの思想を持つとは、その思想にこめられた理性を所有していると信じることなのだ。つまり一つの理性、理解可能な真理でできた一つの世界が存在すると信じることである。思索する、意見を述べるということは、そうした要請に訴えること、その要請に従うこと、その法規や裁定を受け入れること、要するに私たちの考えの理由が議論されるときのその対話こそが共生のための最良条件であると信じることなのである。しかし大衆化した人間が議論を受け入れたなら、自己喪失に陥る。そして自分の外にあるその最高審判を尊重すべきとの義務を本能的に拒否するのだ。

そのためヨーロッパにおける「新しい」こととは、「議論にけりをつける」ことであり、会話から始まって学問や議会に至るまで、およそ客観的規範を尊重することを前提とする共生の形式を毛嫌いすることなのだ。ということは、規範の下の文化的共生は断念され、野蛮な共生へと退行することを示す。すべての尋常な手続きは省かれ、望んでいるものの押しつけへと一直線的に進む。先に見たように、すべての社会生活に介入するよう大衆を突き動かすのは、魂の自己閉塞性だ。それはまた大衆をして介入の唯一の手続きへと、すなわち直接行動へと駆り立てるのだ。

もしいつか私たち現代の起源が再構築されるような日が来たなら、その特有のメロディーの最初の音は、一九〇〇年ころのフランスのサンディカリストやリアリストのグループ、つまり「直接行動」という言葉や様式の創始者たちが鳴らしたと判明するだろう。人間が暴力に走るようになったのは今に始まったことではない。この手段はときには単なる犯罪だったが、それはいまの私たちには興味がない。しかしときに暴力は、自分が持っていると信じる道理と正義を守るためのあらゆる手段を使い切った人が最後に拠りどころとしたものでもあった。人間の置かれた条件がこの暴力という形式に度々向かったのは、残念至極と言わなければならない。しかしこの形式が道理と正義に対してでき得る限り最大の敬意を表わしていることも否定できないのだ。なぜならそうした暴力は怒り狂った理性に他ならないからだ。

事実、力は最後の手段であり理性(ultima ratio)[ratio はスペイン語の理性 razón の語源]だった。力が前もって理性的規範に従うものであることを実にうまく言い当てたこの表現は、愚かにも皮肉を込めて理解されてきた。文明とは、力を最後の手段に留めようとした試みに他ならない。私たちはここに来てそのことを充分明確に理解しはじめている。なぜなら「直接行動」とは順序を逆にして暴力を最初の手段(prima ratio)、もっと正確に言うなら唯一の手段(única razón)にすることに基づいているからだ。暴力とはあらゆる規範の破棄を提案する規範であり、私たちの意図からその押しつけに至るすべての途中経過を削除する規範なのだ。まさに野蛮の大憲章《マグナ・カルタ》である。

ここで思い起こしてほしいのは、過去のいかなる時代にあっても、大衆が何らかの理由から社会生活において活動した時は、常に「直接行動」の形であったということである。つまりそれが大衆には常に自然な行動様式だったということだ。社会生活における大衆の指導的介入がいまや偶発的で稀なものから通常のものとなって、公然と認可された規範として現われたという明らかな事実は、本試論の主張を強力に裏付けてくれる。

いまや人間の共生はすべて、間接的な手続きが廃止されるような新しい体制下に取り込まれてゆく。社交においては「礼儀作法」が廃止される。「直接行動」としての文学が、非難中傷の言葉で構成される。性的関係においてもその手続きを単純化している。

手続き、規範、礼儀、調停、正義、道理！　こうしたことはすべて何のために作り出されたのだろうか。なぜこんな複雑なものが案出されたのか。すべては「文明」という言葉に集約される。文明、それはキヴィス(civis)すなわち市民という概念の中に、おのれ自身の起源を見出す。以上すべては市を、共同体を、共生を可能にするためなのだ。そのため今数え上げた文明の道具の一つひとつを内部から見てみるなら、それらすべての中に同じ一つの核心が見出されるだろう。つまりすべては、各自が他の人たちを考慮に入れたいという根本的で次第に強まる願望を想定している。文明は何よりも先ず共生への意志である。他者を考慮しない度合いに応じて反市民的で野蛮となるのだ。野蛮とは分離への傾きである。かくして、あらゆる野蛮な時代は人間的な拡散の時代、互いに分離し敵対する極小集団が蔓延《はびこ》る時代だった。

政治の分野で最も高邁な共生への意志を示した形式は、自由主義的デモクラシーである。これは他者を考慮するという決意を究極まで追求したもので、「間接行動」の原型なのだ。自由主義は政治的権利の原理だが、それによれば社会的権力は全能でありながら、自分自身を制限し、みずからが統治する国家に、自分を犠牲にしてまで自由な空間を残そうとする。それは権力側にいる強い人つまり多数者のようには考えることも感じることもしない［少数の］人たちが生きることのできる場所を残すためである。

自由主義とは――このことは今日ぜひ思い起こしていただきたい――最高の寛大さなのだ。それは多数者が少数者に与える権利、したがって地球上でこれまで鳴り響いた最も崇高な叫びだ。それは、敵とも、いやか弱い敵とも共生するという決意を宣言している。人類がかくまで美しい、かくまで逆説的な、かくまで優雅な、かくまで曲芸的な、かくまで反自然のものに到達できるとは、にわかには信じられないことだった。だからその同じ人類がほどなくその自由主義を捨て去ろうと決意したように見えるのも驚くにはあたらない。それはあまりにも難しく込み入った試みなので、地上に根を下ろすことは無理なのだ。

まさか敵と共生するとは！　反対勢力と共に統治するだとは！　そのような優しさはすでに理解不可能なものになりつつあるのではないか。反対勢力が存在するような国が次第に極わずかな数になってきたという事実以上に、現代の相貌を露わにしているものはないだろう。ほとんどすべての国々において同質の大衆が社会的権力の上に重くのしかかり、すべての反対集団を踏みにじり、無きものにしている。大衆はその密度とおびただしい数を見れば誰の目にも明らかだが、自分と違う者との共存は願っていない。自分でないものを死ぬほど憎んでいるのだ。

九　原始性と技術

ここで是非とも思い起こさなければならないのは、私たちが今のめりこんでいる課題とは、本質的には曖昧な一つの状況、つまり現在の状況の分析ということなのだ。最初のところで、現在のあらゆる特徴、なかんずく大衆の反逆が二面性を示していると暗示しておいたのはそのためである。その特徴のどれも好意的・軽蔑的という二重の解釈を容認するだけでなく要求もしている。そしてこの両義性は、私たちの判断の中にあるのではなく、現実そのものの中にあるのだ。それは一面からは良く見え他面からは悪く見えるというのではなく、現在の状況それ自体が勝利と死という二つの顔を潜在的に持っているということである。

別段、歴史に関わる形而上学を総動員してこの試論に重みを加えるつもりはない。明らかなことは、他の場所でもすでに開陳したり、ほのめかしてきた私の哲学的信念の上に試論を構築しようとしていることだ。私は歴史の絶対的な決定論を信じない。むしろその反対である。私はすべての生、つまり歴史的生が純粋な瞬間から構成されていると考えている。そして、それぞれの瞬間はそれに先立つ瞬間に関しては相対的に不確かなものであり、そこでは現実が揺れ動いており、その場で足踏みし、いくつかある可能性のうちのどれを選ぶべきかを決めかねていると思っているのだ。この形而上学的ためらいこそが、生的なるものすべての上に揺れと震えという間違えようのない性質を与えている。

事実、大衆の反逆は人類の新しい、そしていままで例を見ない組織への移行であり得るが、同時に人類の運命にとっての破局ともなり得る。進歩の現実を否定するいわれはないが、それが確実だと信じる考え方も修正する必要がある。より事実に即しているのは、退行や後戻りの恐れが無いような、確実な進歩や進展はどこにもないということだ。歴史においては、すべてが、文字どおりすべてが可能である。つまり勝ち誇った無限の進歩も、一瞬のうちの逆戻りも、ともにあり得る。なぜなら、個別的であれ集団的であれ、個人的であれ歴史的であれ、そのいずれでも、生は危険を本質とする宇宙で唯一の実体だからである。それは、思いもかけぬ出来事から構成されている。言葉の厳密な意味でのドラマである。[26]

以上が、一般的な真理だが、現在のように「危機的時期」ではより一層強度を増す。

このように現在の大衆の支配下に現われ始め、私たちが「直接行動」という名の下に一括する新しい態度の兆候も、もしかして未来における完成を告知するものかも知れない。あらゆる古い文化はその内部に進行途上の老廃した組織、角質化した物質の少なからずの堆積など、生命にとっての障害や有毒な廃棄物を引きずっていることは明らかなのだ。死んでしまった制度、かろうじて生き残ってはいるが、もはや内実のない価値や尊敬、必要以上に複雑化してしまった解決策、無内容を露呈した規範などだ。

　これらすべての間接的な行為、つまり文明の要素は、熱狂的なまでの単純化の時代が到来することを待ち望んでいる。ロマン主義のフロックコートや胸当ては、今日の簡易な服装(deshabillé)や「ワイシャツ姿」を通しての復讐を要求している。ここでは、単純化は衛生的であり好尚な趣味なのだ。したがってより少ない手段でより多くのものが獲得できるというのが、いつの世にも変わらぬより完全な解決策となる。ロマン主義の愛の木も剪定《せんてい》を必要とした。つまりそれは、枝にまとわりついて繁茂した虚偽の花や、のびのびと太陽の光を浴びさせてくれない蔓や蔦、ねじれやもつれの風狂を切り落とすためだった。

　一般的に言って社会生活とりわけ政治は、本来の姿に立ち返ることを緊急のものとして要請していた。そしてヨーロッパ人の人間性は、先ず裸になって、おのれの本質性が見えるまでおのれ自身と一体化して身軽にならなければ、楽観主義者がヨーロッパ人に要求する縦横無尽な跳躍をすることはできないだろう。この裸体化、真正化に対して感じる熱狂、そして評価さるべき未来へ向かっての一歩を踏み出すためにはそれが欠かせないとの意識は、すべての過去にとらわれない完全な発想の自由を私に取り戻させてくれる。過去の上に君臨すべきは未来である。かつてあったすべてのことを前にして私たちの過去に対する振る舞いを命じるのは未来なのだ。(27)

しかし十九世紀を導いた者たちの最大の罪は避けなければならない。つまり彼らをまどろませ、警戒を怠らせた責任意識の欠如のことだ。成り行きしだいの安易さという坂道を下るにまかせ、最も愉快な時間にさえ遭遇する危険や思わしくない側面に対して鈍感になること、それはまさに責任と使命に反することなのだ。今日、責任を感じることのできる人たちの中に、知覚過敏と言えるほどに鋭い責任感を喚起することが必要になっており、現今のさまざまな兆候の明らかに不吉な側面を強調することが火急のことのように思われる。

私たちの社会生活の現状分析表においては、現在の種々の要素が告知し約束している未来を考慮に入れて計算したならば、逆風の方が順風の要素を遥かに凌駕していることは間違いない。

生が経験した具体的な可能性のあらゆる増大は、ヨーロッパの運命を突如襲った最も恐ろしい問題につきあたり、おのれ自身を抹殺する危険を犯している。この恐ろしい問題とは、再度私が定義するならば、文明の原理に興味を示さないタイプの人間が社会の指導的位置を奪取したという事態である。それも、この文明とかあの文明とかの原理ではなく、現在の状況から判断するかぎり、いかなる文明の原理にもまったく興味を示さないタイプの人間なのだ。彼らに関心があるのは、明らかに麻酔薬や自動車、それに類した二、三のものに限られる。そしてそれは文明に対する彼らの根本的な無関心を確認することに他ならない。なぜなら麻酔薬などは文明の単なる産物にすぎず、それらに注ぐ熱狂は、それらが産まれる原理についての無感覚をさらに残酷に際立たせてくれるものだからだ。

次の事実を明らかにするだけで、さらに事態がよく分かる。新科学、つまり自然科学が存在するようになって以来——すなわちルネサンス以降——それに対する熱狂は、時の経過とともに途切れることなく増大してきた。もっと具体的に言うと、これら自然科学の純粋な実験に携わる人数の割合は、世代ごとにより多くなっていった。最初の低下は——繰り返すが割合としてである——今日二十代から三十代に当たる世代に生じた。純粋科学の実験室で学生を惹きつけるのが難しくなり始めた。こういう事態になったのは、産業が最大の発展を遂げたとき、そして人びとが科学によって作られた装置や薬品の使用にかつてないほど食指を動かしたときなのだ。

もし冗長になるのを厭《いと》わなければ、政治、芸術、道徳、宗教そして生の日常的領域に見られる似たような不合理な現象を明示することもできるだろう。

かくまで逆説的な状況は何を意味しているのか。本試論においては、そうした問題への解答をすでに準備したつもりだ。つまり今日の支配的な人間とは一人の原始人、文明世界の真ん中に現われ出た一人の自然人(Naturmensch)である、と。世界は文明化されてはいるが、しかしその住人は未開なのだ。つまり彼は世界の中に文明を見出さないばかりか、文明をあたかも自然であるかのように利用してはばからない。

新しい人間は自動車を欲し、それを楽しむ。しかし彼は、自動車がエデンの園の木から自然に生じた果実だと信じている。彼は心の奥底では、文明のほとんど信じられないような人工的な性格については無知であって、それら装置に対する熱狂は、その存在を可能とした原理にまでは届かないだろう。先に私はラーテナウの言葉を借りて、私たちは今や「蛮族の垂直的侵略」に立ち会っていると言ったが、単なる「言い回し」だと、いつものことだが判断されたかも知れない。この表現は一つの真理あるいは誤謬を表現したものかも知れない。しかしいまや明らかなのは、それは「言い回し」の逆であり、一つの複雑な分析を経た正式の定義だということである。現在の大衆化した人間は事実、原始人であって、袖を通りぬけて、文明という古い舞台に登場してきたのだ。

今日しきりに技術の目覚しい進歩が話題にされるが、申し分なく劇的な未来を念頭において話すことは、ごくまともな人たちの間でさえも無いようだ。きわめて明敏かつ深みのある――いささか偏執的だが――シュペングラーでさえ、この点に関してはあまりに楽観主義的に思える。彼は「文化」のあとに「文明」の時代が続き、その「文明」の下に技術というものを考えている。シュペングラーが「文化」、もっと広く言うと歴史一般について持っている考えは、本試論で前提とされているものとはあまりにかけ離れているので、単に修正するだけのためであれ、ここでその結論について簡単に述べることはできない。両者の視点を共通分母で括るために、両者の間の距離や詳細な点は読み飛ばさざるを得ないが、しかし次のように両者の相違点を纏めることができよう。

すなわちシュペングラーは、文化の諸原理に対する興味がなくなっても、技術は生き続けることができると信じている。私は、そのようなことをどうしても信じる気にはなれない。技術は科学と同質のものであり、科学は科学自体の純粋さや科学そのものに対する興味がなくなれば存在し得ない。だから、人びとが文化の一般原理に関する情熱を失ったのなら、興味を惹くことさえできないのである。現在それが起こっているように見えるのだが、そうした熱が冷めるなら、技術はしばらくの間しか、つまり技術を生み出した文化的衝動が惰性で継続している間だけしか、生き続けることができない。人は技術と共に生きるが、技術によって生きるのではない。技術は自ら養うことも自ら呼吸することもしない。つまりそれは自己原因［自らが自らの原因となって存在するもの］ではなく、余分で無用な関心から生まれた、有用で実用的な沈殿物なのだ(28)。

だから私は、今日の技術に対する関心は何事も、技術の進歩あるいは持続性でさえをも保証するものではないことに警鐘を鳴らしているのだ。技術を「近代文化」の特徴的な性格の一つと考えてもいいだろう。それは物質的に利用可能なものとなる科学の一分野を含む文化なのである。だから十九世紀に導入された生の最も新しい相貌を要約する際に、私としては二つの特徴、すなわち自由主義的デモクラシーと技術を挙げたいのだ(29)。

しかし繰り返すが、技術について話される場合、その心臓部は純粋科学なのだ。だからその永続の条件は、純粋な科学的実践を可能にする条件を組み込むことだということが、あまりにも安易に忘れられていることに驚く。真の意味での「科学者」が存在し続けられるためには、何が人びとの心の中に生き続けるべきものか、すべての可能性を考えたことはあるのだろうか。もしかしてドルがある限りは科学があるなどと真面目に信じているのだろうか。多くの人が心落ち着けるこの考え方は、原始性のもう一つの証明に他ならない。

物理化学という複雑なカクテルを作るために、振り混ぜなければならない雑多な種類のリキュールの量はいかほどに、などと考えても無駄なのだ。この主題を最も軽く表面的に振っただけでも、この広大な空間と時間の中で、ロンドン、ベルリン、ウィーンそしてパリを線で結んだ小さな四辺形の中だけで物理化学が完全に形成され確立されたという明々白々の事実が飛び出てくる。そしてこの四辺形の中と言っても、それが十九世紀に限定されているのだ。

このことは、実験科学が歴史の信じられないほど低い確率の中から生まれた産物の一つであることを証明している。魔術師や祭司、戦士そして牧者たちは、場所と方法を問わずに増えていった。しかしこの実験的な人間集団が自己増殖を遂げるには、どうも一角獣を生み出すときよりももっと稀な諸条件を必要としているようだ。かくまで頼りない、そしてあっさりとした事実を目の当たりにすれば、科学的霊感がやすやすと揮発し蒸発する性格を持っていることについて、少しは内省するべきだろう[30]。たとえヨーロッパが消滅してもアメリカ人たちが科学を継承することができるだろうなどと信じる人は、何とおめでたいことか。

この問題を根底から扱い、実験科学の、ひいては技術を生かしめた歴史的前提が何かを詳細に特定することは重要だろう。しかしたとえ問題が解明されたとしても、大衆化した人間が納得するだろうと期待してはいけない。大衆化した人間は道理に耳を貸すことはなく、ただただおのれの体感だけを信じているのだ。

道理に沿ったものだから精細を極めたものにならざるを得ないという、こうした説教じみた意見に果たしてどんな効果があるのだろうか。私にはどうも楽観視できないのは、ある一つの見方のせいなのだ。それは、現在のような状況において、説教されなくとも平均人が自発的に、物理化学や生物化学に心からの熱望を感じないのは、あまりに理屈に合わないことではないだろうか、と考えるからである。ともかく現在の状況がどのようなものかを考えていただきたい。明らかに文化の他のあらゆるもの——政治、芸術、社会的規範、そして道徳そのもの——が問題を孕んだものとなってしまったとはいえ、ただ一つ討論の余地のない申し分ない方法で、日々大衆化した人間に強く印象づけているひとつの文化現象がある。実験科学である。

毎日、実験科学は、平均人が利用する新しい発明品を提供している。毎日のように、新しい鎮痛剤あるいはワクチンを産み出し、その恩恵を平均人は受けている。誰もが知っていることだが、もし科学的霊感が弱まることなく、実験室の数を三倍に、あるいは十倍にするならば、自動的に富や快適な設備、健康や生活の豊かさも増加するだろう。

生きる原理を支えるこれ以上に素晴らしく、強力な宣伝文句を想像することができるだろうか。しかし大衆が、科学に対してより大きな貢献をしようと、資金を出したり献身的に協力する素振りさえ見せないのはどうしたことか。それどころか戦後［第一次世界大戦後］は科学者を社会の新しい最下層民に変えてしまった。

もちろん私が言っているのは、物理学者、化学者、生物学者であって哲学者のことではない。哲学は大衆の保護も世話も同情も必要としていないのだ。おのれの完全な無用性を大事にし[31]、そうすることによって平均人へのすべての服従から自由になる。哲学はそれ自体が問題を孕んだ本質であることを知り、おのれの世話を何者にも求めず、自分を売り込むことも自己防衛をすることもなく、善き神の小鳥としての自由な身の上を喜んで受け入れる。もし自分が誰かのために役立ったとすれば、純粋に人間的な共感として喜ぶことはある。しかしこうした他人の利益を糧にして生きているのでもなければ、それをあらかじめ考えているわけでも期待しているわけでもない。哲学がおのれ自身の存在を疑うことから始まったのなら、そしておのれ自身と闘いおのれ自身に懸命になるその度合いに応じてこそ生きているのであれば、どうして誰かに自分のことを構ってもらいたいなどと思うだろうか。だから哲学のことはひとまず横においておく。それはまた別の次元の冒険である。

だが実験科学は、そうでなければ滅びるという程度に、大衆が必要としているものだが、それと同じ程度に実験科学も大衆を必要としている。なぜならもし地球に物理化学がないとしたら、今日存在している数の人間たちを維持することなどできないからである。

人間たちが乗り回す自動車や、奇跡のように彼らの痛みを散らしてくれる全身麻酔〔モルヒネの代用品、鎮痛麻酔剤〕が達成していないことを、他のどのような理論が成し遂げてくれよう。科学が大衆にもたらしてくれる恒常的で明確な恩恵と、大衆が科学に対して示す関心との間の不均衡はかなりのものなので、空しい希望で自分自身を丸め込む方法もないし、期待できるのは人間の振る舞うであろう野蛮な態度だけという体たらくである。ましてや科学に対する無関心が以上のような現われ方をしているなら、専門家たち、つまり医者、技師などからなる大衆の中にこそ、他のどんなところよりももっとはっきりした形で露出しているはずである。つまり、そうした専門家たちは、科学や文明の運命との緊密な連帯などこれっぽっちも持たずに、自動車を乗り回したりアスピリンを買うことで満足している人と本質的には同じ精神状態にあって自分の職業を実践しているのが普通なのだ。

新しく現われ出た野蛮の別の兆候、つまり怠慢ではなく、積極的で行動的な性格に由来するため、とりわけ目立って派手な見世物になる兆候に、それこそ恐怖を覚える人もいるであろう。私にしてみれば、それこそ平均人が科学から受け取る便益と、彼が科学に捧げる感謝（つまりは捧げられない感謝だが）との間の不均衡にかかわるものであり、この上なく恐ろしいものなのだ[32]。もし私がアフリカ中央部では黒人たちも自動車を乗り回しているしアスピリンを服んでいることを思い出すなら、当然、科学に対するこの適切な感謝がないことが腑に落ちるのである。これは私の仮説だが、優位に立ち始めたヨーロッパ人は、彼がその中で生まれた複雑な文明に比して相対的に原始人であり、舞台の迫《せ》りに突如現われた野蛮人、「垂直的侵略者」と言えよう。

十　原始性と歴史

自然は常にそこにある。そして自立自存している。自然の中、ジャングルの中では、私たちは原始人であっても咎められることはない。それだけでなく私たちは、原始人ではない他の者たちが出現するという危険がない限り、原始人であろうと心に決めることさえできる。しかし原則的には、永遠の原始民族もあり得るわけで、事実そういう民族もいるのだ。ブライジッヒ［ドイツの歴史家。一八六六―一九四〇］は彼らを「永遠の曙の民族」と名付けた。停止し凍りついた、つまり決して正午に向かわずに夜明けにとどまった民族というわけである。

以上は自然だけの世界に起こることであって、私たちの生きる文明世界に起こることではない。文明は単にそこにあるものではないし、自立自存もあり得ないのだ。それは人工のものであり、芸術家あるいは職人を必要とする。もしあなたが文明の恩恵に浴したいと望みながら、文明の維持を心がけないなら……、とんでもないことになる。あっという間にあなたは文明のない世界に取り残されるだろう。少し油断した隙に、そして周囲を見回すとすべては雲散霧消している。それはまるで純粋の自然を覆っていたつづれ織りが取り払われたかのように、原始の密林が原初の姿のままに再び現われる。密林は常に原始的である。またその逆も真なり。原始的なものはすべて密林なのだ。

人間に劣る自然の生物が女性の白い肉体を虐げる凌辱の場面は、あらゆる時代のロマン主義者たちを興奮させた。そして震えながらレダ〔スパルタの女王、ゼウスが白鳥の姿で近寄り妻とした〕を抱く白鳥を描き、またパシパエ〔クレタの王妃で、白牛と交わってミノタウロスを産んだ〕と同衾する牡牛を、山羊に辱められるアンチオペ〔ギリシャ神話に登場する女性でアンフィオンとゼトスの母〕を描いた。一般的に言って、文明化され幾何学的に積まれた石が野生の植物に抱擁され息も絶え絶えになっている廃墟の光景の中で、繊細かつ不謹慎な見世物を発見したのである。一人の善良なロマン主義者が遠方に一つの建物を見つけたとき、彼の眼が最初に見つけるのは、アクロテリオン〔ギリシャやローマの建造物の破風を飾る彫像〕や屋根部分にある「黄色いかきね芥子」である。それは、所詮すべては土であること、どこであろうと密林が再び芽を出すことを告げている。

ロマン主義者を笑うのは愚かというものである。ロマン主義者にしても言い分を持っている。それらの無邪気にも淫らなイメージの下には、巨大で永続的な問題が脈打っているのだ。すなわち文明とその後に残された自然との関係、理性的なるものと宇宙的なるものとの間の関係という問題である。この問題はまた、別の機会に取っておくとして、そして私自身もふさわしいときには、ロマン主義者になる準備があることをお約束して閑話休題といきたい。

さていま私は、反対の課題に直面しているのだ。つまり侵入してくる密林を食い止めるという課題である。「良きヨーロッパ人」は、いまや周知のことだが、オーストラリア諸州が直面している重大な問題に関心を示すべきだ。つまりヒラウチワサボテンが繁茂して人間たちを海に追い落とすのをいかにして防ぐかに専念しなければならない。一八四〇年代に、マラガか、それともシチリアだったろうか、一人の南欧からの移住者が望郷の念に駆られて、オーストラリアにちっぽけなヒラウチワサボテンの鉢を持ち込んだのである。ところが今日ではそれが大陸を侵略し、毎年一キロメートル以上の区画を占領していくありさまで、このヒラウチワサボテン討伐戦という実にやっかいな作業に、大洋州の予算は配分されている。

大衆化した人間は自分がその中に生を享け、そして利用している文明は、自然と同程度に自然発生的で原生的なものと信じて疑わないが、まさにその事実によって彼は原始人になるのだ。彼にとって文明は密林のように思える。以前にすでに指摘したとおりであるが、いまいくつか詳細をつけ加えねばならない。

維持されるべきものである文明世界を支えている諸原理は、今日の平均人にとっては存在していないに等しい。彼は文化の基本的価値などに興味は持たず、それらに対し連帯責任も負わず、身を奉仕する用意もない。どうしてそうなったのか。多くの原因があるが、ここではただ一つだけを強調しておこう。

文明は進めば進むほど、より複雑で難しいものになる。今日提起されている問題は、極めて込み入っている。これらの問題の高さに知性が到達し得る人の数は減り続けている。その証拠は戦後の例を見ても明らかである。その成果は徐々には現われているとはいえ、ヨーロッパの再建はあまりにも錯綜しており、一般のヨーロッパ人はかくまで崇高な事業には役に立たないことは分かっている。解決のための手段がないというわけではない。そのための頭脳が欠けているのだ。いやもっと正確に言おう。あるにはあるが、残念ながら極めて少ないということだ。しかし中央ヨーロッパと呼ばれる凡庸な胴体は、その頭脳を肩の上にのせたがらないのである。

問題の込み入った微妙さと人びとの精神程度の間との不均衡は、解決の手段を講じなければ、日々ますます拡大していき、ついには文明の最も根源的な悲劇をもたらすことになる。文明を形創っている諸原理は実に豊穣かつ確実なものであり、その量と鋭敏さにおいて収穫を増やすので、尋常な人間の受容能力を超え出てしまうのだ。こんなことが過去にもあったなどとはとても思えない。すべての文明は、その原理が不充分ならば衰退してきた。ところがヨーロッパ文明はその反対の理由で滅亡しそうなのだ。ギリシャやローマで、失敗した理由は人間ではなくその原理にある。ローマ帝国は技術が不足していたために終焉を迎えた。ローマの人口増加がある段階に達したとき、その広範囲な共生を可能にするための技術のみがそれを解決できる可能性を持っていた。それらの物質的な問題の対処が焦眉の急となったとき、古代世界は後退し、退却し、消滅し始めたのだ。

しかし、いまや失敗するのは人間の方である。つまり文明そのものの進歩と歩調を合わせることができないのだ。比較的教養のある人たちが、今日直面する基本的な問題について話しているのを聞くと虫唾が走る。机の上の一本の針を、動きの鈍い太い指先でつまみ上げようとしている粗野な農民に似ている。喩えて言うなら、実のところ今日の二百分の一の繊細さもない二百年前のような状況に対処するには役立ったかも知れない、粗雑な概念器具で、政治・社会的テーマが扱われている。

進歩した文明は、まさに骨の折れる問題なのだ。したがって進歩が大きければ大きいほど危険性も増す。確かに生活はますます良くなる。しかしますます複雑になることも事実である。問題が複雑になるとともに、それらを解決するための手段もまた精度を増している。それぞれ新しい世代はそれら進化した手段を使いこなす必要がある。これら進化した手段の中には、少し具体的に言うなら、文明の進歩に自明のように結びついた、歴史という手段を持っているのだ。歴史とはすなわち背後に多くの過去、多くの経験を持っていることを意味している。

歴史的知識は、成熟した文明を維持し継続するための第一級の技術である。それは、さまざまな生の衝突——生は常にそれまでのものとは変化していく——の新たな様相に積極的な解決策を与えてくれるからではなく、以前の時代を知らないことによって起きる間違いを回避させてくれるからだ。だが、もしあなたが年寄りになり、あなたの人生が困難なものになり始めたばかりでなく、過去の記憶をも失ってしまったなら、あなたは自分の経験が利用できず、すべてが不利になってくる。私はこれこそがヨーロッパの状況だと考えている。今日の「教養ある」人たちは、信じられないような歴史的無知を患っている。今日の指導的立場のヨーロッパ人は、十八世紀、いや十七世紀の人間よりも歴史を知らない、というのが私の意見である。

広い意味で統治する立場にある少数者のもつ歴史的な認識こそが、十九世紀のあの素晴らしい発展を可能にしたのだ。彼らの政治はまさにすべての古い政治の誤りを避けるために、十六世紀という時代によって考えられたのであり、それら誤りを視界に入れて構想されており、最も長い経験がそこに要約されているのだ。しかしほどなく十九世紀は時の流れの中で、専門家たちが科学として大いに推進させたにもかかわらず、その「歴史的教養」を失い始めた。[33] それを放棄したことが、今日私たちの上に重くのしかかる特有の間違いの主たる原因となった。十九世紀最後の三十年間に——いまだ地下深くにおいてではあるが——野蛮への後退が始まった。つまり自分の過去を持たない、あるいは忘れた人間の幼稚さ、野蛮性への退行である。

ヨーロッパならびにその隣接地域でなされつつある政治の「新しい」二つの試み、つまり本質的退行の明らかな二例は、ボルシェビズムとファシズムだ。私がそれらを本質的退行とするのはその教義の内容のためではない。それだけを取り出せばもちろん部分的な真理を持っている——この世界に理性のひとかけらも持たないものがあろうか。彼らの理性を扱う際の反歴史的、時代錯誤的な手法によってそうなのである。大衆化した人間の誰もがそうであるように、凡庸で、間の悪い、昔のことを忘れた、「歴史意識」を持たぬ者たちに率いられた大衆特有の行動は、まるで初めから過ぎ去ったもののように、いまこの時に起こっていながら過去の領域に属しているかのように振る舞うのである。

問題は共産主義者やボルシェビキであるかそうでないかではない。私は信条など問題にはしていない。時代錯誤的で信じられないことは、一九一七年に一人の共産主義者が、その形式においてそれまであったすべての革命と同一の革命、そしてかつての革命の欠点や誤りを何ひとつ修正しない革命に身を投じたということなのだ。したがって歴史的に見て、ロシアで起こったことなど特に興味を引くものではない。つまりそれは厳密に言うなら人間の生の始まりとは正反対のものなのだ。むしろそれは、いつもの革命の単調な反復であり、革命の完璧な二番煎じである。それはかつて、革命に関して古い人間の経験がつくりあげた決まり文句の中に、ロシア革命に当てはまらないものは一つも無いほどに完璧な反復なのだ。「革命は自分の子供たちをむさぼり食らう」「革命は節度のある政党から始まり、まもなく過激派の手に渡り、ほどなく復古に向けての退却が始まる」等々である。これらありふれた言い回しの他にそれほど知られていないものの、しかしありそうないくつかの真実を追加することができよう。そのうちの一つにこんなものがある。すなわち一つの革命は、十五年以上は続かない。十五年とは一つの世代が力を持ち得る期間と一致する。(34)

新たな社会的現実もしくは政治的現実を創造したいと真面目に望む人は、いま挙げたような、きわめて素朴な歴史的経験の常套句が、彼自身の創造する新しい状況によって無効となるよう何よりも先ず腐心しなければなるまい。私としては、天才という評価は次のような政治家のためにとっておきたいと思う。すなわち、ひとたび彼が行動を開始するや否や歴史学の教授たちが、彼らの学問のあらゆる「法則」が過去のものとなり、中断され、木っ端《こば》微塵《みじん》になるのを見て気も狂わんばかりになるといった事態を引き起こす。そのような政治家のためにとっておこうと思う。

ボルシェビズムについて使った符号を逆にするなら、ファシズムについても似たようなことが言えるだろう。どちらの試みも「時代の高さ」に達しておらず、過去を超克するには欠かせない条件、つまりすべての過去を縮図のように内部に備え持っていないのだ。過去と真剣に体当たりしていない。未来が過去を超克するのは、過去を呑み込むからである。過去のある部分を呑み込めずに取り残しておくと、未来は負けてしまう。

ボルシェビズムもファシズムも双方とも、似非《えせ》の夜明けなのだ。明日の朝を持ってくるのではなく、すでに一度、いや何度も使い古された古風な日の朝しかもたらさない。つまりは二つとも原始性への後退と言える。過去を消化・吸収するのではなく、過去のあれこれの部分と殴り合うという、いとも単細胞的な対応をする行動はすべて原始性なのである。

十九世紀の自由主義を超える必要があることは間違いない。しかしそれは、たとえばファシズムのように反自由主義を標榜する人間にはまさにできないことだ。なぜなら反自由主義者あるいは非自由主義者であることは、自由主義以前の人間がやっていたことだからである。そしてすでに自由主義が反自由主義に打ち勝ったのだから、それは数えられないくらい自己の勝利を繰り返すか、あるいは破壊されたヨーロッパの中ですべてが、すなわち自由主義も反自由主義も終焉するかなのだ。容赦なき生の年代記というものがある。自由主義はその年代記の中では反自由主義よりも新しい。あるいはそれと同じことだが、大砲が槍より強い武器であるように、自由主義は反自由主義よりもっと生命力がある。

一見すると反何々は「何々」に対する反動を意味し、その前提として存在せねばならないから、その「何々」の後に来るように思われる。しかしその「反」が表わしている革新的な部分は、空虚な否定的態度の中で消え去り、積極的な内容としてはただ「遺物」だけしか残さない。反ペドロを表明する人間は、彼の行動を積極的な言葉に翻訳するなら、自分はペドロが存在しない世界に属しているのだと宣言しているにすぎないのだ。しかし、これこそまさにいまだペドロが生まれていないときの世界のことである。反ペドロ主義者は、ペドロの後に自らを位置づける代わりに、彼の前に位置づけ、そして過ぎ去った場面にすべてのフィルムを遡らせ、その場面の最後に無情にも再びペドロが登場するというわけだ。つまりこれらすべての反何々主義者たちには、伝説によれば、孔子の身の上に起こったとされることが起こったのだ。孔子はもちろん父のあとに生まれたのだが、しかし何たることか！　生みの親がまだ三十歳だというのに、すでに八十歳で生まれた！　これに比べるなら、すべての反は単なる空虚な否にすぎない。

もしもただ否と言うだけですべての過去を抹消できるならどれだけすっきりするだろう。しかし過去は本質上、幽霊(revenant)なのだ。たとえ追い払っても戻ってくる、間違いなく戻ってくる。それゆえ過去を真に超克する唯一の方法は、追い払わないことなのだ。過去を考慮に入れることである。過去を上手にかわし避けるためには、視界に入れて行動すること、要するに、歴史的情勢についての過敏と言えるほどの意識をもって「時代の高さ」に生きることである。

過去は過去なりの正当性を持っている。もし過去に対してこの正当性を認めようとしないならば、再度それを認めるように要求されるだろうし、そのついでに持ってもいない正当性を押しつけてくるだろう。自由主義は正当性を持っており、そしてそれは世々にわたって(per saecula saeculorum)［ミサで繰り返される祈りの一部で、その後に「アーメン」と続く］正当であり続けなければならない。しかし全面的な正当性を持っていたわけではない。そして正当でない部分は取り除かなければならない。ヨーロッパはその自由主義の本質を保持しなければならないのだ。これこそが過去を超克するための条件だからである。

私がここでファシズムとボルシェビズムについて話したのは、その時代錯誤的側面に注目して取り上げるだけのためだった。この時代錯誤的側面というのは、私の考えでは、今日勝利を収めているかに見えるすべての現象と切り離せない。なぜなら今日大衆化した人間が勝利を収め、大衆の原始的様式が徹底され、それによって形成された意図のみが、明らかな勝利を祝うことができるからだ。それはともかく、いま両者の本質部分について議論するつもりもない。私には革命と進化との間にある永遠のジレンマを解決するつもりもない。せいぜいこの試論があえて求めているのは、革命もしくは進化が時代錯誤のものではなく歴史的なものであれかし、ということだけである。

私が本書で追い求めているテーマは政治的には中立のものである。なぜならその主題は、政治や政治的紛争より遥かに深層で息づくものだからだ。保守主義者と革新主義者の相違は——どの時代にあってもきわめて表面的なものだったが——二つとも同一の人間、つまり反抗的な俗人であることを妨げるものではない。

ヨーロッパの運命は、真に「同時代的」な人間の手に委ねられなければそこに救いはない。彼らはおのれの内部に歴史の地下層全体が脈打っているのを感じているような、そして生の現在の水準を知悉しており、古風で未開な態度すべてを嫌悪するような人たちである。私たちが歴史の中に埋没するのではなく、歴史から逃げ出すことができるかどうかを知るためには、歴史全体を必要とするのだ。

十一 「満足しきったお坊ちゃん」の時代

これまでの要約をしてみよう。ここで分析されている新しい社会的事実は以下のようなものである。ヨーロッパは歴史上初めて、文字どおり凡庸な人間の決定に委ねられたように思える。この表現を能動態にして、かつては指導された側にいた凡庸な人間が、決然と世界を支配しようとしている、と言い換えてもいい。このように社会の前面に進み出ようとする決断は、凡庸な人間が代表する新しいタイプの人間が成長するやいなや、自動的に彼の中に生み出されたものである。社会生活の効果に注意しながら大衆というこの新しいタイプの心理学的構造を研究するなら、次のようなことが見出される。第一に生は容易で余裕があり、悲劇的な制限も無いとの生得的かつ根源的な印象。そこから一人ひとりの平均人の内部に支配と勝利の感覚が見出される。第二にこの支配と勝利の感覚は、平均人に、自分の道徳的ならびに知的資産を良きもの、完璧なものとみなすほどの自己肯定へと向かわせる。こうした自己満足は、外部からのすべての示唆に心を閉ざし、他人の意見に耳をふさぎ、自分の意見を厳しく検討せず、他者を考慮に入れない考え方へと導く。支配についての内的感覚は、彼を絶えず優位性を行使する方向へ駆り立てる。こうして彼は、あたかも彼や彼の仲間だけがこの世に存在しているかのように行動するだろう。したがって、第三に彼は自分の凡庸な意見を配慮も内省も手続きも保留もなしに、つまり「直接行動」様式にのっとって主張しながら、あらゆることに介入してくるだろう。

こうした諸様相は、たとえば「甘えっ子」とか、まつろわぬ未開人、要するに野蛮人のような欠点のある人間のあり方を想起させてくれる(ところで正常な原始人は、むしろ上位の要請、すなわち宗教、タブー、社会的伝統、習慣に対して、いままで決して存在したことのないほど、より従順な人間である)。人間存在のこうした姿に関してここで悪態を重ねることを意外に思う必要はない。この試論はその勝ち誇る人間への攻撃の最初の試みであり、何人かのヨーロッパ人がそうした専制への意図に抗して精力的に立ち向かおうとしていることの告知に他ならない。さしあたっては攻撃の試みなのだ。本格的な攻撃は後から、おそらくかなり早く、本試論の装いとはまるで違った形でやってくるだろう。本格的な攻撃は、大衆化した人間がそれに対して防御できないような形でなされなければならない。つまり彼は目の前にそれを見るのだが、それが攻撃だとは思ってもみないようなもの、それこそが本格的な攻撃なのだ。

現在そこら中を歩き回り、ところ構わず自分の内なる野蛮性を押し付けているこのような人物は、実のところ人類史の中の甘やかされた子供なのだ。甘やかされた子供はひとえに相続することしかしない相続人である。そして現在でいう遺産とは文明――快適さ、安全などの便益――である。これまで見てきたように、世界の文明によって生み出された生の余裕の中でのみ、前述のような特徴を取り揃えた人間、またそうした性格によって作り上げられた人間が登場することができたのだ。それは贅沢が人間に生じさせる変形の一つである。私たちは、有り余った世界に生み出された生の方が、まさに窮乏と戦うそのものの生よりも、より良いもの、より生命に満ちあふれたもの、より上質のものだとの幻想を信じる傾向を持っている。しかし事実はそうではない。極めて正確で根本的な理由でそう言えるのだが、今は述べるときではないだろう。今はそれらの理由を挙げる代わりに、常に世襲貴族の悲劇を構成してきた、繰り返されるある一つの事実を思い起こせば充分だ。

つまり貴族は自分が創り出したわけでもない生の諸条件、彼独自の個人的な生に有機的に結びついて生み出されるわけではない生の諸条件を相続する。またはそれを自分のものとして、すでに付与されていると気づく。生まれながらにして突然、理由も分からずに、富と特権の真ん中に存在するのだ。彼に由来するものではないので、彼自身はそれらのものと内的には何の関わりも持っていない。それらは別の人格、別の人間、つまり先祖の残した巨大な甲殻、外皮なのだ。そして彼は、相続人として生きなければならない。つまり他人の人生の外皮をまとわなければならないのである。さて、どういうことになるだろうか。遺産で生きる「貴族」はどんな生を生きるというのか、彼自身の生か、それとも偉大な先祖の生だろうか。そのどちらでもない。彼は他者の代理となるべく定められている。つまりその他者でも彼自身でもない存在を強いられているというわけである。彼の生はかくして容赦なく真正性を失い、他の生の単なる代理あるいは虚構に変わってしまう。操作すべく義務付けられている過剰な手段のせいで、彼独自の個人的な運命を自由に生きることを許されず、彼の生は萎縮させられる。

ところが、すべての生は闘いであり、自分自身になろうとする努力なのだ。自分の生を実現するためにぶつかる困難の数々は、まさに私の行動を、私の潜在能力を目覚めさせ動員する。もし私の体に重さがないとしたら、歩くことができないだろう。もしも大気が私に重力をかけないなら、私は自分の体をどこか頼りないもの、ふわふわしたもの、幽霊のようなものと感じるだろう。このように、世襲「貴族」において、彼の全人格は生の使用もその努力も欠いているゆえに、徐々に輪郭がぼやけていく。結果はご覧のとおり、実にとりとめのない、昔ながらの貴族特有の愚かな所業となる。それは何にも喩えようのないものであり、すべての世襲貴族をどうすることもできない堕落へと導くその内的かつ悲劇的メカニズムについては、今まで誰によっても描かれたことはない。

以上のことは、豊富な手段は生活に役立つと信じてしまう私たちの素朴な傾向を防ぐためだけに持ち出したまでである。実際はその反対なのだ。有り余るほどの可能性で溢れた世界は、重大なゆがみと欠陥の多いタイプの人間、「相続人間」(hombre-heredero)という大枠に総括できるタイプの人間を自動的に生み出した。「貴族」はその特殊例にすぎず、甘やかされた子供もまた別の例であり、さらにはもっと広範囲で根本的な例として、現代の大衆化した人間がいる(他方、前述のような「貴族」への言及に詳細に触れると、そのあらゆる時代と民族の「貴族」の特徴的な性格の多くが、いかに原初的な形で大衆のうちに見られるかを示すことができる。たとえば遊びやスポーツを生活の中心的な関心事にしようとする傾向や、自分の肉体への関心、つまり衛生管理や服装への美的配慮、女性との関係におけるロマンティシズムの欠如、知識人との会話を楽しむくせに彼らを尊敬しないこと、取り巻きや子分に彼らを鞭打つように命じること、また自由な談義よりも絶対的権威の下の生活を好むなどのことである)。[36]

嘘偽りのない心痛を覚えながら改めて指摘しなければならないのは、非市民的な傾向をいくつも持ったこの人間、この最新種の野蛮人が、現代文明、とりわけこの文明が十九世紀に採用した形態から、自動的に生み出されたものだということである。たとえば五世紀の「大いなる白い野蛮人《バルバロ》」のように外から文明世界にやってきたのではない。また文明世界の内部で、たとえばアリストテレスが言うように、用水池の中のオタマジャクシのように自然発生的で神秘的な生成過程を経て誕生したのでもない。いわば文明世界の自然な果実なのである。これを古生物学や生物地理学が確証してくれる次のような法則に定式化することも可能である。すなわち人間の生は、頼りとする手段と彼の感じる諸問題とのバランスがとれたときにのみ生成し進歩してきた、と。このことは精神に関しても肉体に関しても、ともに真実である。それは肉体的生命のかなり具体的な次元に言及するとしたら、暑熱の季節と極寒の季節が均衡をとっていた場所で人類誕生が起こったことを想起させてくれるだろう。熱帯地方では、動物としての人間は退化してしまう。逆に、劣等種族たとえばピグミー族は、彼らよりあとに登場し、彼らより進化の過程で上位の別の種族によって、熱帯地方へと追いやられてしまったのだ。(37)

さて十九世紀の文明は、平均人が苦悩することなく、有り余った手段のみを受け入れて豊かな世界に住みつくことを可能にするという性格を持っている。平均人は素晴らしい道具、ありがたい薬品、先々を考えてくれる国家、快適さを保障してくれる種々の権利に囲まれているのだ。ところが彼は、そうした薬品や道具を作り出す難しさを知らないし、未来のためにそれらの製造を確保する困難を知らない。国家組織の不安定なことに気づかず、自身の内部にほとんど義務感さえ持っていない。こうした不均衡が彼を偽りの存在とし、生の実体そのものとの接触を失わせることによって、人間の根源において彼を堕落させる。もちろんこれは絶対的な危険であり、根本的な問題性である。

人間の生に現われ得る最も矛盾した形態は、「満足しきったお坊ちゃん」である。それゆえ、このタイプの人間が隆盛を極めるようになったときは、警戒の声を発し、生も堕落して相対的な死の脅威に晒されていると告げ知らせる必要がある。今日のヨーロッパが示す生の水準は、人類の過去全体を上回るものである。しかし将来に眼を向けるなら、その高さを維持できず、より高い水準を新たに生じさせる可能性も低く、後退し低い水準に落ち込む恐れさえある。

私が思うには、これは「満足しきったお坊ちゃん」が表わす、この上ない異常事態を明々白々な事実として見せつけているのだ。なぜなら彼は、やりたいことだけをやるためにこの世に誕生した人間だからだ。実際、こうした幻想を「いいとこの坊ちゃん」は抱く。私たちはその理由をすでに知っている。家族の中では、大きな犯罪までもがすべて罪に問われないですむ。つまり家族の領域は相対的に人工的なものであり、もし社会や往来で同じ行為をしたならばただ事では済まされず、惨憺たる結果を自動的に招くような多くのことが許されてしまうのだ。しかしこの「お坊ちゃん」は、家の中のように外でも振る舞うことができると信じ、致命的なことや取り返しのつかないこと、あるいは取り消しできないことは何もないと信じている。だからこそやりたいことは何でもできると信じているのだ[38]。

大きな間違いである！「貴殿はどんなところに連れていかれようと大丈夫だ」とポルトガルの童話のなかでオウムが言われてるとおりなのだ。言いたいのは、したいことをしてはならぬ、というのではない。各自がしなければならないもの、そうあるべきことしかできないということである。唯一できることといえば、しなければならないことをするのを拒否することである。しかしだからといって、好き勝手に他のことができるかというとそうではない。この時点で私たちが手にするのは否定の自由意志、すなわち否定意志なのだ。そのとき私たちは、最も真正なる自分たちの運命から逃げることができる。しかしそれは私たちの運命の下位の段階の囚われ人となることを意味する。

私は読者各自に対して、そのきわめて個人的な運命がそのような性格を持っていることを明らかにすることはできない。なぜなら私は読者一人ひとりのことは知らないからだ。しかし他の人たちと共通する運命の部分や局面については明らかにすることができる。たとえば現代のすべてのヨーロッパ人は、彼らが表明するいかなる「思想」や「見解」よりも遥かに力強い確実性をもって、自由主義者でなければならないことを知っている。彼がそうあらねばならぬ自由の形が、どのようなものかについて議論するつもりはない。私が言っているのは、最も反動的なヨーロッパ人であろうとも、先の世紀に自由主義の名のもとに試みたものは、結局、今日の西欧人が好むと好まざるとにかかわらず、避けることのできない動かぬ現実となっていることを意識の底では承知しているということなのだ。

ヨーロッパの運命に刻印された、政治的に自由であれというあの逃れることのできない命令を実現しようとして、いままで試みられてきたあらゆる具体的方法が偽りで忌まわしいものであることが、反論の余地なき完全な真実性をもって証明されたとしても、それでも前世紀においては、それが本質的に理にかなったものであったという究極的な明白性は依然として有効なのである。この究極的な事実は、ファシストであれヨーロッパの共産主義者であれ、それが逆であることを私たちに納得させようと、そして彼ら自身も納得しようとしてどのような身振りをしようとも、彼らのうちに同様に作用しているのだ。また、たとえばシラブス［一八六四年、時のローマ教皇ピウス九世が発表したカトリックの絶対性を主張するとともに、自由主義や社会主義を誤謬として批判していった誤謬目録のこと」への忠誠心あふれる支持を表明したカトリック信者の中にも――好むと好まざるとにかかわらず、また信じている、信じていないとにかかわらず――働いていたように。(39)

自由主義に対するいかなる正当な批判があろうとも、その遥か向こうに、自由主義の撤回不能の真実があることを誰もが「知っている」。それは、理論的でも学問的でも知的でもない真実、すなわちそれらすべてとは根本的に異なる、もっと決定的な次元の真実、いわば運命的な真実なのだ。理論的真実とは議論の余地があるだけではなく、その意味や力すべてが議論の対象となることから来ている。議論から生まれ、議論されるからこそ生きている。ひとえに議論のために作られているのだ。しかし運命――生としてかくあるべき、またかくあるべからずなど――とは議論の対象ではなく、受け入れるか受け入れないかなのだ。もし受け入れるなら、私たちは本物である。もし受け入れないなら、私たちは私たち自身の否定であり偽造である。(40) 運命は私たちがしたいと思うものに基づいていない。むしろ私たちにその気がないことをしなければならないという意識の中に、その明確かつ厳格な相貌が認められ示されているのだ。

さて「満足しきったお坊ちゃん」は、ある種の事柄は不可能だということを「知っている」、しかしながらまさに知っているからこそ、言葉や行ないをもって反対の確信を持っている振りをするという性格なのである。ファシストは政治的自由に反対の立場をとるが、それはまさにその政治的自由が結局は決して無くなるものではなく、ヨーロッパ的生の実質そのものの中に否応なく存在していること、そしてそれが真に必要となって、のっぴきならないときにはいつも、再び戻ることができると知っているからこそなのだ。なぜなら大衆化した人間にとって存在の主調音は不真面目、「冗談」だからである。彼が何かをするときは、「いいとこの坊ちゃん」がする悪戯のように、いつでも修復可能と思ってそれをするのだ。あらゆる局面で、見た目は悲劇的で最終的で、そして断固たる行動にさっそうと踏み切るように見えるが、それは見せかけにすぎない。悲劇をもてあそぶのは、文明化された世界では実際の悲劇が本当のこととは思えないからなのである。

幸いにも、ある人が私たちに信じ込ませようとする姿を、彼の本当の姿であるとして受け容れるようには私たちは強制されてはいない。もし誰かが二足す二は五だと執拗に主張したとしても、そして彼を狂人だと想定する理由がないとしたら、たとえ彼がどんなに叫んだとしても、また彼がその主張を曲げないで死を厭わなかったとしても、私たちは彼が実際にはそう信じてはいないのだと確信すべきである。

どこにでも現われる茶番劇の強風が、ヨーロッパの全土を吹き荒れている。人びとが主張し誇示する姿勢はすべて、その内部からすでに偽りのものなのだ。人びとの為す唯一の努力は、おのが運命からの逃亡だ。運命の明白性や深淵からの呼びかけに眼と耳をふさぐことなのだ。そして各自かくあらねばならぬ姿との対決を避けることである。人びとは、被ったお面が悲しげなものであればあるほど面白おかしく生きている。人は余すところなく自己を完全には投げ出さず、いわば取り消し可能の行動をもって生き続ける。だから、それは常に滑稽なのだ。大衆化した人間は、自分の宿命である不動の堅固な大地の上に足場を固めることをしない。むしろ、空中に宙吊りの虚構の生を営む。いまだかつてなかったように重量も根も持たぬこれらの生が、おのが運命から根こぎにされて最も軽薄な風潮の中を流されるままになっている。

現代は「風潮の空気に引きずられるまま」の時代である。芸術や思想、あるいは政治や社会的慣習の中で形成される皮層的な動揺に対して、ほとんど誰も抵抗しようとはしない。だからこそ、どの時代よりも修辞学が幅を利かす。シュルレアリストは、他の人たちが「ジャスミン、白鳥、そしてファウヌス〔ローマ神話で林野・牧畜の神〕」と書いた場所に、特に書く必要のない言葉を書いて全文学史を超えたと信じた。しかし彼がそうすることによって得たものは、それまでごみ溜めにうち捨てられていた別の修辞学を引き出すことにすぎなかった。

現在の状況を明らかにするには、たとえその容貌が特異に見えようとも、過去の別の時代と共通する部分を指摘することだ。それにつけても思い起こすのは、紀元前三世紀あたりの地中海文明が、その最盛期に到達するや否や犬儒派［古代ギリシャ哲学の一派で習俗無視・反文明の思想を展開］が登場したことである。ディオゲネス［犬儒派の哲学者］は泥まみれのサンダルでアリスティッポス［快楽主義を説いたキュレネ学派の祖］の家の絨毯《じゅうたん》を踏み歩いた。犬儒派はどこにでもいるような人格を作り上げ、いたるところの街角、あらゆる階層においても姿を現わした。

つまり、犬儒派は当時の文明に対しサボタージュしたにすぎない。それはヘレニズムの中のニヒリストだった。ほとんど何も創造せず作りもしなかった。その役割はよく言って解体すること、いや解体の試みにすぎなかった。なぜなら、その意図すら達成できなかったからである。文明の寄生虫たる犬儒派は、文明を否定することで生きていた。まさにそれは文明が廃《すた》れることはあるまいと確信していたからだ。犬儒派が茶番の中で個人的役割と考えているものを、未開人の村では皆が当然のように、そして真面目にやっている。それを見て、彼はいったいどう反応するだろうか。自由について悪し様に話さないファシストとは、芸術を冒瀆しないシュルレアリストとはそも何者だろうか。

あまりにも見事に組織化された世界に生まれ落ち、その世界から危険ではなく便益だけを受け取るこの種の人間には、それ以外の身の処し方しかできなかったのである。そして周囲世界が彼を甘やかす。なぜならそれが「文明」――つまり一つの家庭――だからなのだ。「いいとこの坊ちゃん」は、彼を移り気な気質から抜け出させようとするもの、彼より上位の外部からの要請に耳を傾けるよう彼を励ますものに対して何も感じない。ましてや彼自身の運命の容赦なき根底に触れるよう強いてくるものにはなおさら何も感じないのだ。

十二 「専門主義」の野蛮

私たちの主張は、十九世紀の文明が自動的に大衆化した人間を生み出したというものだ。それについての全体的な説明を終える前に、特別なケースとして、大衆化した人間の産出のメカニズムを分析しなければならない。そうすれば、話は具体的となって、私たちの主張は説得力を得るだろう。

先に私は、十九世紀の文明は二つの大きな次元に要約できると言った。自由主義的デモクラシーと技術である。ここでは後者だけを取り上げよう。現代の技術は資本主義と実験科学の結合から生まれた。もちろんすべての技術が科学的というわけではない。シユルレアン期[旧石器時代の一時代区分]に石斧を作った人間には科学はなかったが、一つの技術を創り出した。中国は、物理学の存在を露ほども予想しないで高度な専門性に到達した。要するにヨーロッパの近代的技術だけが科学的な根を持っており、この根からそれ特有の性格である限界を知らぬ進歩の可能性がもたらされるのだ。メソポタミアの技術にしろ、またナイル、ギリシャ、ローマ、東洋の技術にしろ、その他の技術は、飛び越えることのできない究極のところまで発展したが、そのぎりぎりのところに達するか達しないうちに嘆かわしい退化の道を辿り始めた。

この素晴らしい西欧の技術は、ヨーロッパの血統に驚くべき繁殖力をもたらした。ここで思い起こしていただきたいのは、このエッセイが始動するきっかけとなったのは一つのデータ、つまり前にも言ったことだが、本書の考察すべてを萌芽としてすでに含んでいるあのデータがあったからなのだ。すなわち五世紀から一八〇〇年に至るまでヨーロッパは一億八千万以上の人口を持ったことがなかった。ところが一八〇〇年から一九一四年までの間に四億六千万人以上に上昇したのである。このような急上昇は人類史上初めてとなる。これは自由主義的デモクラシーと相まって技術が、量的意味において大衆化した人間を産出したことに間違いない。しかし本書が目指しているのは、この言葉の質的な意味でも軽蔑的な意味においても、技術が大衆の存在に責任があることを証明することだった。

初めに断っておいたように「大衆」という言葉は、特に労働者を意味しているわけではない。ここでは一つの社会階級を指しているのではなく、今日あらゆる社会階級の中にあり、現代を代表しその上に君臨し支配している人間の階級もしくはそのあり方を指す。さてこれから以上のことを明確に見てみることにしよう。

今日、社会的権力を行使しているのは誰だろうか。おのれの精神構造を時代に押し付けているのは誰だろうか。疑いもなく中産階級《ブルジョワジー》だ。それではこの中産階級の中で現在の貴族のような、上位の集団は誰だろうか。疑いもなくそれは技術者、つまり技師、医者、財界人、教授等々だ。では専門家集団の中で、最も高度に、純粋にその集団を代表する者は誰だろうか。間違いなくそれは科学者だ。もしも宇宙からの訪問者がヨーロッパを訪れたとき、ヨーロッパを評価するためにはその住人の中でどのタイプの人間について評価したらいいかと聞いたとしたなら、ヨーロッパは喜々として、好意的な判定が下されると確信しながら科学者たちを指差すことは間違いない。もちろん宇宙からの訪問者は、例外的な個人について聞いたわけはなく、標準的なもの、つまり「科学者」というヨーロッパ人種の頂点に立つ類型タイプを求めているのだ。

ところで結論的に言えば、現代の科学者は大衆化した人間の典型である。これは偶然でもなければ、各科学者の個人的な欠点でもない。文明の根源である科学自体が科学者を自動的に大衆に変えてしまうのだ。科学者から原始人を、つまり近代の野蛮人を生み出してしまうのである。

そんなことは誰でも知っている。いままで嫌というほど明らかにされてきたことだ。

しかし本試論の体系の中にきっかり組みこまれて初めて、充分な意味と事の重大性が明確にされるだろう。

実験科学は十六世紀の最後(ガリレオ)になって開始され、十七世紀末(ニュートン)に体系化され、十八世紀中葉になって発展の途《と》についた。あることの発展と体系化とは別のことであり、別々の条件下に置かれている。たとえば実験科学の総称でもある物理学の体系化には、統合への努力が必要とされた。それこそがニュートンならびに彼の同時代人たちの業績だった。しかし物理学の発展には、統合とは反対の性格を持つ動きを必要とした。つまり発展するために科学が必要としたのは、科学者の専門化だった。それは科学それ自体ではなく、科学者の問題だった。科学そのものは専門主義的ではない。もしそうなら、事実上、科学は真実であることを止めるだろう。実験科学というものをその全体像で捉えたとしても、数学や論理学や哲学から切り離されてしまえば真実ですらないだろう。しかし科学の仕事は、否応なく専門化せざるを得ないものなのだ。

物理学や生物学の歴史を、研究者たちの仕事で次第に増えていく専門化の過程を示しながら叙述することは、見かけより遥かに興味のある、そして実に有益な仕事となろう。そうした歴史は、世代を追って科学者がその知的活動の場をだんだん狭められ、次第に閉じ込められていく様を見せてくれるだろう。しかしその歴史が私たちに教えてくれる大事なことはそれではなく、むしろその反対のことである。つまりそれぞれの世代において科学者がその仕事の領域を縮小せざるを得ないことから、徐々に科学の他の分野との接触を失い、宇宙に関する完全な解釈から遠ざかるということだ。しかしこの宇宙の総合的解明こそが、ヨーロッパの科学、教養、そして文明の名に値する唯一のものなのである。

専門分化はまさに「百科全書的」人間を文明人と呼ぶようになった時代に始まった。十九世紀は、その生み出したものがすでに専門主義的性格を持ち始めていたにもかかわらず、いまだ百科全書的に生きる者たちの指導の下にその運命を開始した。その次の世代において、平衡はくずれ、そして専門化傾向が科学者一人ひとりの中で総合的な文化を遠くに追いやり始めた。一八九〇年、第三の世代がヨーロッパの知的支配権を握ったとき、歴史上類を見ない科学者のタイプが登場する。分別ある人間になるためには知らなければならないことがいろいろあるが、彼はある特定の科学しか知らない。しかもその科学の中でも、彼はその熱心に研究している極小部分しか知らない人間なのだ。ついには、特別に開拓した狭い風景の外にあることについては何も知らないことを、一つの美徳であると宣言するまでになり、総合的な知的好奇心を偉そうにディレッタンティズムと呼ぶのである。

問題は、狭い視野の中に閉じ込められながら、実際には新事実を発見したり、彼自身はほとんど知らない科学を進歩させたり、その学問と共に彼自身意識的にはっきりとは知らない思想のいわば百科事典を編み上げているということなのだ。そのようなことが今まで、そして今も、どうして可能なのか。この否定することのできない奇怪な事実を力説しておく必要がある。実験科学はとんでもなく凡庸な、いや時にはそれ以下の人間たちの働きのおかげで発展してきた。つまり現代文明の根源であり象徴でもある近代科学は、知的には平均人を歓迎し、彼を使って成功を収めているのだ。要するに新しい科学と、それが導き代表している文明全体の最大の便益であると同時に最大の危険、すなわち機械化にその理由がある。

物理学あるいは生物学でやらなければならないことの大部分は、誰でも、ときに平均以下の人でもできる仕事なのだ。つまり機械的に思考を働かせればできる作業である。無数の研究者を効果的に使うためには、科学を小さな部門に分けること、その一つの部門に閉じこもって他のことには関与しないというのはあり得る。方法の堅固さと正確さのためには、知識のこうした過渡的かつ実践的な分節化は許される。その方法の一つを機械のように用いて仕事をすればよく、豊かな成果を挙げるには、それらの方法の意味とか基礎について厳密な考えを持つことさえ必要ないのだ。かくして大部分の科学者は、ちょうど巣の中の蜜蜂あるいは狭いボイラー室のかま焚きのように、実験所の小部屋に閉じ込められたままで全体的な科学の進歩を推し進めている。

しかしこうした事態は、とびきり奇妙な人間の血統を創り出した。自然の新事実を発見した研究者はどうしても天下を取ったような気分になり、自分に対する人格的な自信を持つはずだ。自分を「ものを知っている人間」と見なすのもある意味では理にかなったことだろう。事実、彼の中にはない諸々の他の知識の断片と一緒にすれば、本物の知を構成するであろう何某かの断片が与えられている。以上が、今世紀の初めの数年の間にその度外れて過大視されるに至った専門家の本質的状態である。専門家は、世界の中の自分の一隅だけは実に良く「知っている」。しかしその他すべてに関して、完全に無知なのだ。

ここにあるのは、いろいろな角度や側面から定義しようとしてきた、この奇妙で新しい人間の貴重な実例である。すでに私は、これは全歴史を通じて他に類を見ない人間の形成だと言った。専門家はこの人間の新種を力強く具体化してくれ、その新しさがどれだけ深い根底を持っているかを見せてくれている。かつては、人間は単純に物知りな者と無知な者、そして多少なりとも物を知っている人間とどちらかというと無知な人間とに分類できた。しかし専門家はそれら二つのカテゴリーのいずれにも括ることができない。彼は知者ではない。なぜなら彼の専門領域に入らないすべてのことについてははっきりと無知だからだ。かと言って何も知らない人間ではない。なぜなら彼は、一応は「科学者」であり、世界の中の自分の極小部分については良く知っているからだ。私たちは彼のことを学者馬鹿とでも言わなければならないのだろうか。事はかなり深刻である。これが意味しているのは、彼は自分では知らないすべての問題に対しても、無知な者としてではなく、自分に特有の問題について知者である人間として衒学《げんがく》的な態度丸出しで振る舞う御仁ということだからだ。

事実、これこそが専門家の態度である。政治、芸術、社会慣習、そして自分の専門以外の学問において、彼は原始人のような完全に無知な態度をとるだろう。その際にも、他の専門家たちを認めずに——ここが逆説的なのだが——力強く自信たっぷりの態度なのだ。彼を専門家にするに当たって、文明は彼を自ら閉じこもり、自分の限界内で満足する人間に作り上げてしまった。しかしまさにその自律と自信の内的感覚そのものが、彼を自分の専門領域の外でも支配的位置に立ちたいという願望ももたらすのだ。結果として、彼は有資格の人間の最高点である専門性をもつ者として、つまり大衆化した人間の正反対を代表しながら、生活のほとんどあらゆる局面で無資格の大衆として振る舞うことになるだろう。

以上の指摘は机上の空論ではない。誰でもその気になれば、今日の政治、芸術、宗教、生や世界に関わる全般的な問題において、「科学者」を筆頭に医者、技術者、財界人、教授などがいかに愚かな考えを持ち、判断し、行動しているかをつぶさに観察することができよう。これまで私が大衆の特徴として繰り返し紹介してきたこと、すなわち上位の要請に対して「聞く耳を持たない」、従わないという条件は、まさにこうした中途半端に資格を持っている人間たちにおいて頂点に達している。彼らは現今の大衆の支配を象徴しており、かなりの部分で実際にもそれを構成しているのだ。そして、彼らの野蛮性はヨーロッパの退廃の最も直接の原因である。

他方、彼らは、なるがままに見捨てられていた前世紀の文明が、いかにこうした原始性と野蛮性の発芽を生じさせたかの最も明らかで正確な実例を示している。

この補償のない専門主義の最も直接的な結果は、現在は過去に例を見ないほど多数の「科学者たち」がいるのに、たとえば一七五〇年ごろよりも「教養人」の数が遙かに少ないということだ。それより悪いのは、それら科学のかま焚きをもってしても、科学の本質的進歩が保証すらされていないことだ。なぜなら科学は、自己増殖の有機的制御機能として、時おり自己を再構成し直す必要があるからだ。先ほども言ったように、そのためには、日ごとに包括的な知識領域を取り込まざるを得ないので、いっそう困難が増していく。

ニュートンは大して哲学を知らずして彼の物理学体系を創り出すことができた。しかしアインシュタインは彼の峻厳な総合に達するために、カントやマッハをいやというほど潜り抜けなければならなかった。カントとマッハ――この二つの名前はただアインシュタインの中に流れ込んだ膨大な量の哲学的ならびに心理学的な思想を象徴しているにすぎない――はアインシュタインの精神を解放し、革新に向かう囚われのない道を開くことに貢献した。しかし、もはやアインシュタインでも充分とは言えない。物理学はその歴史の中で最も深刻な危機に陥りつつあり、それを救うことができるのは最初のものよりもっと体系的な新しい「百科事典」だけだろう。

つまり一世紀の間、実験科学の進歩を可能にしてきた専門主義は、さらに優秀な世代がもっと強力な新しいかま焚きを養成することを引き受けない限り、独力では前進することができない時代へと近づいたのである。

しかしもし専門家が、自分が開拓している科学の内面の生理学を知らないなら、それの持続のための歴史的条件についてはまるっきり知らないことになる。つまり、研究者を続けて確保できるためには、社会や人間の心が組み込まれていなければならないことを理解していないのである。すでに言及したことだが、ここ数年の間に見られる科学者を天職と思う人たちの減少は、文明とは何かについての明晰な考えを持っているすべての人にとって懸念される兆候である。その考えは、私たちの現代文明の頂点に立つ典型的な「科学者」には通常欠けているものなのだ。それなのに専門家は、文明というものが地殻や密林のように、ただ単にそこにあるものと信じている。

十三　最大の危険物としての国家

社会的な事柄がほどよく秩序を保っているところでは、大衆は自分からは行動しない。それが彼の使命なのだ。彼は指導され、影響され、組織されるため、そして究極的には大衆であることを止めるため、いや少なくともそう望むために誕生した。だからといって、それらすべてのことを自分一人でやるために誕生したのでもない。彼は自分の生を、優れた少数者によって制定された上位の要請に結びつけなければならないのだ。優れた人間とはどういう人間か、大いに議論の余地があるだろう。しかしともかく彼ら無しには——それがどのような人たちであれ——人類は最も本質的な道から外れていただろうことは疑問の余地がない。

この点に関しては、たとえヨーロッパがまる一世紀を通じて、これほど明々白々な事実を見ないようにと、駝鳥のように羽の下に頭を突っ込んだとしても隠しようのない事実なのだ。なぜならそれは、たびたび起こり得る事実に基づいた意見などというものではなく、ニュートン物理学の法則より遥かに揺るぎない社会的「物理学」の法則だからである。いつの日かヨーロッパの上に本物の哲学[41]が再び君臨するとき――それがヨーロッパを救うことのできる唯一の方法なのだが――、人間はそう望むと望まないとにかかわらず本質的に、おのれを越える要請を否応なく求める存在であることに再び気づくだろう。もしも独力で見つけることができるなら、その人は優れた人間である。もしできなかったら、その人は大衆であって、優れた人間からの要請を受け入れる必要がある。

大衆が自分ひとりで行動しようとすることは、おのが運命に反逆することである。そしてそれこそが彼の今日行なっていることであって、だからこそ私は大衆の反逆について問題にしているのだ。なぜなら結局、実質的に、そして真に反逆と呼ばれ得る唯一のことは、各自が自分の運命を受け入れず、自らに対して反逆することに基づいているからなのだ。厳密に言うなら、大天使ルシフェルの反逆は、たとえ自らが神となろうとする代わりに――それは彼の運命ではなかったが――、天使たちの中で最も劣ったものになろうと固執したとして――またこれも彼の運命ではなかったが――も、同等の反逆だっただろう(もしルシフェルがトルストイのようにロシア人だったなら、あのあまりにも有名な神に対する反逆と比べても反逆という点ではさして差のない、後者の反逆の様式を選んだのではなかろうか)。

大衆が自ら行動を起こすとき、他には方法がないので、ただ一つのやり方を選ぶ。すなわち私刑《リンチ》［米国バージニア州の治安判事の名からとった私刑］である。私刑の法がアメリカのものであることは、決して偶然ではない。なぜならアメリカはある意味で大衆の天国だからだ。大衆が勝利を収めている今日、暴力が勝利し、暴力を唯一の手段（la única *ratio*）、唯一の教義としていることも驚くには値しない。私が規範としての暴力の傾向を指摘してからかなりの時間が過ぎ去った(42)。今日それが極みにまで発展したが、それは良き兆候である。なぜならそれはその下降が自動的に始まったことを示すからだ。今日ではもはや暴力は時代のレトリックとなった。修辞学者たち、空虚なる者たちがそれを我が物としている。ある人間的現実がその歴史を終えたとき、難破し死滅したとき、波によってレトリックの岸辺へと打ち上げられ、そこで死骸として長く生き延びる。レトリックは人間的現実の墓場である。そうでなかったとしてもせいぜいが養老院だ。その名前は現実よりも生きながらえる。しかし単なる名前であっても、つまるところ名前であることには変わりがないとはいえ、その魔術的な力のいくばくかを常に保持している。

厚かましくも規範として制定された暴力の威信が衰退し始めたとしても、形こそ変われども、ともかく私たちはその暴力の体制下にあり続けるだろう。

私が言っているのは、今日ヨーロッパを脅かしている最大の危険のことである。文明を脅かしているその他すべての危険と同様に、この危険も当のヨーロッパ文明から生まれた。それどころか、その栄光の一つとも言える。つまり今日の国家である。したがって私たちは、前章で科学について述べたのと同じことに突き当たる。その原理の豊かさが、科学をとてつもない進歩へと押しやったが、進歩は容赦ない専門化を押しつけ、その専門化によって窒息させられるのだ。

それと同じことが国家にも起こっているのだ。

十八世紀末のヨーロッパのすべての国々において、国家がどのようなものだったかを思い出してもらいたい。それは実にちっぽけなものだった。合理化された新しい技術がはじめて勝利した最初期の資本主義とその産業組織が、社会の最初の成長をもたらしていた。そして、それまで存在していたどの社会階級よりも数と潜在能力において強力な新しい社会階級、すなわち中産階級《ブルジョワジー》が出現した。この柄の悪い中産階級は、何よりも先ず特筆すべきものを所有していた。実践的な才能である。組織し、訓練し、努力に持続性と関連性を与えることを知っていた。

この大海のような中産階級の真ん中を、「国家という船《ステート》」が危険をおかして航海していた。国家という船は、自分を全能で、嵐をはらんだ大洋のように感じている中産階級によって創り出された譬喩《メタファー》である。かつての船はほとんど取るに足らないものだった。

兵隊も官僚も金もほとんど持っていなかった。それは中産階級とは似ても似つかぬ階級の人間たち、すなわち勇気と支配力と責任感によって称賛されていた貴族によって、中世に建造されたものだった。彼らがいなければヨーロッパの諸国民は存在しなかっただろう。しかしそれらすべての精神的美徳を心臓として持っていても、今までもそしていつでもそうだったが、貴族たちは頭脳を重視していなかった。

彼らは別の内臓で生きていた。ごく限られた知性しか持たず、感情的で、本能的で、そして直感的だった。一言で言えば「非合理的」だったのだ。それゆえ彼らは合理化を不可欠とするいかなる技術をも発展させることができなかった。彼らは火薬を発明しなかった。うんざりしていたのだ。新しい武器を作り出せないので、中産階級が、火薬を東方あるいは別の場所から手に入れて利用し、それによって当然のことだが、高貴な戦士すなわち「騎士」を戦いで打ち負かすままにしてしまった。騎士は愚かにも鉄の甲冑で身を固め、戦闘ではほとんど動きがとれなかったし、戦争の永遠の秘訣が、防御手段より攻撃手段にあるなどとは夢にも思わなかった(この秘訣はのちにナポレオンが再発見することとなる)(43)。

国家は社会秩序と行政の一つの技術だから、「旧体制《アンシャン・レジーム》」は十八世紀末に、広範囲にわたって革命の起こる混乱した社会によって、あらゆる側面から攻撃される極めて弱体な国家になってしまった。国家の力と社会の力との間の不均衡が当時あまりにも大きかったので、このときの状況をシャルルマーニュの時代の状況と比較してみるなら、十八世紀の国家は堕落として現われる。カロリング朝時代の国家は、もちろんルイ十六世のそれよりも遥かに弱体だが、反対にそれを取り巻いていた社会はいかなる力も持っていなかった(44)。社会の力と社会的権力の力との間のとてつもない不均衡こそが、フランス革命その他諸々の革命(一八四八年まで)を可能にしてきた。

しかしフランス革命をもって、中産階級が社会的権力を手中にし、その否定しがたい美徳の数々を国家に応用して、一世代もかからずに革命を終結させてしまう強力な国家を創設した。一八四八年以降、つまり中産階級による政権の第二世代が始まってから、ヨーロッパには本物の革命はなくなった。もちろんそれは革命のための動機がないからではなく、手段がないからである。社会的権力が社会の力と拮抗したのだ。さらば革命よ、永遠に。もはやヨーロッパでは革命とは反対のもの、つまりクーデターしか可能ではなくなった。そして以後、革命らしい雰囲気を出すことのできるものは、仮面を被ったクーデター以外の何物でもなかった。

私たちの時代にあって、国家は驚異的な機能を持つ恐ろしい機械となるに至った。その機械は手段の量と正確さによって、素晴らしい効果を発揮する。社会の真ん中にどっしり居座ったこの機械は、ボタン一つでその巨大なレバーを動かして、社会という体のどのような部分の上にも電撃のように機能する。

　現代の国家は、最も目に鮮やかな文明の産物である。その前で大衆化した人間がとる態度を理解することは興味深くそして示唆的となる。大衆は国家を見て賛嘆し、自分の生を保証するものとしてそこにあることを知っている。それが何人かの人間によってつくられた人工物であり、昨日までは人間の中にあったが明日には雲散霧消してしまうかも知れない特定の美徳や前提によって維持されてきた、という自覚は持っていない。一方、大衆は国家の中にいわばのっぺらぼうの権力を見ている。そして彼自身も自らをのっぺらぼう――凡人――だと感じているので、国家を自分自身のものと信じ込んでいるのだ。ある国の社会生活になんらかの困難、軋轢もしくは問題が襲ったと想像してもらいたい。そのとき大衆は即座に国家がその問題を引き受けて直接責任をとり、その困難をその巨大で反論の余地のない手段を講じて解決してくれることを要求するだろう。

　これこそ今日、文明を脅かしている最大の危険なのだ。すなわち生の国有化、国家の干渉主義、国家によるすべての社会的自発性の吸収である。これはつまり究極的に人間の運命を支え、養い、駆り立てる歴史的自発性の抹殺と言える。大衆が何らかの不幸を、いやもっと単純に何か強い欲求を感じるときに、努力も闘いもせず、疑いも危険も無しに、ただボタン一つで驚異的な機械を機能させ、すべてを達成できるという恒久普遍の可能性をもつことは、大衆にとって一つの大きな誘惑なのだ。大衆はこう独りごとを言う。「われは国家なり」と。しかしこれは完全に間違いである。国家が大衆だと言えるのは、二人の人間についてどちらもがフアンという名でないから彼らは同じ人物だ、という意味においてのみである。つまり両者はまったくもって同一人物だとは言えない。現代の国家と大衆は、のっぺらぼうだという一点においてのみ一致している。しかし問題は大衆が、自分が国家だと本気で信じていることであり、あらゆる口実をつくって国家を動かし利用し、政治、思想、産業のいずれの分野においても、国家の邪魔になる創造的な気性をもつ少数者を、押しつぶそうとする傾向にあることだろう。

こうした傾向の結果は致命的である。社会の自発性は、たび重なる国家の干渉によって踏みにじられ、どのような新しい種も実を結ぶことができないだろう。社会は国家のために、そして人間は政府という機械のために生きなければならないだろう。国家はつまるところ機械であり、その存在と維持を周囲の生命力に依存して支えられている機械なのだから、国家は社会をその骨髄液まで吸い上げたあと、やせこけた骸骨と化して死んでいくだろう。それは生きた有機体より遥かに死体のようであり、錆びついた機械の死である。

以上は古代文明の哀れな宿命だった。ローマ皇帝のユリウスたちやクラウディウス一家によって創られた帝国が、貴族たちの古い共和国と比べて比較にならないほど優れた仕掛けを持った機械だったことは間違いない。しかし――奇妙な符合だが――、帝国がその完全な発達を遂げるやいなや、社会共同体の崩壊が始まったのだ。アントニヌス(二世紀)〔アントニヌス・ピウス。五賢帝の一人。八六―一六一〕の時代には、すでに国家は社会の上に生命を抑圧する優位性をもってのしかかっていった。社会は国家への奉仕のうちにしか生きることができなかったので、奴隷化への道を進んでいった。生の全体が官僚化されたのだ。

そこで何が起きたのか。生の官僚化は、生の絶対的な減少、それもあらゆる領域での減少をもたらした。富は減り、女性はあまり子供を産まなくなった。そのとき国家は、おのれ自身の必要性に対処するために、人間存在の官僚化をさらに強化していった。この第二段階は社会の軍事化である。国家が最も必要としたのは軍備すなわち軍隊なのだ。国家は何よりも先ず安全性(そこから大衆化した人間が生まれることを忘れないでもらいたい)の創り手である。だから国家は何よりも軍隊なのだ。アフリカ出身のセウェルス〔ローマ帝国皇帝・セウェルス朝創始者。一四六―二一一〕家が世界を軍隊化した。空しい仕事だ! 悲惨さは増大し、子宮が子を孕むことは日ごと少なくなっていった。兵士までもが不足した。セウェルス家のあと、軍隊は外国人傭兵を募集せざるを得なくなった。

国家主義の逆説的で悲劇的な過程がどのようなものか、お気づきだろうか。社会は、より良く生きるための道具として国家を創設する。その後、国家は前面にしゃしゃり出てきて、今度は社会が国家のために生き始める。(45) しかし結局のところ、国家は相変わらず当の社会の人間たちによって構成されていた。だがまもなく、国家を支えるにはこの人間たちだけでは足りなくなり、外国人を、つまり最初はダルマチア人を、次いでゲルマン人を呼び寄せなければならなくなった。そして外国人が国家を手中に収め、いまや社会の余り者となった最初の国民は、何のかかわりもなかった人たちの奴隷として生きなければならなかった。こうした事態をもたらしたのは国家の干渉主義である。つまり民衆は国家という単なる構築物・機械を養う肉となりパンへと変わってしまった。骸骨が自分の周囲にある肉を喰い、家の足場が家の所有者あるいは住人となったわけだ。

以上のことを考えると、ムッソリーニが絵に描いたような傲岸不遜な態度で、「すべては国家のため、国家の外には何も無し、国家に逆らうもの何も無し」という定式を、まるでいまイタリアでなされた素晴らしい発見でもあるかのように言挙げしたと聞くと、いささか困惑せざるを得ない。これだけでもファシズムの中に大衆化した人間の典型的な動きを見出すに充分だろう。ムッソリーニは見事に構築された国家と対面したが、それは彼によってではなく、まさに彼の闘争相手たるその勢力や思想、すなわち自由主義的デモクラシーによって構築されたものだった。彼はそれを節操なく利用するだけだった。いまは彼の事業の一つひとつを判定するわけにはいかないが、現在まで獲得された結果が、自由主義国家が政治的ならびに行政的機能において得たものとは比較ができないほどわずかであることは論じるまでもない。たとえ何かを得たとしても、それはあまりにも小さく、ほとんど眼に見えず、何ら実質的なものではないので、極端な形であの機械を使用することを許した尋常ならざる力の積み重ねとはどう考えても釣り合っていない。

ところで国家主義とは、規範として制度化された暴力と直接行動がとり得る最高の形式である。国家を通して、そしてのっぺらぼうの国家の中心で、ひとり大衆が機械のように動いている。

ヨーロッパの国々は、いまやその内面の生に大きな難問を、すなわち経済・法・社会秩序の領域において、焦眉の問題を抱える時代に突入し始めている。大衆の支配下で、国家が個人や集団の自主性を押しつぶし、こうして決定的に未来を枯死させる役割を担っていることをどうして恐れないでいられようか。

こうしたメカニズムの具体的な例は、ここ三十年の間の最も憂慮すべき現象の一つの中に見ることができる。すなわちあらゆる国々における警察力の膨大な増強である。社会の成長が否応なくそれを不可避としたのだ。たとえそれが私たちにとって日常的なことだろうと、現代の大都会の住民が平和に歩いて職場に行くためには、どうしても交通整理をする警察が必要だという恐るべき矛盾に慣れてしまってはならない。しかしこれら「秩序」を望む人たちが秩序を守るために創設した「社会秩序の権力」が、彼らの望むものを常に人びとに課すだけで満足するだろうと考えるのは、あまりに無邪気な考え方である。ついには、自分たちが押し付けようとする秩序を（当然それは彼らにとって都合のいいものになろう）定義し決定するようになるということである。

以上の題材に触れたことを機会に、ある社会的必要性を前にしてあれこれの社会が異なる反応を示すことにも注意を促しておこうと思う。一八〇〇年ごろ新しい産業が、従来の人間よりも犯罪に傾きやすいタイプの産業労働者という人間を作り始めたとき、フランスは警察を増強しようと躍起になっていた。一八一〇年頃、イギリスでまさに恐れていた同じ原因から、犯罪が増加し始めた。そのときイギリス人は自分たちには警察がないことに気づいた。当時内閣を作っていたのは保守主義者たちだった。彼らは何をしたのか。警察組織を作ったのだろうか。とんでもない。可能なかぎり犯罪を我慢する方を選んだのである。「人びとはそれを自由の代償だとみなして、自分たちの場所を無秩序へ明け渡したのだ」。ジョン・ウィリアム・ウォード［イギリスの政治家。一七八一―一八三三］はこう書いている。「パリには素晴らしい警察がある、しかし見返りは高くついてくる。私としては、家宅捜査やスパイ活動やその他フーシェ［フランスの政治家・警察大臣。一七五九―一八二〇］のすべての姦策の言いなりになるより、三年あるいは四年ごとにラドクリフ通りで半ダースほどの人間が殺されるのを見る方がまだましだ」(46)と。これらは国家についての互いに異なる二つの考え方である。イギリス人は国家が制限されることの方を望んでいる。

第二部　世界を支配しているのは誰か

十四　世界を支配しているのは誰か

ヨーロッパ文明は——再三繰り返し言ってきたことだが——、自動的に大衆の反逆を作り出してしまった。表面から見れば、この反逆の事実は喜ばしい意味合いを持っている。すでに言ったことだが、大衆の反逆は人類が私たちの時代に経験した信じ難いほどの驚異的な成長に他ならないからだ。しかしこの現象の裏面は恐ろしい相を呈している。つまり裏側から見るなら、大衆の反逆は人類の根源的な道徳的退廃以外の何物でもない。さて次に、いくつか新しい視点から大衆の反逆を考えてみよう。

1

ある新しい歴史的時代区分の実体や特徴は、人間と人間精神の内部的変化、あるいは形式上の機械的な外部的変化の結果である。外部的変化の中でも最も重要だと言ってほぼ間違いないのは、権力の入れ替えだろう。そして、これには精神の入れ替えが伴われている。

ある時代を理解しようと覗くとき、私たちの最初の質問の一つは、間違いなく次のようになる。「このとき世界を支配しているのは誰か」。ときにはその時代、人類が互いに交流することもなく、それぞれが内向的で独立した世界を構成し散り散りとなっていることもあるかも知れない。ミルティアデス〔前五世紀、古代ギリシャのマラトンでペルシア軍を破った将軍〕の時代、地中海世界は極東世界の存在を知らなかった。そのような場合、「世界を支配しているのは誰か」という問いかけは、共存する一つひとつの集団に向けられなければならないだろう。しかし十六世紀以降、全人類は巨大な一体化の過程に突入し、現在ではこれ以上超えることのできない終局まで来てしまった。もはや孤立して生きる人類はその一部分すら存在しなくなった。つまり人類の孤島などなくなったのだ。

したがって、十六世紀以降、世界の中で命令を発する者は、実際にも世界全体に対してその独裁的な影響を及ぼしていると言うことができる。三世紀の間ヨーロッパの国々に形成された同質的な集団の役割とはまさにそのようなものだった。ヨーロッパが支配し、世界はヨーロッパの統一的支配のもと、ある一体的な様式のうちに、あるいは少なくとも漸進的に一体化されていく様式のうちに生きていたのだ。

そうした生の様式は通常「近代」と命名されている。灰色で無表情な名称である。しかしその背後には、すなわちヨーロッパ覇権主義の時代という現実が隠されている。

「支配」といっても、ここで言うそれは何がなんでも物質的な力の行使、あるいは物理的強制というわけではない。ここで私が求めるのは、愚かな間違い、深刻で明らかな間違いだけは犯したくないということだ。事実「支配」と呼ばれる、人間の間の安定した通常の関係は、決して力に基づくものではない。むしろその反対である。一人の人間もしくはある集団が支配するから、「力」と呼ばれる社会的装置あるいは機械を自由に使えるのだ。一見すると支配の根拠が力であるように見える事例であっても、よく調べてみると先の主張を確認するための格好の例として明らかになってくる。ナポレオンはスペインに攻撃をしかけ、その侵略行為をしばらく続けたが、彼はスペインをただの一日たりとも文字どおりの意味で支配しなかった。確かに力で制したが、それはまさに彼が力しか持っていなかったがためなのだ。侵略の事実あるいは過程と、支配の状況とを区別する必要がある。支配は権威の通常の行使である。そしてそれは常に世論を拠りどころとする。一万年前と同じく今日でも、またアマゾンの裸族の間と同様にイギリス人の間でもいつでもそうなのだ。この地上で、世論以外のものに支えられて支配した者など存在しない。

世論という至上権とは一七八九年に弁護士ダントンによって、あるいは十三世紀に聖トマス・アクィナスによって作られた発明品だったなどと信じているのだろうか。そうした世論の至上権という概念は、いずれかの時代にいずこかで発見されたものだろう。しかし世論が、人間社会の中で支配という現象を作り出す根源的な力だという事実は、人間自身と同じく大変に古く、しかも永続的な事実である。たとえばニュートンの物理学において、重力は運動を生み出す力だが、その意味で言うなら世論の法則は、政治史の万有引力なのだ。それが無ければ歴史学も不可能だろう。だから、世論の至上権がユートピア的希望だというにはほど遠く、人間社会の上にいつも毎時間、重くのしかかっているものであり、その事実を示すことこそが歴史学の課題なのだ、というヒュームの指摘は実に鋭い。つまりトルコの近衛兵を使って統治しようとした者までもが、その近衛兵の意見と、そしてこれら近衛兵たちについて他の住民たちが持っている意見とに依存せざるを得ないのだ。

いや近衛兵によって支配しているのではないというのが真実である。タレーラン［フランスの外交官。一七五四―一八三八］はナポレオンに「陛下、銃剣をもってすれば何でもできます。ただ、銃剣の上に坐ることだけはできません」と言ったのも、むべなるかなである。支配するとは、権力を奪い取る身振りではなく、権力の静かな行使なのだ。要するに、支配するとは坐ることである。玉座、古代ローマの大官用の椅子、スペイン議会の大臣席、各省大臣の椅子、司教座などはすべてが坐るためのものだ。無邪気でメロドラマ的な視点で推定することとは反対に、支配するとは拳骨の問題というよりむしろ腰を下ろす問題なのだ。国家《ステート》とは、詰まるところ意見の状態《ステート》、一つの均衡状態であり、静態なのである。

ところがときおり世論が存在しないという事態が生じる。社会が意見を異にするグループに分割され、その意見の力が互いに打ち消されるようなときには、一つの統治が形成されるような余地を与えてくれない。そして自然が真空を嫌うように、世論の力の不在が残した空洞は、暴力で埋められる。そして、ついには暴力が世論の代用品として前面に出てくるだけなのだ。

だから、もし世論の法則を歴史的引力の法則として正確無比に表現したいなら、そうした世論の不在の例を考慮に入れるべきである。そうすることによって、あの有名な定式に、つまり尊重すべき真実の常套句に辿り着くだろう。すなわち、「世論に逆らって支配することはできない」。

以上は、支配というものが意見すなわち精神が有する絶大な権力であることを気づかせてくれる。つまり支配は精神的な力以外の何物でもないのだ。歴史的事実がこのことを細かに確証してくれる。原始的な支配はすべて「聖なるもの」という性格を持っていた。なぜならそれは宗教的なるものに根差していたからである。そして宗教的なるものは原初の形式であり、そしてその奥から後ほど精神、理念、意見となるだろうもの、要するに非物質的で形而上的なものが現われ出る。中世では同様の現象がより大規模に再生産された。ヨーロッパで形成された最初の国家もしくは社会的権力とは教会であり、「精神的権力」という特有の、すでに主体としての性格を持っていた。政治的権力は、それ自体もまた原初的には精神的権力であることを、そして特定の理念を有効化したもの以外の何物でもないことを教会から学んだのである。かくして神聖ローマ帝国が創設された。

　このように二つの精神的な力である権力が戦うことになったが、それらは両者ともに精神なので、本質的な面ではお互いに他と区別することができないまま、それぞれが異なった時間の様態において自己定立を計ることで合意を見た。つまりこの世の有限の権力と永遠の権力という具合に。この世の有限の権力と宗教的な権力は、共に精神的なものであることに変わりはないが、しかし前者が時間の精神、すなわち現世的で変化する世論なのに対し、後者は永遠の精神、すなわち神意、神が人間やその運命について持っている見解なのである。

だから、これこれの時代にしかじかの人間、民族あるいは同質のグループが支配した、と言うのと、これこれの日付にしかじかの意見、つまり思想、好み、熱望、目的などの体系が世界の中で優位を保っていたと言うのとは同じ意味なのだ。

この優越性を何と理解すべきだろうか。大多数の人間は意見を持っていない。だからちょうど機械に潤滑油を注入するように、意見を外部から押しつける必要がある。それゆえどのようなものであれ、精神が力を持ち、意見のない大多数の人びとに意見をもたせるために、その権力を行使しなければならない。意見がなければ、人間の共存は混沌となるだろう。いやそれよりも歴史的虚無だろう。意見がなければ、人間の生は有機的構造を失ってしまうだろう。そうなれば、精神的権力もなく、命令を発する者もいない場合、以上のものが欠けている度合いに応じて、人類の中に混沌が支配するようになる。それと同じく、すべての権力の委譲、すべての統治者の交代は、同時に意見の変化となり、結果としてまさに歴史的引力の変化となるのだ。

さてここで出発点に戻ろう。ここ何世紀かを通じて世界を支配してきたのは、似たような精神を持った諸民族の複合体たるヨーロッパだった。中世においては、此岸の世界を誰も支配していなかった。それは歴史上すべての中世世界に起こったことである。だからそれらはいつも相対的に混沌とした野蛮であり、意見の不足した時代だった。その内部で互いを愛し、憎み、切望し、嫌悪する時代、それもすべて大規模に行なった時代だが、意見することはめったにない時代なのだ。こういった時代にも楽しみはあるにはあった。だが大いなる時代に人類が生きる糧にしているのは意見であり、したがってそこには秩序がある。中世の遥か彼方にも、近代と同様、それがたとえ世界のある限定された部分だろうと誰かが支配していた時代があった。すなわち偉大なる支配者、ローマの時代である。ローマは地中海とその周辺部に秩序をもたらした。

第一次大戦後のこの時期、ヨーロッパはもはや世界を支配していないと言われ始めている。このような現状分析の重大さはしっかり理解されているだろうか。この診断によって、権力の移行が告げられている。一体権力はどこへ向かうのだろうか。世界支配のため、ヨーロッパを誰が引き継ごうとしているのだろうか。しかしそもそも誰かが引き継ぐはずだと確信しているのだろうか。そしてもし誰もいなかったとしたら、一体どうなるのだろうか。

2

この世界ではあらゆる瞬間に、もちろん今も、数え切れないほどのことが起こっているのは紛れもない事実である。いま世界に起こっていることが何かを言い尽くそうとすることは、自らの思い上がりに自嘲していることだと心得るべきである。しかしまさに現実的なるものの全体像を直接に知ることは不可能だからこそ、私たちはある現実を意のままに構築したり、事物がある一定の様式に従って存在するのだと想定するより他にない。かくして私たちは一つの図式を、つまり一つの概念あるいは概念の枠組みを手にする。私たちはこの枠組みを通して、ちょうど方眼紙の上に見るように、実際上の現実を見るのだが、そのときにのみ、現実に近いおおよその輪郭を知る。科学的方法はこれに立脚している。いやそれだけではなく、知性の使い方すべてがそれに基づいているのだ。庭の小路を通って友人がこちらにやってくるのを見て「あれはペドロだ」と言ったとすると、それは意図的に、そして皮肉にも、一つの誤りを犯すことになる。なぜならペドロは私たちにとって物理的かつ精神的に振る舞う諸々の態度――私たちはそれを「性格」と呼ぶ――のある一つの枠組みの類型であり、その真実はと言えば、私たちにとっての友人ペドロは「私たちの友人ペドロ」という観念に、時にほぼ似ても似つかないものだということとなのだ。

概念というものはどんなにありきたりなものも、あるいは専門的なものもすべて、幾何学的にカットされたダイヤモンドが爪のついた金の台座に載っかっているように、おのれ自身の皮肉に、穏やかに微笑するその歯列の上に載っかっている。概念としてはきわめて真面目にこう言うだろう。「これはAであり、あれはBである」と。しかしその真面目さは、冷笑家のそれである。それは高笑いを飲み込んだ人の、そして唇をきつく結ばなければ笑いを噴き出してしまう人の不安定な真面目さなのだ。彼は、これはAではないと隅々までよく知っているし、そしてもう一方もBではないとはっきり認識しているのだ。厳密な意味で概念が考えるものは、口に出すこととは少しばかりずれがあり、そしてこの二重性の中にアイロニーがある。本当に考えているのはこうである。すなわち「厳密に言うなら、私はこれがAでもあのBでもないことを知っている。しかしそれがAでありBであると認めることで、あれこれの現実に対する自分の態度に私自身が納得し折り合いをつけるのだ」。

理性についてのこうした認識論は、ギリシャ人の神経をいらだたせるものかもしれない。というのは、ギリシャ人は理性や概念の中に現実そのものを見出したと信じていたからである。ところが私たちは、理性や概念は人間が必要とするいわば使い慣れた道具のようなものであり、人間はそれを、おのが生という無限の、そしてきわめて問題多き現実のまっただ中で、おのれ自身の状況を明らかにするために使うものだと信じているのだ。生とは、事物の間でおのれを支えるために、その事物と闘うことを言う。概念とはその攻撃に応じるために作り上げる戦略である。それゆえ、ある概念の内部をとことん調べてみるなら、それは事物そのものについては何も言っておらず、人間がその事物を使って成し得ること、あるいはそれからどのような被害を受けるかを要約していることが分かるのだ。

すべての概念の内容は常に生に関わるものであり、人間のあり得る行為、あるいはあり得る苦しみそのものだというこの限定的な意見は、私の知る限り今まで誰からも主張されてこなかった。しかし私の考えでは、それはカントに始まった哲学の道筋の当然の終着点だと思う。だからもし私たちがカントに至るまでの哲学の全過去をその光の下に検証してみるなら、すべての哲学者は根底において同じことを言ってきたように思えるだろう。ちなみに、すべての哲学的「発見」(descubrimiento)とは、まさに「覆い」(cubrimiento)を「取る」(des-)ことであり、底にあったものを表面に引き上げてくることである。

しかしこれらの前口上は、今から述べようとしていることが、哲学問題とはあまりにかけ離れているために、的を射ていないかもしれない。私が言いたかったことは、いま世界、つまり歴史的世界に起こっていることは、要するに次のことなのだ。三世紀の間ヨーロッパは世界を支配してきたが、いまや支配することにも支配し続けることにも確信が持てなくなっている、ということだ。現代の歴史的現実を構成する数え切れないほどの事柄を、あまりに簡単な定式に纏めるのは、間違いなくうまくいった場合ですら一つの誇張に堕するだろう。だから私は、好むと好まざるとにかかわらず、思索するとは誇張することなのだということを、ここで想起する必要があった。誇張を望まない人は黙るしかない。いやそれどころか、おのれの知性を麻痺させ、おのれが愚かになる様子に直面せざるを得ない。

事実、世界で実際に起こっていることは前述のようなことであり、それ以外のすべてはその結果、条件、兆候あるいは挿話にすぎないと考える。

私はヨーロッパが支配することをやめたと言ったのではない。厳密に言って最近では、ヨーロッパは支配するかしないか、明日も支配し続けるのかについて、重大な疑念を感じていると言ったのだ。これに対応しているのが、地球の他の国々に見られる、あるまとまりのある精神状態である。つまりいま現在、自分たちは誰かに支配されているか否か、彼らもまたこの点に確信を持っているわけではない。

近年、ヨーロッパの没落についてやかましく議論されてきた。私が切にお願いしたいのは、ヨーロッパもしくは西洋の没落について言及したからといって、単純にシュペングラーを想起するという幼稚さをもうこれ以上繰り返さないでいただきたい。彼の著作が現われる前から、誰もがこの点について話しており、そして彼の著作が成功したのは、言うまでもなく、前述のような疑いや気がかりが、その感じ方や理由はさまざまとは言え、誰の頭の中にもあらかじめ存在したからなのだ。

ヨーロッパの没落についてあまりにも多く語られてきたため、たくさんの人たちがそれを事実とみなすようになった。しかし彼らはそれを真面目に、そして明証性をもって信じているわけではない。ある具体的な時と場所で、その事実を確信したと思い出すことはできないにもかかわらず、それが確かなものだと見なす習慣がついてしまった。ウォルド・フランク〔アメリカの批評家・小説家。一八八九―一九六七〕の最近の著作『アメリカの再発見』は、ヨーロッパが断末魔の苦しみの中にあるとの前提に立って書かれている。それにもかかわらずフランクは、彼にとってその恐ろしい前提となっている巨大な事実を分析も議論もしないばかりか、問題視すらしていない。何ら確かめることもせずに、まるで疑いようのない事実かのごとく出発している。そして出発点でのこの無邪気さは、私からすれば、フランクが実はヨーロッパの没落を確信していないのだと考えるのに充分なのだ。それどころか、繰り返しになるが問題視すらしてこなかった。まるで路面電車に乗るように、この意見に乗っただけなのだ。常套句とは、まさに知的伝達における路面電車のようなものである。

そして彼と同じようにする人は数多く存在する。とりわけ各民族が、すべての民族が同じようにしている。

現在、世界が示しているのは、絵に描いたような子供っぽさという風景である。学校で誰かが、先生が帰ってしまった、と知らせると、子供は騒ぎ立て秩序を乱すのと同じだ。それぞれ先生から課される圧力から逃げ、校則という頸木《くびき》をかなぐり捨て、勝手放題に自分が自分の運命の主人になったのだと実感する喜びにひたる。しかし課題や仕事を取り決めていた規範が取り除かれても、子供のような連中には自分自身の課題や形のある職業、つまり意味と連続性と軌道を持った仕事はない。結果として一つのこと、つまり跳ね回ることしかできないのだ。

幼い民族が示す軽薄な光景は実に嘆かわしい。ヨーロッパが没落し、支配をやめたと聞いて、諸国民そしてまだ国民になりきっていない民族は、まるでおのが運命を律している大人の風を装いながら、飛び跳ねたり、身振りをまねたり、逆立ちしたり、あるいはふんぞり返ったり、背伸びしたりしている。いまやあらゆるところで「ナショナリズム」が細菌のように繁殖する一大パノラマが繰り広げられている。

先行する各章で、私は今日世界で優勢を極める新しいタイプの人間の実相調査を試みてきた。私はそのような人間を大衆化した人間と命名し、その主要な特徴が、自らを凡庸と自覚し、そして凡庸であることの権利を要求し、自分を超える上位からの示唆を認めようとしないことであると指摘しておいた。そうした存在の状態が各民族の中で優勢を占めれば、私たちが諸国民全体を眺めるときに、同じ現象が起こることは当然だろう。歴史を形成してきた少数エリートや偉大な創造的民族に対し、大衆がひとつの民族をなす「大衆民族」(pueblos-masa)となって一致団結して反逆しようとしている。あれやこれやの小さな共和国が、見捨てられた世界の片隅からつま先立ちになって、ヨーロッパを叱責し世界史の中の指導的役割から外すと宣言している姿は、滑稽以外の何ものでもない。

結果どうだろうか。ヨーロッパは、一つの規範体系を創造した。その有効性と生産性は何世紀にもわたって証明されてきた。それらの規範は考えられる最良のものとはほど遠いものだった。しかし他の規範が存在しない間は、あるいは遠くから姿を現わす徴候のない間は、それが決定的なものなのだ。その規範を凌駕するためには、他のものを産み出す必要がある。ところで大衆民族は、ヨーロッパ文明というあの規範体系を期限切れのものとすることに決めたようだが、しかし自身では別のものを作れないので、どうしていいか分からず、それで時間つぶしに夢中でただ飛び跳ねているのだ。

以上が、世界の中で誰も支配者がいなくなったときに突然起こった最初の結果である。

その他の者は、反逆はしたものの、仕事も生の計画も持たないままに残されている。

3

ひとりのジプシーが懺悔《ざんげ》に行った。しかし用心深い神父は、神の掟を知っているかと切り出した。それに対してジプシーは、「でもね神父さまよ、覚えようとしたことはあるのだけど、いつか無効になるという噂を聞いたものでね」。

これこそ世界の現況ではなかろうか。もはやヨーロッパの掟は有効ではないという噂が流れており、そのことを見越して人びとは――個人も民族も――命令なしに生きていく好機とばかりに突っ走る。なぜなら、ただヨーロッパの掟だけがかつて存在していたからなのだ。問題はこれまでもそうだったように、新しい規範が形成されて古いものに代わったとか、まったく新しい熱狂がその若い炎の中に、次第に冷めていく古い情熱を取り込んだというものでもないのだ。そうならば何の不思議もなかっただろう。つまり古いものが古くなるのは、それ自体の老衰からではなく、そこにすでに新しい始まりが、すなわちただ新しいということだけで先行するものを一挙に老化させてしまう原理が現われたからなのだ。もし私たちに子供がいなかったなら、私たちは老人にはならないだろう。少なくとも老人になるまでもっと時間がかかるだろう。機械や装置などについても同じことが起こる。十年前の自動車は、二十年前の機関車よりも古くさく見える。それは自動車製造技術の発達が他より急速に起こっているという単純な理由に因《よ》る。新たな青春の芽生えに起因するこうした没落は、実は健康の兆候《しるし》なのだ。

しかしいまヨーロッパに起こっているのは、不健康で奇妙なものである。ヨーロッパの掟は有効性を失ったが、かと言って他の掟が遥か地平線上に見えているわけではない。ヨーロッパは支配することをやめたとも言われているが、それに代わることのできる者は見えないのだ。ここで言うヨーロッパとは、一義的には三つ揃いとも言うべきフランス、イギリス、ドイツのことである。これら三国が占める地球上の一帯に、人間存在の一つの型が成熟し、それに従って世界が組織化されたのだ。今日言われているように、もしこれら三国が没落し、その生の計画が有効性を失ったとするなら、世界が士気を無くしているのも不思議ではない。

そしてこれこそまさに真実なのだ。国も個人も、世界中が士気を失っている。ある時期、この意気阻喪の状態もある種の気分転換となり、漠然とながら幻想を抱かせもした。下位の者たちは、頭の上の重しが取り除かれたと考えた。確かに十戒というものは、それが石の上や青銅の上に刻まれた時から、重苦しいという性格を保持していたのだ。

「支配する、命令する」（mandar）という言葉の語源は、人の手に何かを負わせる、載せることを意味する。支配する者は、どうしようもなく鬱陶しいのである。世界中の下位の者たちは荷を負わされることに、他人から任務を与えられることにもう飽きあきしており、やっかいな命令から解放されたこの時間をお祭り気分で過ごしているのだ。

しかし祭りはそうは続かない。私たちに、ある様式で生きることを義務づける命令なしでは、私たちの生はまったく為すすべを知らない待ちの状態になる。これは世界の最良の青年たちでもすでに陥っている恐ろしい心理状況だ。まったくの自由であり、どのような束縛もないと感じることによって、空しさを感じている。為すすべを知らない待ち状態の生は、死よりも大きな自己否定である。なぜなら生きるとはある特定の何かを為さねばならないということ、つまり一つの務めを果たすことであるからだ。ある何かに私たちの存在をかけることを避ければ避けるほど、自分たちの生からも遠ざかっていくことになる。まもなく地球のいたるところから恐ろしい叫び声が聞こえるだろう。そしてその声は、命令を発し課題や義務を課する誰かあるいは何かを求めながら、無数の犬たちの遠吠えのように、星空へ高く響きわたるだろう。

以上は、子供のように無邪気に、ヨーロッパはもはや支配していないと触れ回っている連中に聞かせるためのものだ。支配するとは、人びとに仕事を与え、人びとをその運命の中へ、その軌道へと乗せさせることなのだ。つまり大抵は常軌を逸すること、空しい生、荒廃であるところの逸脱を阻《はば》むのだ。

もしも能力ある代行者がいるなら、ヨーロッパが支配しなくなったとしても一向に構わないだろう。しかしそのような代行者の影すら見えない。ニューヨークとモスクワは、ヨーロッパに比して何ら新しいものはない。両者はヨーロッパから分離することによって、その意味を失ったヨーロッパの掟のほんの一部でしかない。はっきり言えば、ニューヨークやモスクワについて話すのは不快感さえ覚える。なぜなら両者が何ものであるか誰も良くは分からないからだ。ただ一つだけ分かっているのは、そのどちらについても未だ決定的な言葉が語られていないということなのだ。しかしたとえ両者について良くは分からなくとも、その全体的な性格を理解するには充分なものを得ることはできる。事実、両者は私が今まで何度か「歴史的カムフラージュ現象」と呼んできたものにぴったり当てはまる。カムフラージュとは、本質的に、外見とは異なる現実である。外見はその実体を表明する代わりに隠蔽する。それゆえ大多数の人間を騙すことになる。カムフラージュの引き起こす間違いから解放されるにはただ一つ、前もって一般的にカムフラージュが存在すると知っている必要があるのだ。蜃気楼の場合と同じである。概念が肉眼を是正するのだ。

歴史的カムフラージュという事実全般においては、互いに重なり合う二つの現実がある。すなわち一つは、深層にある実際的で実質的な現実、そしてもう一つは、外見にある偶発的で表面的な現実である。かくして、モスクワには、ヨーロッパの現実や問題を視界に入れてヨーロッパで考え出されたヨーロッパの思想、すなわちマルクス主義という皮膜が覆っている。その下には、ただ単にヨーロッパ人とは民族的素地が違うだけではなく、それよりもっと重大なことだが私たちとは年齢の異なる民族がいるのだ。いまだ発酵中の若い民族である。マルクス主義が工業のないロシアで勝利したということは、つまりマルクス主義に起こり得た最大の矛盾だと言えよう。しかしそのような矛盾はないのだ。というのは、そのような勝利もないからである。ロシアは、神聖ローマ帝国のザクセン人［現在のドイツ人］がローマ的であった程度に、近似的にマルクス主義的なのだ。新しい民族は思想を持っていない。彼らが古い文化の存在する、あるいは今まで存在していた地域で成長すると、その文化から彼らに差し出された思想ですっぽり包まれてしまう。ここにカムフラージュとその理由が存する。

今まで何度も指摘してきたのだが、民族には二つの進化のタイプがあることが忘れられている。どんな文明もまったく存在しない「世界」に生まれてくる民族がある。たとえばエジプト民族や中国民族がそれだ。こうした民族にあっては、すべてが土着のものであり、彼らの身振りにははっきりとした直接的な意味がある。他方、すでに古い歴史を持った文化に占められた環境の中で芽生えて発展する民族もある。たとえば、ギリシャ＝オリエント文明によって隅々までその海水に浸された地中海世界で発展したローマがそうである。ローマ人の身振りの半分は彼らのものではなく、学習したものなのだ。そして学習され受け入れた身振りは、常に二重であり、その真の意味は直接的ではなく斜めに構えたものとなっている。たとえば、外国語を話す場合も学習された身振りをする人は、その身振りの下に、彼本来の身振りがある。たとえば、外国の言葉を自分の言語に翻訳するのと同じだ。カムフラージュを理解するためには斜めに見ることも必要だというのもここに由来する。つまり、辞書を片手に一つのテキストを翻訳する人の眼差しでである。

私が期待しているのは、スターリンのマルクス主義がロシア史へと翻訳されているような本の出現だ。なぜなら、スターリンのマルクス主義の強みは、共産主義的な要素ではなく、ロシア的な要素のおかげだからである。それで今後どうなるのだろうか。そんなことは知ったことではない！　確言できるただ一つのことを言えば、ロシアが世界支配を望むにはまだ数世紀を必要とするということだけしかない。ロシアにはまだ掟が欠けているので、マルクスというヨーロッパ的原理への帰依を装わなければならなかった。

つまりロシアには若さがあり余っていて、そうした見せかけで事足りたということなのだ。若者には生きるための理由など必要ない。必要なのはただ口実だけである。

これと非常に似ていることがニューヨークにも起きている。アメリカが現在もっている力を、アメリカが従っている掟に帰するのも間違いなのだ。

とどのつまり、それらの力は技術に帰せられる。何たる偶然だろうか！　またもやヨーロッパの発明品であってアメリカのものではないのだ。技術は十八世紀から十九世紀にかけてヨーロッパで発明されたものである。これまた何という偶然の一致か！　それはアメリカが誕生した世紀に当たっている。そして、アメリカの本質は、生の実用主義的かつ技術的な人生観にあると誠《まこと》しやかに言われている。本当はこう言うべきではないのか。アメリカは、あらゆる他の植民地がそうだったように、古い人種とりわけヨーロッパ人種の先祖返りであり、または若返りである、と。

ロシアとはまた別な理由から、アメリカ合衆国は「新しい民族」と呼ばれるあの特有な歴史的現実の一例を示している。それは人間の青春がそうであるように、あるものが極めて効果的であるときを示す言葉である、と一般には信じられている。アメリカはその若さゆえに強い。もし仏教が時代の掟であったなら、仏教に奉じただろうが、アメリカはその若さゆえに現代の「技術の掟」に身を捧げたのだ。しかしアメリカは、そうすることによって、自分の歴史を始めたばかりにすぎない。自身の苦悩が、対立が、葛藤が始まるのはこれからである。いやさらに多くの問題が起こり得るだろう。それらの中には、技術や実用主義とは正反対のものもあろう。アメリカはロシアよりも若い。私はいつも、誇張ではないかと恐れつつも、アメリカは最近の発明によってカムフラージュされた原始的な民族であると主張してきた[1]。いまやウォルド・フランクが『アメリカの再発見』の中でそれを率直に述べている。アメリカはまだ苦労を知らない。支配能力を持つことができるなどと考えるのは幻想なのだ。

誰も支配者がいないことによって、歴史的世界は再び混沌に還るという悲観的な結論に陥ることを避けたい人は、そもそもの出発点に戻り、真剣にこう問わなければならない。世間で言われているように、ヨーロッパは没落し、支配を断念し、退位するというのはそれほど確実なことなのか、と。この外見上の退廃は、ヨーロッパをして文字どおりのヨーロッパたらしめる、ありがたい危機ではないのだろうか。ヨーロッパの諸国民の明らかな退廃は、いつの日かヨーロッパ合衆国が可能となり、ヨーロッパ的多元性が形式的な統一に取って代わり得るとすれば、その前提として必要不可欠なものでなかっただろうか。

4

命令と服従の機能は、社会全体にとって決定的に重要なことである。誰が命令し誰が従うのかという問題が、社会の中で曖昧な形で進むと、他のすべてのことが不純でぎこちなく運ばれるだろう。それぞれの個人の最も内奥のものまでが、天才という例外を別にするなら、混乱し偽造されてしまうだろう。もし人間が本来的に孤独者であり、偶発的に他人との共存の中に組み込まれているとするなら、おそらく支配権や権力の移行や危機に起因するそうした影響とは無縁のままだろう。しかし人間はその最も基本的な構造において社会的なものだから、厳密に言うなら直接的には集団に影響する変化によって、その私的な性格面までも攪乱されてしまうのだ。したがって、ある個人だけを抽出して分析することによって、その人の住む国で支配や従順の意識がどのような状態にあるか、別にそれ以上の資料がなくても推論することができる。

平均的なスペイン人の個人的性格を、そのような観点から検討してみるのも面白いだろう。しかしそうした作業は、有益かもしれないが腹が立ち気の滅入るものとなろう。だからここでは省かせていただく。しかしわが国の平均人がかかえる巨大な内面的退廃と堕落だけはお見せしなければなるまい。それはスペインが、もう何世紀も前から支配と服従の問題に関して薄汚れた良心を持って生きてきた国であり、その事実によって彼らの中に作り出された結果なのだ。堕落とは、まさに習い性となって体質化された一つの変則的状態を言う。つまり受け入れながらも、それは不当であると思われ続けている何かを、結局は受け入れてしまうこと以外の何物でもない。その本質からして犯罪的で異常なものを、健全な正常性に変えることはできない相談なので、犯罪的で異常なものに完全に同化することで、人間は自ら不当なものへ適応する道を選ぶのだ。これは格言に言う「一つの嘘は百の嘘を生む」と似たメカニズムである。

あらゆる国民は、支配すべきではない人間が支配することを望んだ時期を経験してきた。しかしある強い本能が自分たちのエネルギーを即座に集中させ、不正な支配の野望を斥けさせたのである。それらの国々は過渡的な不正を拒絶することによって、自分たちの社会的道徳を再構築した。

しかし、スペイン人はそれとは逆のことをした。つまり、内面の意識では拒絶している人間の支配に反対する代わりに、自分の存在の残りすべてをその偽りと辻褄を合わせてごまかすことを選んだのだ。わが国にこんなことが存続しているかぎり、わが国の人間たちに期待するのは無駄である。その国家、その統治もしくは支配が体質的に欺瞞的である社会は、歴史の中で品位を保つという難しい課題に柔軟に対応する力を持つことはできない。

したがって、社会全体がその公的な生や個人的な生において退廃し始めるには、世界を支配しているのは誰かについての軽い疑惑や少しのためらいがあれば充分だということは何ら不思議ではない。

人間の生は、それ本来の性質からして、何ものかに向けられていなければならない。それは栄光に包まれた事業かもしれないし、あるいはつつましやかな事業かもしれない。輝かしい運命か、あるいは取るに足りない運命かもしれない。それは奇妙なものだが、私たちの存在に刻印された不可避的な条件である。一方、生きるとは各自が自分で、自分のためにする何かである。他方、私にだけ重要な生であっても、何かに捧げていなければ緊張も「形」も持たずにばらばらになってしまうものでもある。近年、私たちは自らを託すべきものを持たないために、おのれ自身の迷宮の中でさまよう無数の人間の生が織りなす恐るべき光景に立ち会ってきた。あらゆる命令、あらゆる秩序が宙吊りになってしまったのだ。

しかしこの状況は理想的なはずではないのか。なぜなら、それぞれの生が好きなことを行ない、自分自身にかまけるだけの絶対的な自由を手に入れたからだ。各民族についても同じことが言える。ヨーロッパは世界を支配していた圧力を弛《ゆる》めた。しかし結果は予想するものとは正反対となった。自己解放を成し遂げたあと、なすべきこともなく各自の生は自分自身に閉じこもり、空虚なものとなったのだ。それは何かで埋められなければならないから、自己を軽薄にでっちあげるか、その振りをし、内部の誠実な声が命じない偽りの活動に従事したのだ。今日はこれ、明日はそれ、そして逆のあれへと向かう。自分自身とだけ向き合うことで道を失ってしまったのだ。

エゴイズムは迷宮である。そんなことは分かりきったことだ。生きるとは、何かに向かって放たれることであり、目標に向かって歩むことである。その目標は、私の道のりでもなければ私の生でもない。それは私が私の生を賭ける何ものかだ。したがって、それは私の生の遥か向こうにあるものなのだ。もし私が、私の生の内部でだけ自己中心的に歩くつもりなら、進むこともなく、どこにも行けないだろう。同じところを堂々巡りするだけだ。これこそが迷宮であり、どこにも行き着けない道、自己の中で道に迷い、まさにおのれの内部を歩き回るだけの道なのである。

第一次大戦休戦後、ヨーロッパ人は自己の内に閉じこもり、自分自身にも他人に対してもやるべきことを持たないできた。それゆえ私たちは、歴史的には十年前と少しも変わっていない。

支配は突然起こるものではない。支配は他の者たちの上に行使される圧力に基づく。しかしそれのみに基づくのでもない。もしそれだけだったら、暴力にすぎないだろう。忘れてならないのは、支配するとは二重の効力を持っていることなのだ。つまり誰かに命じるという一面と、その誰かに何かを命じるという一面である。そしてその命じる何かは、つまるところある企て、ある歴史的な大きな運命に参画せよということである。それゆえ生の計画なしの、もっと正確に言うと、支配者にふさわしい生の計画なしの統治はないのだ。シラーの詩句はこう歌う。

王たちが建設するとき、働くのは馬引きたちだ。

したがって、偉大な民族の、偉大な人びとの行動の中には純粋なエゴイズムしかないなどと信じるようなつまらぬ意見に与すべきではない。第一に純粋なエゴイストであることは、一般に思われているほど容易なことではないし、誰もエゴイストでありながら勝利したことなどは一度もないのだ。偉大な民族や偉人たちの外見上のエゴイズムは、ある企てに命を賭けた人がどうしても取らざるを得なかった不可避の厳しさに他ならない。確かに、人が何かをしようとするとき、そして私たちがある企てに身を投じるとき、通りすがりの人に注意を払う余裕を持てとか、偶発的な取るに足りない慈善行為に身を捧げよ、などと要求することは意味を成さない。

スペインを旅行する人たちを最も魅了することの一つは、彼らがもし通りで誰かに広場や建物がどこにあるかと聞くなら、聞かれた人はそれまでの歩みを止めて、寛大にもその見知らぬ人のために犠牲を払って、彼の行きたいところまで連れて行ってくれることが度々あることだ。私としては善良なケルト・イベリア人の性格の中に、あるかも知れない寛大さの要素を否定するものではないが、外国人がスペイン人の行為をそのように解釈してくれたことには感謝する。しかしそんな話を聞いたり読んだりするとき、どうしても次のような危惧を打ち消すことはできない。すなわち、道を聞かれたわが同胞は、果たして本当にどこかに行くところだったのだろうか、と。なぜなら、多くの場合、スペイン人は行き先も、計画や使命も持っておらず、むしろ他の誰かが自分の生をなんとか満たしてくれないだろうかと通りに出たにすぎないからである。わが同胞が、道案内をしてあげられる外国人に出くわさないかな、と通りに出るのは日常茶飯のことなのだ。

大事なのは、ヨーロッパが現代まで遂行してきた世界支配に対する疑問が、未成熟さゆえにまだ先史時代を生きている民族を除いた、その他の民族を退廃させてきたことだ。

しかしそれよりさらに重大なことは、この「足踏み」がヨーロッパ人自身を完膚なきまでに退廃させるようになったことである。これは、私がヨーロッパ人もしくはそれに類したものだからそう考えるのではない。またヨーロッパ人が次の時代においても引き続き支配しないからといって、世界の行く末に興味がなくなる、などということでもない。ヨーロッパに代わって権力や地球の方向付けができる他の民族集団が存在するなら、ヨーロッパの支配が終わっても私は一向に構わない。しかしこれすらも求めるつもりはない。誰も支配しなくなったとしても受け入れるつもりだ。ただし、そのことによってヨーロッパ人のすべての徳や資質が雲散霧消するようなことがあっては困るが。

この徳や資質の喪失は絶対にあっては困ることなのだ。しかし、もしヨーロッパ人が支配しないことに慣れてしまうなら、旧大陸とそれに続く世界全体が、道徳的無気力や知的不毛状態に、そしてあらゆる形の野蛮に陥るのに、一・五世代［オルテガの世代論では一世代は十五年］もあれば充分だろう。支配することへの夢、そしてそれが鼓舞する責任感のもたらす規律だけが西欧の魂を緊張状態に保持してくれる。科学、芸術、技術、その他すべてのものは、支配の意識が創り出す意志強固な雰囲気から生まれる。もしその意識がなければ、ヨーロッパ人は堕落していくだろう。もはや人びとの心は、あらゆる分野での偉大で新しい理念の獲得に向かう、大胆で精力的で粘り強く叱咤激励してくれる信念、つまり自分自身に対する根本的な信念を持つことはないだろう。ヨーロッパ人はどうしようもなく、その日暮らしの人間になっていくだろう。創造的で余裕のある努力もできず、常に昨日という過去に、習慣に、決まりきったことの中に陥るだろう。没落期のギリシャ人やビザンチン時代を生きた人間のように、粗野な形式主義者で中身がからっぽの輩《やから》になるだろう。

創造的な生は、高度な精神衛生の状態と大いなる品格、そして尊厳の意識を駆り立てる不断の刺激といったものを要求する。創造的な生とはエネルギッシュな生である。それは以下の二つの状況のいずれかにおいてのみ可能なのだ。すなわち自身が支配する者であるか、あるいは支配の権利を存分に認められた者が支配する世界に生きるか。この二つのいずれか、つまり支配か服従かである。しかし服従することは、我慢をして品位を落とすことではなく、むしろその反対に支配する者を尊敬し、命ずる者と連帯しながら、また戦意高揚の中はためく旗の下に馳せ参じることなのだ。

5

さてここに来て、この試論の出発点に戻ってみる必要があろう。すなわち近年世界ではヨーロッパの没落がかくも話題になっているという、実に興味深い事実のことである。先ずはこの没落が、外部の者に指摘されたのではなく、その発見がヨーロッパ人自身に帰せられるという事実に驚かされる。旧大陸の外では誰もそのことを考えていないときに、ドイツやイギリスやフランスの何人かの中で「私たちは没落し始めたのではないか」という示唆的な考えが思い浮かんだのである。この考えは出版界を大いに賑わせ、そしていまや誰もがまるで紛れもない事実のようにヨーロッパの没落について語っているのだ。

しかしこのようなことは当たり前だという顔つきでそれを宣言する人を遮り、彼にそのような見立てはどのような具体的かつ明白な現象に基づいているのか尋ねてみたまえ。するとたちまち彼は曖昧な仕草をし、難破したすべての人たちの特徴であるが、丸い地球の四方に向かって手を振りはじめるのだ。実際、彼は何にしがみつけばいいのか分からない。現在のヨーロッパの没落を定義しようとするときに、特に正確を期さなくても見えてくる唯一のことは、今日ヨーロッパ諸国のそれぞれが直面しているすべての経済問題である。しかしそれら経済問題の性格を少し明確にしようとすると、それらのうちのどれもが富を創造する力に深刻な影響など与えてはおらず、旧大陸はこれまでもその分野ではもっと重大な危機を乗り越えてきたことに気づくのだ。

もしかして、ドイツ人あるいはイギリス人は今日ではもはやかつてのような規模と品質で、ものを生産できないと感じているのだろうか。実はまったくそうではない。経済に関わる次元での、そうしたドイツ人あるいはイギリス人の精神状態を明らかにすることが非常に重要になってくる。というのは、奇妙なことに彼らの精神の、議論の余地なき落ち込みは、自分たちにはたいして能力がないと感じているからではなく、その反対に、自分たちはかつてないほどの潜在能力を持っていると感じながらも、本来なら充分になし得ることを実現しようとする際に、それを妨げるいくつかの致命的な障害にぶつかるからなのだ。

ドイツ、イギリス、フランスの現在の経済の死活を分ける国境線は、それぞれの国家の政治的国境線と一致する。だから本質的な困難は、提起された経済問題のあれこれに存するのではなく、経済的潜在能力が投入されるべきである社会的生の形がもはやその能力の大きさと釣り合わなくなったことにある。私の考えでは、近年ヨーロッパの活力を明らかに鈍らせている減退感と無力感は、現在ヨーロッパの潜在能力の大きさと、実際にその中で行動しなければならない政治組織の規模との不均衡によって養われている。焦眉の重要課題を解決するための瞬発力は、かつてないほど強大だが、しかし何かというと、自分が投げ込まれているちっぽけな鳥かご、つまりヨーロッパという生きた組織を構成してきた小さな国民の枠に頭打ちとなっているのだ。今日、大陸の人間の魂に重くのしかかる悲観主義や失意は、羽ばたけど鉄格子にぶつかってその大きな翼を傷つけてしまう鳥のそれに似ている。

その証明として、こうした不均衡の組み合わせは、一見してその要因が経済的なものとかなり異なっている他のすべての分野でも繰り返されていることがある。たとえば知的生活の分野がそうだ。今日、ドイツやイギリスやフランスの善良なるすべての知識人は、自分の国の限界の中で息苦しく感じている。自分の国民性や国籍を絶対的な限界のように感じているからだ。ドイツの大学教授は、ドイツ人教授たちという彼にごく近い読者たちが義務付けている著述の様式は馬鹿げたものだとはっきり気づいており、フランス人著述家あるいはイギリス人随筆家が享受している高度な表現の自由を羨ましがっている。それとは反対に、パリの文人はそのフランス的出自がいわば宿命的に彼に押し付けていた文学上の大御所意識や言葉の形式主義に関する伝統が廃れてしまったことに気づき始めている。そしてその伝統の最上の品質を保ちつつも、今ならその伝統にドイツ人教授のもついくつかの美徳を加えたいと望むことだろう。

国内政治の分野でも事情は同じだ。すべての大国の政治が、なぜ苦渋に満ちているかという実に奇妙な問題は、いまだに根本からは分析されていない。一般にはデモクラシーの諸制度が威信を失墜したからだと言われている。しかし、これこそまさに説明が必要なのだ。なぜならそれは奇妙な失墜だからである。いたるところで議会の評判が悪い。しかし話題に上っているいずれにおいても、議会に代替する制度をつくろうとはしない。少なくとも、理想としてまだましだと思われる他のユートピア的な国家形態の輪郭さえ存在していないのだ。ということは、この一見明らかな権威失墜の真実性をさほど信じる必要はないということである。ヨーロッパでうまくいっていないのは、社会的な生の道具たる諸制度ではなく、それらの用い方に関する問題なのだ。ヨーロッパ人一人ひとりの内部で、生が持つようになった有効範囲の広がりと釣り合いの取れた大きさの計画が欠けているのだ。

ここには、ぜひとも是正しなければならない誤った視点の広がりがある。というのは、四六時中話題にされているさまざまな醜態、たとえば議会についての批判を聞くのはもううんざりしているからだ。伝統的な議会の運営方法に関して、有効な一連の異論が存在するが、しかしその一つひとつを取り上げてみるなら、それらのうちのどれも議会制度は廃止すべきとの結論を是認するものはない。むしろその反対に、議会を改革する必要があるという結論へと至る明確直截な道を採用している。ところで、あることについて意見を述べる際、人間的に見て最上の言葉は、「改革が必要だ」というものである。

なぜならそれは、必要不可欠なものであり、新しい生命を得ることが可能であることを暗に語っているからだ。

現在の自動車は、一九一〇年の自動車に対してなされた非難の中から生まれた。しかし議会が被った世間一般の否定的見解は、そのような異論から生まれたものではない。たとえば議会は役に立たないとの批判がある。それに対してはこう問い返さなければなるまい。何に対して役に立たないのか。なぜなら、役立つとは、道具がある目的を達成するために持っている力だからである。この場合の目的とは、各国における社会問題の解決だろう。だから私たちは議会の非有効性を糾弾している人に対して、現在の社会問題の解決とは何のことなのかについて明確な考えを持つよう要求しているのだ。

もしそうでないのなら、つまりもし現在、どの国においてもなされなければならないことが何かについて理論的に明らかでないとしたのなら、道具である制度的な諸手段についての非有効性をあげつらうのは意味をなさないからだ。それよりも大事なことは、歴史上のいかなる制度も十九世紀の議会制国家よりも素晴らしく、そして効果的な国家は存在しなかったことを思い起こす方が有益だろう。この事実は議論の余地もないあまりに明白なことなので、それを忘れることは紛れもなく自らの愚かさを露呈することに他ならない。だから立法議会を「さらに効果的」なものにするために根本から改革する可能性や緊急性と、その無効を宣言することとを混同してほしくないのだ。

議会の権威失墜は、その欠点とは何の関係もない。それは、政治的道具としての議会とはまったく無縁の別の原因からきている。つまりヨーロッパ人がそれらを何に使うべきかを知らないこと、そして伝統的な社会的生の目的の値打ちが分からないこと、要するに自らがその中に組み込まれ囚われている国民国家というものに対する夢を感じていないことに起因しているのだ。かくも有名な議会の権威失墜を少しでも注意して見てみるならば、見えてくるのはほとんどの国の国民が自分の国に対して尊敬の念を持っていないことである。そうであれば、諸制度の細部修正など無意味だ。なぜなら尊敬され得ないのは制度ではなく、もはや手狭になった国家そのものだからなのだ。

ここにきて初めて、ヨーロッパ人はその経済的、政治的、知的活動の計画において自分の国の限界にぶつかった。すなわち生の可能性とその生の様式が、自分の閉じ込められている集合体の大きさとは比較にならないほど釣り合いが取れていないことを感じているのだ。そこで彼が発見したのは、イギリス人、ドイツ人、フランス人であることは地方人であるということなのだ。つまり自分が以前より「小さくなった」ことに気づいた。かつてはイギリス人もフランス人もドイツ人も、各自が胸のうちで、自分は全世界であると信じていたからだ。私の考えでは、これこそがヨーロッパ人を悩ませているあの没落の印象の真正なる起源である。したがってそれは純粋に主観的かつ逆説的な起源とも言える。というのは、自分が衰退し小さくなったという憶測は、自分の潜在能力が増大したから生まれ、その中ではもはや動きがとれない古い組織に躓いているからに他ならないのだ。

以上述べてきたことを解明するために、何か形ある具体的な活動を取り上げてみよう。たとえば自動車製造である。自動車は純然たるヨーロッパの発明に帰する。しかしながら今日では、アメリカでの製造数の方がヨーロッパより優っている。結論としては、ヨーロッパ自動車業界は没落したと言える。だがヨーロッパの自動車関係者である産業人や技術者は、アメリカ車の優位性が、海の向こうの人間に恵まれた特別な力からではなく、アメリカの工場がその製品を一億二千万人の国民に、簡単な手続きで提供できるという単純な理由によるものであることを良く知っている。ヨーロッパの一つの工場がすべてのヨーロッパ諸国とその植民地とその保護領から成る市場を前にしていると想像していただきたい。五億あるいは六億の人間を見越したその自動車が「フォード」より遥かに良質で安いものであることを疑う人はいまい。アメリカの技術特有の優れた長所のすべては、ほぼ確実にその市場が広大で均質であることの結果であって原因ではないのだ。産業の「合理化」は、その規模からはじき出される必然的な結果である。

したがってヨーロッパの偽らぬ実情は、次のようなものになろう。すなわち長きにわたる壮大な歴史は、すべてが成長を遂げた新しい生の段階へとヨーロッパを導いた。しかし同時に、その過去の生き残りの構造が矮小で、現在の拡張を妨げているのだ。ヨーロッパは小さな国民の集合体となった。ある意味で、国民の理念や感情は、ヨーロッパの最も特徴的な発明品であった。それがいまや自己超克を余儀なくされているのだ。これがこれからの時代に、上演されようとしている壮大なドラマの粗筋である。果たして過去の残滓《ざんし》から解放されるだろうか。それとも永久にそれらに囚われたままだろうか。かつて歴史上、ある偉大な文明がその伝統的な国家観を変換することができずに死滅したことが一度起こっている。

6

私は別の機会にギリシャ・ローマ世界の受難と死を語ったことがあり、その詳細は、そこで述べたことにまかせたい(2)。だからここではその問題を別の角度から取り上げることにしよう。

ギリシャ人やラテン人は、ちょうど巣箱の中の蜂のように、ウルブス[古代ローマの都市〕やポリス〔古代ギリシャの都市〕の中に住んでいた。この事実は、ここでは神秘的な起源をもつ絶対的な事実として捉える必要がある。それは理屈ぬきの出発点としなければならぬ事実なのだ。ちょうど動物学者が、スズメ蜂は孤立して彷徨《ほうこう》し旅をしながら生きているが、金色の蜜蜂は巣房を作る群れとしてだけ存在するという、説明不能の生《なま》のデータから出発するのに似ている。(3) 実を言うと、アテネやローマが存在する以前のそれぞれの土地に何があったか、そのいくぶんかの事実を発掘調査や考古学は示してくれる。しかし純然たる農村において、特別な性格を持たない先史時代から、両半島〔アッティカ半島とイタリア半島〕の大地がもたらした新種の果実たる都市の芽生えへの移行期は、謎のヴェールに包まれたままなのだ。

それればかりか人類文化の目録の一つに、偉大な刷新、つまり公共広場とその周囲の原野に対して門を閉ざした都市を作るという大改革をもたらしたこれら奇妙な共同体が、それまでの原始時代の民族との間にどのような人種的繫がりがあるのかさえも明らかになっていないのだ。なぜならウルブスやポリスとは何かについての最も確かな定義は、大砲についての次のような笑い話に非常に似ているからである。「さてまず穴を手にとってください。次にその周りに針金をしっかり巻きつける。そう、それが大砲です」。それと同じように、ウルブスやポリスは、空地すなわちフォロ〔古代ローマの公共広場〕やアゴラ〔古代ギリシャの公共広場〕から出発した。そして他のすべてはその空地を確保し、その内郭線を限るための言いわけにすぎない。ポリスとは基本的に住居群の集まりではなく、市民集会の場、公共の役割のために区画された空間なのだ。ウルブスとは小屋とか家《ドムス》のように雨風を防ぎ生殖するといった、私的・家族的必要事のために作られたものではなく、公共の事柄について議論するために作られた。これがまさにアインシュタインの空間より、遥かに新しい種類の空間の発明に他ならないことに注意していただきたい。

そのときまで存在したのは、ただの空間すなわち野原だった。そしてそこで人間は、人間存在のためにもたらされたすべての結果と共に生きていたのだ。農耕民族はいまだ植物のようなものである。彼の存在、彼が考えること、感じること、そして欲することすべてには、植物の生に見られる無意識の鈍重さが残っている。アジアやアフリカの大文明は、この意味で巨大な類人植物だった。しかしギリシャ人やローマ人は、野原から、「自然」から、つまり植生的世界から離れる決心をする。どのようにしてそれが可能だったのだろうか。人間はいかにして野原から身を引くことができるのだろうか。もし野原が土地全体に広がっているとしたら、そしてもし限界なきものだとしたら人間はどこへ行くのだろうか。

答えは簡単である。無定形で無限の空間から、封鎖された有限空間を対立させるために、壁で取り囲むことによってその荒野の一部を切り取ればいい。このようにして広場が誕生する。それは野原に存在する洞穴と同じく上方が閉じた家のような「内部空間」ではなく、純粋かつ単純に野原の否定なのだ。区切ってくれる壁や塀のおかげで、広場は残りの野原に背を向け、それを切り離し、それと対立する野原の一片となる。限りのない野原からの離脱を実行し、野原に対して身を守るこの小さな反抗的な野原は、止揚された野原であり、それ独自の空間である。その中で人間は植物や動物とのあらゆる交流から解き放たれ、植物たちを外へ遠ざけ、純粋に人間的な別個の境界を創り上げた。それは市民的空間である。だからこそ、ポリスが生み出すエキスの真髄とも言うべき偉大なソクラテスは、「私は野原の樹木と関わりを持っていない。私に関係があるのはただ都市の人間たちだけだ」と言うのだろう。ヒンズー教徒もペルシア人も、中国人もエジプト人も、この事実を知っていただろうか。

アレクサンドロス大王やカエサルの時代まで、ギリシャの歴史もローマの歴史もそれぞれに、これら二つの空間、つまり理性的な都市と植物的な野原、法律家と農民、法《ユース》と農《ルース》との間の絶えざる闘いから成っている。

こうした都市の起源が私の勝手な想像の産物だとか、ある象徴的な真実にすぎないなど思わないでいただきたい。ギリシャやローマの都市の住民たちは、たぐいまれな執拗さで、記憶の最も深く原初的な深層に集住《シノイキスモス》の記憶を保持している。原典を探し求める必要などないのだ。ただ翻訳すればよい。「集住」とは一緒に生活しようとする合意である。したがって厳密に言うと、その言葉の物理的かつ法的という二重の意味での集会《アユンタミエント》なのだ。平原における植物的分散を経て、都市への市民の集住が起こった。都市とは超・住居、すなわち家もしくは人間以下の動物の巣を越え出ることであり、家族的な「家《オイコス》」よりも抽象的で高度な集合体の創造なのだ。それはただの男や女たちではなく市民によって構成される「共和国《レプブリカ》」〔古代ローマの政治体〕であり、「国家《ポリティア》」〔古代ギリシャの政治体〕である。原初の、そしてむしろ動物に近い次元には還元できない、新しい次元が人間存在に与えられたのだ。そして、そこではそれまでは単なる人間であったものが、その最上のエネルギーを発揮するようになる。こうして都市が、次いで国家《ステート》が誕生する。

ある意味で、地中海沿岸全体がこうした種類の国家への傾向を常に示してきた。その純度に多少の違いはあるが、アフリカ北部は同様の現象を繰り返している(カルタゴは都市という意味である)。イタリアは十九世紀まで都市国家から抜け出さなかったし、わがレバンテ地方〔バレンシア、ムルシアなどスペイン東部地方〕も、地方分立主義にたちま

ち先祖がえりをしてしまうが、それはあの千年を越える霊感が残した悪癖とも言える。(4)

都市国家は、その構成要素が比較的少ないこともあって、国家原理の特性を明確に示してくれる。ある側面では「国家」という言葉は、歴史的な諸力が均衡と安定した状態を獲得したことを表わしている。この意味で国家は、歴史の動きとは正反対のことを意味している。つまり国家は、安定化し制度化された静的な共存なのだ。この動きがないという性格、静止した決定的な状態という特徴は、すべての均衡がそうであるように、国家を生み出しそれを支えるダイナミズムを秘めている。要するに、そうした特徴があるために、制度化された国家とは、それ以前に繰り広げられた闘争や努力の結果であることを忘れさせてしまう。制度化された国家に先行するのは、制度化に向かう国家であり、これこそが運動の原理である。

以上をもって私が言いたいのは、国家はすでにでき上がったもの、贈り物として与えられている一社会形態にすぎないものではなく、人間が苦労の末に鍛え造り上げねばならないものだということなのだ。それは遊牧民とか部族のようなもの、つまり人間の努力や協力なしに血の同一性に基づいて自然が作り上げる社会ではない。その反対に、国家とは人間が誕生によって血縁的に組み込まれた社会から抜け出そうとするときに始まるのだ。いま血と言ったが、それは他のどのような自然的原理でも同じことが言える。

たとえば言語だ。もともと国家は血と言語の混合で成り立っている。それはすべての自然的社会を超越するものだ。それは混血的で多言語的なものである。

このようにして、都市はさまざまな民族の集まりから生まれる。動物的多様性の上に法的な抽象的均一性を構築する。(5) 法的統一性を求めて国家を創造する活動が推進されたのではないことは明らかだ。推進力の方がすべての法律よりも実質的であり、小さな血縁社会がなし得る生命活動よりも大きな事業をなす志なのだ。すべての国家の起こりには、偉大な起業家の輪郭が見える。あるいはほのかに見えるのである。

もし国家が誕生する直前の歴史的状況を観察してみるなら、私たちは常に次のような図式を手にするだろう。それは多数の小さな集団であり、その社会構造は各々の集団が自己の内部に向かって生きるようにできている。それぞれの集団の社会構造は内部的共存にしか役立たない。ということは、過去においてそれぞれは隣人との例外的な接触を除いて、実際には自分だけで、ただ自分のためだけに孤立して生きていたことを示している。

しかしこうした実際上の孤立に事実上取って代わったのは、とりわけ経済上の外部的共存である。各集団の個人は、もはやその集団だけに頼っては生きておらず、その生活の一部は商業的ならびに知的な面で交流のある他の集団の個人と結ばれているのだ。したがって二つの共存、すなわち内部的共存と外部的共存の間に不均衡が生じる。確立された社会形式――法律、「慣習」、宗教――は内部的共存を容易にするが、それより広く、そして新しい外部的共存を難しくする。こうした状況下で、国家の原理とは内部的共存の社会的形式を抹消する方向へ、つまり代わりに新しい外部的共存に適した社会的形式を取る方へ向かう運動である。以上のことをヨーロッパの現時点に当てはめていただきたい。そうすればこれら抽象的な表現は形と色を得ていくだろう。

もしもいくつかの民族の精神に、ある共存の形式から成る伝統的な構造を捨て去る能力だけでなく、さらにはこれまでなかったような別の形式を想像する能力がないならば、国家の創造もあり得ない。だからこそ、それは真の創造なのだ。国家は、先ず完全なる想像力の産物として始まる。想像力は、人間が有する解放の力である。ある民族にとって国家建設が可能かどうかは、想像力があるかどうかにかかっている。それがゆえに、すべての民族には国家の発展にそれぞれの限界があったが、それは自然によって想像力に限界が課せられてきたからだ。

野原に分散することを克服した都市を想像できたギリシャ人とローマ人は、都市の城壁の中に留まった。そこにギリシャ人やローマ人の発想を遥か彼方に進めようと望んだ人間、彼らを都市から解放しようとした人間が現われたが、徒労に終わった。ブルートゥスに代表されるローマ人の想像力の閉鎖性は、古代世界における随一の空想力の持ち主であったカエサルの暗殺を引き受けた。私たち現代のヨーロッパ人にとって、この歴史を思い起こすことが極めて重要となる。なぜなら私たち自身の歴史が同一の段階にさしかかったからである。

7

明晰な頭脳と呼ばれるのにふさわしい頭脳は、古代世界全体を通じて、おそらく二つしかなかったと思われる。つまりテミストクレス〔アテネの軍人。前五二八頃―前四六二頃〕とカエサルという二人の政治家がそれである。これは驚くべきことと言えよう。なぜなら一般的に政治家は、有名人も含めて、その愚かさゆえに政治家だからだ(6)。もちろんギリシャやローマにも、多くのことについて明晰な思想を持つ人、すなわち哲学者、数学者、自然学者はいた。しかし彼らの明晰さは科学的次元に属する。つまり抽象的な事柄についての明晰さなのだ。科学が語るすべての事柄は、たとえ科学そのものがどうだろうと抽象的であり、それゆえに常に明晰である。したがって科学の明晰さは、それを実践する人の頭の中というよりも、彼らの語っている対象の中にある。本質的に混乱したもの、錯綜したものこそが、具体的な生の現実であり、それは常に唯一無二のものだ。

しかし、そうした現実の中で正確に自己の位置を定めることのできる人、あらゆる生の状況が示す混沌の下で、瞬間の秘密をかいま見ることのできる人がいる。つまりそうした生の中で道を見失わない人こそが真の意味で頭脳明晰な人なのである。

あなたを取り囲んでいる人たちを観察してもらいたい。すると彼らが生に迷いながら生きていることが分かるだろう。彼らはまるで夢遊病者のように、彼らの幸運、あるいは悪運の内部で、自分たちに起こることについてまったく何も疑わずに生きている。あなたは彼らが自分自身や自分たちの環境についてきっぱりした口調で話しているのを聞くと、まるで何についてでも何か考えを持っているかのように思えるかもしれない。しかし、それらの考えを少しでも分析してみるなら、一見して彼らがもっともらしく言及しているのは、現実を何ら反映したものではないし、さらに分析を深めれば現実に適合させようとすらしていないことに気づくだろう。事実はまったく逆なのだ。彼ら個々人は現実や彼ら自身の生についての独自の見解を見ようとしない。なぜなら生はまずもって人が迷う混沌なのだから。人間の方でもそうではないかと気づいているが、その恐ろしい現実と正面切って向き合うことが怖く、すべてが明快であるという幻想の幕で覆い隠そうとする。彼にとって自分の「思想」が真実かそうでないかは気にならないのだ。

彼はそれらを、おのれを守るための塹壕として、現実を追い払うための脅しの身振りとして使っている。

明晰な頭脳の持ち主とは、そうした幻想的な「思想」から解放されて生を正面から見据え、そしてそこで問題となるすべてを引き受け、しかも結局は自らを迷える者だと感じている人のことなのだ。これこそが真実である。つまり、生きることは自らを迷える者だと感じることであり、その事実を受け入れる人は、すでに自己を見出し始めたのであり、自分の真正な現実を発見し始めたのだ。なぜならその人は確固たる土台の上に乗っているからに他ならない。しかし漂流者と同じく彼は本能的にしがみつくものを探すだろう。そして悲劇的で緊急を要し、救済を求め続ける、完全に真剣なその眼差しは、彼の生の混沌を秩序づけてくれるだろう。これこそ、すなわち漂流者の思想こそが本物の思想なのだ。それ以外のものは空言であり、ポーズであり、仲間内の道化芝居である。自分が本当に道に迷っているのだと感じない人間は、間違いなく自己を喪失する。つまり真の自己に出会うことも、自分の現実と出会うことも決してないのである。

以上のことはすべての領域において言える。すなわちそれ自体が生からの逃避である科学においてさえ真実なのだ(大多数の科学者は、自分の生と向き合うことを恐れて科学に身を捧げている。彼らの頭は明晰ではない。あらゆる具体的状況に対する彼らの愚鈍さは周知の事実である）。私たちの科学的な考えは、ある問題を前にしていままでどれだけ迷える者であるかを自覚したか、その問題性をどれほど良く見通したか、他人から受け入れた仮初《かりそめ》の思想や対応策や標語や言葉自体にも頼ることはできないとどれほど理解したかに因《よ》っている。ある新しい科学的真理を発見する人は、それまで学んだほとんどすべてのことを粉砕しなければならない。そうすることによって、数え切れないほどのありふれた考えを截断《せつだん》して血まみれになった両手で、その新しい真理を摑む。

政治は科学より遥かに現実的なものである。政治は好むと好まざるとにかかわらず人間が突然はまりこんだ唯一無二の状況からできあがっているからだ。それゆえ、誰が頭脳明晰か、誰が型にはまった頭の持ち主か、をよく見極めることを可能にしている。

カエサルは、これまで人類が経験した最も混沌とした、恐ろしいまでに混乱した時代にあって、真の現実の輪郭を見つけ出す才能にかけて我々が知る限り最高の例となっている。そして運命があたかもその正当性を強調したかのように、彼の側に素晴らしい知性の持ち主、その全生涯にわたってすべてのものを混乱せしめることに従事した、キケロという頭脳を置いたのだ。

幸運の過剰によって、ローマの政体は既に変調をきたしていた。イタリア、スペイン、北アフリカ、そして古典的なヘレニズム文化の近東の支配者たる、ティベレ川の都ローマはいまにも破裂しそうだった。ローマの政治機構の実体は都市的なものであり、樹の霊が守護するその木から離れれば、木は衰弱してしまうのと同じように、都市とは切っても切れない関係にあった。

そのタイプや段階がどのようなものであれ、デモクラシーが健全かどうかは、ひとえに些末な技術的細部である選挙制度にかかっている。それ以外のことはすべて二義的である。もしも選挙制度が適確で現実に即しているなら、すべてはうまくいく。そうでないなら、他のすべてが申し分なかろうと、すべて失敗する。紀元前一世紀が始まるや否や、ローマは全能で豊かであり、向かうところ敵無しだった。しかし愚かな選挙制度に固執したために、死滅寸前になった。選挙制度は、現実に即していないときには愚かなものとなる。

あの当時、投票は都市の中でしなければならなかった。だから田園に住む市民たちは選挙に参加することができなかった。まして、ローマ世界全体に散らばって生きていた人たちは言わずもがなである。選挙は無理なので、それをなんとか誤魔化さなければならなかった。それで候補者たちは強者どもの軍団、つまり軍隊の古参兵や剣闘士などを組織し、投票箱を破壊させた。

本物の選挙の助けがなければ、デモクラシーの諸制度は絵に描いた餅となる。言葉はむなしく宙をさまよう。「共和国《レプブリカ》は単なる言葉にすぎない」。この表現はカエサルのものである。いかなる司法官も権威を享受することがなかった。マリウス〔古代ローマの民衆派の首領。前一五七頃―前八六〕とスッラ〔マリウスと対決した閥族派の領袖。前一三八―前七八〕など、左派の将軍たちも右派の将軍たちも、どこにも行き着かない空白の独裁政治の中で傍若無人に振る舞っていた。

カエサルは自分の政治については決して説明はせず、むしろ政治そのものを楽しんでいた。だからカエサルは、たまたま皇帝そのものであって、あとから現われた皇帝政治《シーザーイズム》の見本ではなかった。彼の政治を理解しようと思うなら、彼の行為を取り上げて、それに名称をつけること以外に他に方法がないのだ。その秘密は、彼の主要な偉業すなわちガリア征服の中にある。彼がその征服を達成するためには、既成の権力に対する反抗の姿勢を明らかにする必要があった。それはなぜか。

当時体制化した権力側にあったのは、都市国家に忠誠を誓う共和主義者すなわち保守主義者たちだった。彼らの政治は次の二条に要約することができる。第一に、ローマの社会生活の混乱は過度の拡張から来ている。都市はそれほどの数の国々を統治できないのだ。新たな征服はすべて共和国に対する罪となる。第二に、諸制度の崩壊を回避するには一人の「元首《プリンシペ》」が必要だということである。

私たちにとって「元首」という言葉は、ローマ時代とはほとんど正反対の意味を持っている。ローマでは、他の市民と何ら変わらぬ一人の市民ではあるが、共和国の制度の機能を調整するために上位の権力を与えられた人という意味だった。キケロはその著『国家論』の中で、サルスティウス〔ローマの歴史家。前八六―前三四〕は『カエサルへの請願書』の中で、市民の第一人者(princeps civitatis)と、公事の指導者(rector rerum publicarum)、そして調停者(moderator)の存在を求める、当時のあらゆる著述家たちの思想を代弁した。

カエサルの解答は保守的な思想とは正反対である。彼はそれまでのローマの征服事業の傷口を癒すためには、かくまで波乱万丈の宿命を全面的に引き受けて征服を続行する以外に手はないと悟った。とりわけ新しい民族を征服することが急務だと感じていた。この新しい民族が近い将来、近東の腐敗し切った国々よりもさらに危険な存在になると見たからだ。カエサルは、西方の蛮族《バルバロ》たちを徹底的にローマ化する必要があるという持論を持っていた。

ギリシャ・ローマ人たちは時間を感じることができず、自分の生を時間的な延長として捉えられないと言われてきた(シュペングラー)。いわば点としての現在の中に存在していることだ。私はこの診断は間違っているのではないか、いや少なくとも二つのことを混同しているのではないか、と思っている。ギリシャ・ローマ人たちは確かに未来に対して驚くほど盲目である。ちょうど色覚異常の人には赤色が見えないように、彼らには未来が見えない。しかしその代わりに、過去にしっかり根を下ろして生きている。闘牛士ラガルティホ〔トカゲというニックネームを持った十九世紀の著名な闘牛士〕が最後の一撃を加えるときのように、何かをする前に一歩退くのだ。

つまり現在の状況の手本を過去に探し、そこからヒントを得て、素晴らしい潜水服で不恰好に守られながら、現在の世界に飛び込む。だから彼の「生きる」とはすべて、ある意味で再生となる。これは懐古的であるが、古代人はほとんど例外なく懐古的だった。しかしだからといって時間に対して無感覚というわけではない。単にそれは、未来主義的な翼を欠き、過去の翼が肥大した不完全な時間感覚を意味しているにすぎない。反対に私たちヨーロッパ人はずっと未来に重心をかけてきた。そして未来こそが、時間の最も本質的な広がりであると感じている。つまり時間は私たちにとって、「これ以前」からではなく「これから」始まるのだ。ギリシャ・ローマ人の生が、私たちには無時間的に見えるのはそのためである。

模範的な過去というピンセットですべての現在を取り上げるこの偏執的な習癖は、古代人から近代の文献学者へと受け継がれた。文献学者も未来に対して盲目である。彼も後ずさりし、一切の現状に対してその前例を探し、この前例を牧歌的な美しい用語を使って「源泉」と呼んでいる。私がこう言ったわけは、カエサルの初めの頃の伝記作家たちが、彼がアレクサンドロスの真似をしようとしていると考えて、この偉大な人物を真に理解するための道を閉ざしているからだ。彼らには次のような方程式が成り立つ。もしアレクサンドロスがミルティアデスの勝利の月桂冠のことを考えて眠れなかったとすれば、カエサルの方も当然アレクサンドロスの勝利のことを思って不眠に悩まされたはずだ。このようにこの方程式は際限なく続いていく。常に一歩後退であり、今の足は昔の足跡に重なっている。現代の文献学者は古典時代の伝記作家の反響なのである。

カエサルがアレクサンドロスのしたように自分もしようと望んだと信じることは、ほとんどすべての歴史家たちが信じたように、彼を理解することを根本的に断念することを意味する。カエサルはアレクサンドロスのほぼ正反対の人間だった。世界帝国という理念においてのみ、両者は唯一共通するのだ。しかしこの理念といえどもアレクサンドロスのものではなくペルシアから来たものだ。もしもアレクサンドロスの幻影に影響されたというのなら、カエサルは東方に、つまり名高い過去へと向かったはずだ。西方に対する根っからの愛着は、むしろマケドニア人［アレクサンドロス］とは矛盾する意志を表わしている。それればかりかカエサルが意図しているのは、どう考えても世界帝国ではなかったのだ。

彼の意図はさらに深かった。彼が望んでいるローマ帝国は、ローマに頼って生きているのではなく、周辺地域や属州に支えられたものであって、そのことは都市国家を完全に超え出ることを意味していた。およそ性格の異なる複数民族が協同する国家、すべての民族が連帯感を感じている国家、中央が命令を発し周辺がそれに従うのではなく、構成要素のそれぞれが国家に対して受動的であると同時に能動的主体であるような巨大な社会的組織体である。それこそ近代国家であり、未来を予見するカエサルの才能が示した素晴らしい先駆的働きだったのだ。しかしそれの前提となっているのは、ローマを超えた反貴族的な権力、つまり共和制の寡頭政治や同等の者の中での第一人者(primus inter pares)にすぎない元首《プリンシペ》をかぎりなく超えた力の存在なのだ。その世界的デモクラシーの遂行者であり代表である権力は、ローマの外に本拠地を持つ君主国以外にはあり得なかった。

共和国、君主国！　これら二つの言葉は歴史の中でその真正の意味を変えてきたが、まさにそのために絶えず、その時々に実質的に意味するところを確かめる必要がある。

カエサルが信頼した人たち、最も身近な手足となって働いてくれた人たちは、ローマの古めかしい名士たちではなく、新しい人たち、地方出身者、精力的で有能な人たちである。真の宰相は〔ルキウス・〕コルネリウス・バルブスという大西洋岸のカディス出身の、「植民地人」の実業家であった。

しかし新しい国家は先取りしすぎであった。ラティウム〔現在のローマの南東部にあった都市国家〕の鈍い頭の持ち主たちは、そのように大きな跳躍にはついていけなかった。目に見える物質的な都市のイメージに妨げられて、ローマ人たちはその最新の社会的組織体を「見る」ことができなかった。都市に住んでいないような人間たちに、どうして国家を作り上げることができよう。それほどまでに微妙で神秘的な組織体とは、いったいどのような種類の統一体だったのか。

もう一度繰り返そう。私たちが国家《ステート》と呼ぶ現実は、血の同一性によって結びつけられた人間たちの、自然発生的な共存などではないのだ。生まれつき分離していた集団が共存を義務づけられるときに、国家が始まる。この義務はむき出しの暴力ではなく、ばらばらの集団に課された共通の仕事が、一つの計画の始まりだと想定される。国家は何よりも先ずある行為の計画であり、協同のプログラムである。人びとは共に何かをするために呼ばれる。国家は血縁でもなければ言語や土地の統一体でもなく、隣り合って生活することでもない。決して物質的なものではないし、不活性なもの、与えられたもの、限定されたものでもないのだ。それは共同で何かをなそうとする意志としての純然たるダイナミズムである。そのおかげで国家の理念はいかなる物理的条件によっても限定されるものではないのだ。[7]

サアベドラ・ファハルド［スペインの政治家・思想家。一五八四―一六四八］の有名な政治的標榜には実に鋭いものがある。すなわち一本の矢と、その下に「飛ぶか落ちるか」という言葉が書かれている。これが国家である。それはものではなく運動なのだ。国家はあらゆる瞬間、「……から来る」もの、そして「……へ向かう」ものとして在る。それはすべての運動と同じく、起点(terminus a quo)と終点(terminus ad quem)を持っている。

本物の国家の生をしばらくでもいいから中断させてみよう。するとあれこれの物質的属性、すなわち血、言語、「自然の国境線」に基づいていると思われる共存の統一性が見出されるだろう。静態的な解釈に従えば、私たちはこれが国家である、と言うかも知れない。しかしすぐにも気づくのは、その人間的集合が共同で何かをやっている、つまり他の民族を征服したり、植民地を建設したり、他の国々と連合したりしているということなのだ。要するに、常にその統一性の物質的な原理と思われるものを超克している。それが終点であり真の国家だ。与えられたすべての統一性を超えようとすることに基づいている統一性なのだ。この遥か彼方へと向かう衝動が止むとき、国家は自動的に死滅する。そしてそれまで存在していた、物理的に基礎工事が固められていた統一性――人種、言語、自然の国境線など――は何の役にも立たなくなる。かくして国家は分解し、分散し、アトム化してしまう。

国家におけるこの時間的二重性、つまりすでにそこにある統一性と未来に投影したより広範な統一性だけが、国民国家の本質を理解させるものなのだ。周知のごとく、国民という言葉に近代的な解釈を加えた場合、それがいったい何に基づいているか未だはっきりと答えられた試しはない。都市国家は肉眼で見えたように、実にはっきりした理念だった。しかしガリア人やゲルマン人の中で胚胎した新しい種類の社会的統一体は西方の政治的な感覚であり、都市国家に比して曖昧で掴みどころのないものである。

本質的に懐古的である文献学者、つまり現代の歴史家は、カエサルやタキトゥスがアルプスの向こう側やライン河の向こう側の、あるいはスペインの新興国家群とは何かをローマの用語で語ろうとしたときに感じたのとほとんど同程度に当惑しながら、この恐ろしい事実に対面しているのだ。カエサルたちはそれらを市民集団《キヴィタス》とか同族集団《ゲンス》とか種族集団《ナチオ》と呼ぶのだが、これら名称のどれも対象を適確に言い当てていないことに気づいている。[8] それらは都市ではないというごく単純な理由から、市民集団《キヴィタス》ではないことは明らかである。[9] その用語を曖昧なままにしておいて、それでもって限られた土地を暗示するなどということも不可能である。新しい民族は実に容易に土地を換える。いや少なくとも自分たちが占領する土地を広げたり縮小したりする。それらは同族集団《ゲンス》や種族集団《ナチオ》などの人種的統一体でもない。いかに昔に遡ってみても、新しい国家群はそれぞれ別個の出生を持つグループによってすでに形成されて登場する。種々異なった血の混合だ。血の統一でも、一つの領土への割り当てでも、その種のいずれでもないとすれば、ならば国民とはそも何ものか。

いつものことだが、この場合でも、いくつかの事実を素直に認めることから問題解決への道が開かれる。フランス、スペイン、ドイツなどの「近代的国民」のどれでもいいが、その進展をざっと眺めてみるとき、眼に飛び込んでくるものは何だろうか。簡単明瞭に言えば次のことだ。かつてある時代において、それまである国民性を構成していたと思われるものが、後のある時点では否定されているということである。まず国民は種族として登場する。そして傍流の種族は非・国民となる。次の時代において、国民は二つの種族によって構成され、そのあと一地方、さらに間もなく全体が伯爵領あるいは公爵領あるいは「王国」となる。レオン［十一―十三世紀のスペイン北西部の王国］は国民だったが、カスティーリャ［「非・国民」］はそうではない。次いでレオンとカスティーリャが国民となったが、アラゴンはそうではない。二つの原理があることは明らかである。一方では可変的で常に乗り越えられてゆく原理——すなわち独自の言語あるいは方言を持った種族や地方や公爵領や「王国」――があり、そして他方にはこうした諸々の限界をいとも軽々と飛び越え、前者の原理がまさに根本的な対立とみなしていたものを統一するよう要求する、恒久的な原理があるのだ。

文献学者たちが――今日「歴史家」と自称しようとする人たちを私はこう呼ぶ――この移ろいやすい時間の中で、たかだかここ二、三世紀ばかりの間に西欧の諸国民がどうであるかということから出発する。そしてヴェルサンジェトリクス〔紀元前一世紀、ローマに反抗してカエサルに処刑されたガリアの族長〕やエル・シッド・カンペアドール〔十一世紀スペインの対イスラム戦の英雄〕が、それぞれサン・マロ〔フランス・ブルターニュ地方の都市〕から正確に言えばストラスブール〔ドイツと国境を接するフランス・アルザス地方の都市〕までのフランスを、あるいはフィニステール〔フランス北西部ブルターニュ半島の「地の果て」を意味する県名〕からジブラルタルまでのスペインを望んでいたと想定したとき、文献学者たちは実に滑稽な茶番を演じるのである。

これらの文献学者たちは――無邪気な劇作家のように――ほとんどいつでも、自分たちの英雄を三十年戦争〔一六一八―四八年の神聖ローマ帝国を中心に行なわれた宗教的・政治的戦争の総称〕に出陣させるようなことをやっているのだ。どのようにしてフランスやスペインが形成されたかを説明しようとして、その両国がフランス人やスペイン人の心の奥底で統一体としてあらかじめ存在していたと想定する。それではまるでフランスやスペインが存在する前に、初めからフランス人やスペイン人として存在していたということになる。フランス人とスペイン人が、二千年の労苦をかけて鍛え上げられたものであるという視点が欠けているのだ！

純然たる真実は、現代の国民とはあの可変的な原理、つまり終わりなき超克に運命づけられた原理の現時点における現われにすぎないということである。その原理とは現在ではもはや血でも言語でもない。なぜなら血縁的言語的共同体は、フランスもしくはスペインでも、国家的統一化の原因ではなく結果だからだ。その原理は今では「自然の国境線」なのだ。

外交官がその丁々発止の抜け目のない議論の中で、立論の最終的論拠（ultima ratio）として自然の国境という概念を使うのは一向に構わない。しかし歴史家がそれをあたかも決定的な最後の砦のように、その後ろに立てこもることは許されない。それは決定的なものでもなければ、ましてや充分に国家を特定し得るものでもないからである。

忘れてほしくないのは、ここで厳密な意味で提起されている問題は何かということである。問題は今日私たちが国民と呼んでいる国民国家が、他の種類の国家形態、たとえば都市国家やその対極点にあるアウグストゥス［ローマ帝国初代皇帝オクタウィアヌスのこと。前六三一―一四〕の建設した帝国[10]とは異なり、いかなるものなのかを確かめることである。もしもこの主題をさらに明瞭かつ正確なやり方で定式化したいなら、次のように言うべきだ。フランス、イギリス、スペイン、イタリア、ドイツといった、社会的権力の統治下に何百万もの人間の共存という事実を作り出したのは、いったいどのような現実の力なのだろうか。

まず前もって存在した血縁的共同体でないことは明らかなのだ。なぜならそれらの集合体のそれぞれは、およそ種々雑多な血による洗礼を浴びているからである。またそれは言語的統一性もない。なぜなら、今日一つの国家の中に集合している複数の民族は、かつて互いに異なる言葉を話しており、あるいは今も話しているからだ。今日享受している人種あるいは言語の相対的同質性――それが一つの享受に値すると想定しての話だが――は、それに先立つ政治的統一の結果なのだ。つまり血も言語も国民国家を形成するものではなく、むしろ国民国家こそが初めから存在していた赤血球や有節音の相違を平準化するのだ。

このようなことは絶えず起こっている。あらかじめ血あるいは言葉の同一性で一致する国家など、決してとは言えないにしても、めったにないだろう。スペインが今日、国民国家なのは、国全体でスペイン語が話されるからではない[11]。アラゴンやカタルーニャがかつて国民国家だったのも、ある時期に統治権の及ぶ領土的境界がアラゴン方言やカタルーニャ語を話す地域と合致したからでもない。どのような現実にも例外があることは認めるにせよ、次のような推定を行なうならば、より真実に近いだろう。すなわちある程度の広さの領土を持つ言語的統一体はすべて、それに先立つ何らかの政治的統一化がもたらした沈殿物である、と。[12] 国家は常に偉大な通訳だった。

この事実が明らかになったのは遥か昔からであり、それにもかかわらず血と言葉を国民性の基礎とすることに固執するのは実に奇妙なことである。私がそこに見るのは認識のずれと忘恩だ。なぜかといえば、フランス人なら自分たちの現在のフランスを、そしてスペイン人なら自分たちの現在のスペインを、それぞれ原理Xに負っている。その原理Xの勢いこそまさに血と言葉の狭苦しい共同体を乗り越えるものだからだ。したがってフランスとスペインは今日、自分たちを可能にした原理と正反対のものから成っていると言われていることになる。

似たような歪曲は、国民の理念を地理的な形や大きさに基づかせようとするときにも犯される。つまり、血や言語がもたらすことのない統一性の原理を、「自然の国境」という地理的神秘の中に見出すという歪曲である。ここでは同じような錯覚でつまずく。広大な大陸や隣接する島々の上に位置しているいわゆる国民の姿は、実は現時点での偶然にすぎないのだ。それら現時点での境界をもとに決定的で精神的な何かを作り上げようとしている。「自然の国境」というが、しかしその「自然」という言葉で意味されているのは、地形による歴史の魔術的予定説のようなものだ。

しかしこの神話は、血と言語の共通性を国民の源泉とする説を無効としたあの論法に照らせば、たちまちに雲散霧消してしまう。また数世紀遡ってみるなら、フランスとスペインがそれぞれその不可避の「自然の国境」を持った、小さな国民群に分裂して現われるのが見えるだろう。ただし国境線の山はピレネーあるいはアルプスほど高くはなく、水の障壁はライン河、カレー海峡〔ドーバー海峡〕、ジブラルタル海峡ほどの水量はないだろう。しかし以上のことが示しているのは、国境の「自然」とはただ相対的なものというだけのことなのだ。つまりその時代の経済や戦争にかかわる手段次第で決定するということである。

一般受けのする「自然の国境」の歴史的現実とは、ただ単に民族Aが民族Bへと向かう拡張に対する障害ということにすぎない。なぜなら、それは確かに共存であれ戦争であれ、Aに対する障害であり、Bに対する防御だからだ。「自然の国境」という考えは、極めて単純に国境と考えるよりも、もっと自然な考えとして民族間の限りなき拡張と融合の可能性を意味している。見たところ、物質的な障害物だけが民族の拡張と融合を阻止するブレーキとして機能する。昨日の国境とか一昨日の国境が、今日という時点で、フランスあるいはスペインの国民の基礎とは思えない。むしろその逆である。つまり国民という観念そのものが統一化への過程で出くわす障害物なのだ。ところが、交通や戦争の新しい手段が障害物としての国境の効果を無効にしたにもかかわらず、私たちは今日の国境に決定的で基本的な性格を帰そうと望んでいる。

　国境は、国民性形成の積極的基礎などではなかったのだが、それなら国民性形成において国境の役割とは何だったのだろうか。その事態は明らかである。そしてそれは都市国家に対する国民国家の真の感性を理解するためにはすこぶる重要なのだ。これまで国境は、すでに獲得された政治的統一を常時、強固なものにするために役立ってきた。つまり国境は国民の原理(principio)などではなく、その反対のもの、すなわち最初は(al principio)障害であるが、次いで、その障害が取り除かれると、統一を確かなものとするための物質的手段に転じたのだ。

　つまりまったく同じ役割が人種にも言語にも当てはまる。国民を建設したのはあれこれの生まれながらの共同体ではなく、まったくその逆で、国民国家は常に統一化への熱望のうちに、他の多くの障害物に対するのと同じように、多くの人種や多くの言語に対してきたのである。それらの障害が精力的に克服されると、血や言語の相対的統一を作り出し、それが統一を確かなものにするのに役立った。

つまりは国民国家の理念に関して伝統的に侵されてきた歪曲を正すこと、かつては国民性の土台と信じられていた三つのものを国民性にとって主要な障害と見なすことに慣れること、それ以外に方法はない。もちろん歪曲を正すに当たって、今度は自分が歪曲を犯していると思われることにもなろうか。

必要なのは、国民国家の秘密を、生物学的もしくは地理学的な性格を持つ外部的な原理に求めるのではなく、国家についてのそれ独自のインスピレーションやおのれの政治の中に求めようと決心することにある。

ところで近代の国民という驚くべき事実を理解しようとする際、なぜ生まれながらの人種や言語、そして領土という自然のものに頼らなければならないなどと思ったのだろうか。それは純粋で素朴に考えれば、私たちはそれらの中に、古代国家においては知られなかった社会的権力と個々の人間との間の根本的な親近性や連帯感を見出しているからだ。アテネやローマにおいては、ただ何人かの人間だけが国家だった。その他の人間である奴隷、同盟国の人間、属州の住人、植民地人は単なる臣民だった。イギリス、フランス、スペインでは、国家の単なる臣民だった人間は誰もいない。つまりそこでは、人は常に国家の参画者であり、国家と一体だったのだ。

国家と一体化し、国家の中でこのように結びつく形式、とりわけ法的形式は、時代によってかなりの違いがあり、地位や個人的権威に大きな隔たりがあった。つまり相対的に特権を享受している階級と、相対的に冷遇される階級の違いである。しかしそれぞれの時代の政治的状況の実態を解釈し、その精神を甦らせるなら、すべての個人が国家の活動的な主体、参加者、協力者であると自覚していたことは明らかなのだ。国民とは、一世紀以上も前から西欧でこの言葉が発している意味においては、社会的権力とそれによって律せられる集団との「実体的結合」を意味しているのである。

国家というものは常に、原始・古代・中世・近代を問わずどのような形式であろうとも、ある人間集団が他の集団に対して、共に何かの企てを遂行しようという招きなのだ。この企ては、仲介役となる手段がどのようなものだろうと、結局、ある種の共同生活を組織化するところにある。国家、生の企画、行為の計画、人間的な仕事などの言葉は、互いに不可分な関係にある。国家のさまざまな種類は、事業を進める集団が他の集団と協力関係を結ぶやり方の違いによって生まれてくる。古代国家が他の国家との融合を決してなしえなかったのはこのような次第である。

ローマはイタリア人や属州の者たちを支配し教育はしたが、自分たちと連合するまでの厚遇を施すことはなかった。他ならぬローマ市の中でも、市民たちとの政治的な融合にまでは至らなかった。忘れてならないのは、共和制時代を通じて、ローマは厳密に言うなら二つのローマであったということなのだ。つまり元老院と人民である。ローマの国家統一は、お互いによそ者で奇異な存在であった集団の間の単なる連結以上のものになることは決してなかった。だから存立を脅かされても帝国は他集団の愛国心を当てにすることはできなかったし、行政や戦争の官僚的手段によってのみ自己防衛を果たさなければならなかった。

ギリシャやローマのどのグループも他者となぜ融合できなかったのか、それは、今は詳しく詮索する場合ではないが、いくつかの深い原因に由来している。しかしながら結局それは次の一つに要約される。すなわち古代人は、好むと好まざるとにかかわらず国家がその基礎としている協同体制を、単純かつ基本的に粗雑な形で解釈し、支配する者と支配される者との二元的な問題と見なしていたということである。[13]ローマの役割は支配することであって服従することではなかった。それ以外の者の役割は、服従することであって支配することではなかった。かくして国家は城壁(pomoerium)の内部、すなわちいくつか市壁が物理的に限っていたその本体内に実現されたのである。

しかし新しい民族は、より非物質的な国家の解釈をもたらした。もしもそれが共同事業の計画であるなら、その現実は純粋にダイナミックなものであり、つまり一つの行為であり、行動する協同体制である。この観点に立てば、企てに参加を表明するすべてのものは国家活動の一部を形成し、政治の主体となる。そして人種、血、地理的位置、社会階級は二義的なものに留まる。それは古代の、過去の、つまり宿命的で改良不可能な伝統的共同体という、政治的共存に名目を与えるだけの共同体ではなく、実効的な行為を伴った未来の共同体なのだ。私たちが昨日はこうあったということでなく、私たちが共に明日やろうとすることが私たちを国家に結びつける。西洋において古代国家を縛っていたあらゆる制限が、政治的統一体によっていとも簡単に飛び越えられたのもそのためである。つまりヨーロッパ人は古代人(homo antiquus)に比較して未来に開かれた人間、意識的に未来に足をかけて生きている人間、同時に未来から現在の行為を決断する人間として振る舞っているのである。

このような政治的傾向は、原則として何も妨げるものがないならば、次第に広範囲にわたる統一に向かって否応なく進んでいくだろう。この融合の潜在的な能力は限度を知らないのだ。それは単に一民族が他民族と融合するだけでなく、さらに特徴的なのは、国民国家内における融合、つまりそれぞれの政治体の内部におけるすべての社会的集団の融合にある。国民が領土的かつ民族的に成長していくに応じて、内部の協同作業はより一層結束していく。国民国家はその根源そのものにおいてデモクラティックであり、この事実こそに統治形態の一切の違いを超えた決定的な意味がある。

興味深いことに、過去の共同体を基礎に国民を定義しようとすると、常にルナン〔実証主義に立った聖書・キリスト教の歴史研究で有名。一八二三―九二〕の定義を最良のものとして受け入れることになる。しかしそれは、その定義の中で血や言語や共通の伝統の他に新しい属性が付け加えられたという単純な理由からである。すなわちそれは国民とは「日々の国民投票」と言われているものである。しかしこの表現の意味は良く理解されているのだろうか。私たちは今日、ルナンがその言葉に吹き込んだものとは正反対の、しかしそれよりも遥かに真実に近い内容をそれに与えることができるのではなかろうか。

8

「過去における共通の栄光、そして現在における共通の意志を持つこと、共に大きな仕事を成し遂げたこと、さらに他の仕事をやろうと欲すること、以上のことにこそ一つの民族になるための本質的な条件がある……過去においては栄光と後悔の遺産があり、未来においては実現すべき同一の計画がある……国民の存続は日々の国民投票である」

以上が誰もが知っているルナンのご託宣だ。この託宣が他に例を見ないほどの評判を得てきたことはどう説明されるだろうか。疑いもなくそれは最後の魅力的な一句のおかげである。国民が日々の国民投票に基づくというその考えは、私たちの上にまるで解放宣言のように響いた。共通の血や言語や過去は、静的で宿命的で融通の利かない無気力な原理である。つまり幽閉的なのだ。もし国民がただそれだけに基づいているとしたら、私たちの背後に位置するものとなり、私たちとは何の関わりもないものだろう。それはそれ自体すでにできあがった存在であって、作り上げるべき何かではないだろう。誰かがそれを攻撃しても、それを守ることに何の意味もないとさえ言えるだろう。

好むと好まざるとにかかわらず、人間の生は未来の何かを絶えず気にかける。ただ今の瞬間から次に来る瞬間を気にかける。それゆえ生きるとはいつも、本当にいつも、途切れなく休みなく何かを為すことなのだ。為すこと、すべての為すことは未来の実現を意味していることに、なぜ人は注目してこなかったのだろう。私たちが思い出に身を委ねるときでさえ未来の実現を意味しているというのに。過去を再び生きることは喜びに他ならないとはいえ、私たちは次の瞬間に何かを達成しようとして今の瞬間に何かを思い出そうとしているのだ。この慎ましく孤独な喜びは、望ましい未来として一瞬前にもたらされたのだ。だからこそ私たちは思い出そうとしたのである。つまり明らかなのは、未来と関連していないものはすべて人間にとって意味がないということなのだ(14)。

もし国民が過去と現在だけに基づいているとしたら、他からの攻撃に対して自国を防衛することに誰も意を用いないだろう。このことに反対する者たちは偽善者か愚か者である。しかし実情は、国の過去が未来に向けて――現実あるいは想像上の――夢を投影しているのだ。私たちにとっては、自分たちの国が存在し続けている未来が望ましいものに思える。だから私たちは、国を防衛しようと努力する。それは血のためでも言葉のためでも、また共通の過去のためでもない。私たちが国を守るとき、実は私たちの過去ではなく明日を守っているのだ。

以上のことはルナンの文章の中に響き渡っている。つまり明日のための素晴らしい計画としての国民である。国民投票は未来を決定する。この場合、未来は過去の永続に基づくということは、問題自体をいささかも訂正するものではない。唯一明らかにしているのは、ルナンの定義も懐古的であるということなのだ。

したがって、国民国家は、古代のポリスあるいは血に限定されたアラブの「種族」よりも、国家の純粋理念に一層近い国家原理を代表している。国民の理念が、過去や領土や人種へのこだわりを少なからず抱え持っているのは事実である。しかしそれなのにその理念の中に、生の刺激的な計画を中心とした、人間の統一という純粋原理が常に勝利を収めているのは驚きだ。いやそればかりではない。言うなればそうした過去へのこだわり、そして物質的原理の内部での相対的限界が、西欧の人びとの魂の内に自然発生したものではなく、また現在も発生してはおらず、それはむしろロマン主義によって国民という概念になされた博学な解釈に由来しているのだ。もし国民性についてのこの十九世紀的な概念が中世にあったとするなら、イギリス、フランス、スペイン、ドイツはいまだ生まれていなかったかも知れない(15)。なぜならそうした解釈は、ある国民を推進し形成しているものと、単にそれを強固にし維持するものとを混同しているからだ。

はっきり申し上げるが、国民を作ったのは愛国心ではない。逆に愛国心が国民を作ったと考えるのは、前にも述べたようにあまりにも無邪気だが、ルナンその人でさえあの有名な定義の中でその愚かさを犯している。一国が存在するためにはある人間集団が共通の過去を持たなければならないとしたら、今日から見ればすでに過去となった時点という現在を生きていたその集団を何と呼べばいいのだろうか。見たところ、「私たちは一つの国民である」と言うためには、そうした共通の存在が終わり、過去のものとなることが必要不可欠のようだ。この考え方には、文献学者や古文書保管員の職業的悪習ともいえる視点が、いまだ過去とならない現実の理解を妨げていることに気づかないだろうか。文献学者とは、文献学者になるために何よりも先ず過去の存在を必要とする者である。しかし国民は、共通の過去を所有する前に、この共同体を先ず創造せねばならず、その創造の前にそれを夢見、欲し、計画しなければならない。そして国民が存在するためには、それ自体の計画を立てるだけでもう充分なのだ。過去に何回となく起こったように、たとえ成功しなくとも、たとえ遂行できずとも、である。私たちはそのような場合、夭折した国民(たとえばブルゴーニュ)という呼び方をするだろう。

スペインは中南米の諸民族と共通の過去、共通の人種、共通の言語を有しているが、しかし彼らと一つの国民を形成しているわけではない。なぜだろうか。ただ一つのこと、見たところ本質的なものが欠けているからだ。それはすなわち共通の未来である。スペインは、動物学的には類似したそれらの集団を惹きつけるだけの集団的な未来の計画を創出することができなかった。未来を決する国民投票はスペインにとって不利に作用した。当時は古文書や記憶や先祖や「祖国」に何の値打ちも置かれなかったのだ。未来の計画があれば、これらすべては団結強化の力として役立つ。といっても、それだけのことだが(16)。

つまり私は国民国家の中に国民投票的な性格の歴史的構造を見ているのだ。この歴史的構造以外に形態があるように見えたとしても、過渡的で変わりやすい価値しか持っていない。つまり国民投票がその時々に求める内容や形式、あるいは団結強化を表わすのだ。ルナンは光り輝く魔法の言葉を見つけたわけだ。その言葉は、国民の本質的な内部構造を影絵のようにぼんやりとではあるが見せてくれる。すなわちそれは次の二つの要素から成っている。第一は共通事業における全面的な共存の計画、第二はその刺激的な計画への支持である。この全員による支持は、古代のすべての国家から国民国家を区別する内面の堅固さを生み出す。つまり古代では、統一はばらばらな集団の上に及ぼされる国家の外圧によって生じ維持されたが、国民国家においては、国家の活力は「臣民」間の自発的で深い団結力から生まれる。事実、臣民はすでに国家であり、彼らは国家を他人事のように感じることはできないのだ。これこそが国民性の新しく驚くべき点である。

しかしながらルナンは、彼の妥当性ある主張を、すでに完成して永続化を決めた国民に関連させてしまう。つまり後ろ向きの内容を国民投票に与えることによってすべて、あるいはそのほとんどを台無しにしてしまうのだ。私ならその矢印の向きを変え、生成過程にある国民に当てはめる方を選ぶだろう。これこそ決定的な視点である。なぜなら、国民は決して完成することはないからだ。この点において、国民国家はあらゆる他の国家とは異なる。国民国家は常に自己を創り上げているか、あるいは解体しており、第三の道は与えられていない。自分たちの国家が現時点で生き生きとした企てを体現しているか、そうでないかに応じて、支持を得ているか、それとも失っているか、そのどちらかなのだ。

それゆえ最も示唆に富むのは、これまでに次々と西欧の人間集団に夢を与え続けてきた一連の統一的事業を再考することだろう。そうなればヨーロッパ人たちが公的な面だけでなくその最も私的な存在に至るまで、これまでいかにそうした夢を糧として生きてきたかが分かるだろう。企てを目前にしているか、していないかで、彼らは自分自身を「鍛え上げ」てきたか、あるいは「意気阻喪」してきたかが分かるのだ。

以上の考察はもう一つの事実をも明らかにするだろう。古代の人びとの国家的企ては、その目標が人間集団からの一様な支持を前提とはしていなかった。また本来の国家は、常に種族あるいは都市という宿命的な限界を刻印されていたのだが、実際には限界を知らなかった。ある民族は——ペルシア人、マケドニア人あるいはローマ人であれ——地球上のどのようなところであろうと、統一された主権のもとに服従させることができたのである。もちろんその統一は本物でも、内面からのものでも、また決定的なものでもなかったので、征服者の軍事的かつ行政的力量のみに賭かっていたのだ。しかし西欧においては、国民的統一化は一連の苛酷な段階を経なければならなかった。ヨーロッパではペルシア帝国やアレクサンドロス大王やアウグストゥス皇帝ほどの大帝国が存在できなかったという事実は、もっと不思議なものだと捉えられるべきだろう。

国民形成のプロセスは、ヨーロッパでは常に次のようなリズムで進んだ。

第一段階では、国家とは諸民族を一つの政治的かつ精神的共存体として融合するものだと感じる西欧特有の本能が、地理的、民族的、言語的に最も近接した集団の上に影響し始める。それはこの近接性が国民の基礎となるからではなく、近接した者同士の違いの方が克服しやすいからである。

第二段階においては、結合強化の時期に入る。新しい国家の外側の他の民族を異質なもの、あるいは多かれ少なかれ敵だと感じる時期である。それは国民の発展段階が排他主義的で、国家の内部へ閉じこもるといった様相を呈する。要するにそれは今日私たちがナショナリズムと呼んでいるものだ。確かに政治的には他の者を異質な競争相手と感じるだろうが、しかし実際は、経済的、知的、精神的には共存しているのだ。ナショナリズムの戦争は、技術や精神の格差を平準化するのに役立つ。従来の敵同士は歴史的に、次第に均質化されてゆく。[17]少しずつそれら敵対する民族も、自分たちの国家という同じ人間の輪に属しているのだという意識が芽生えてくる。しかしだからと言って、異質で敵対する存在だという意識が消えたわけではない。

第三段階では、国家は充分な堅固さを誇っている。そのときに新しい企てが持ち上がってくる。すなわち昨日まで敵であった民族との連合である。彼らは自分たちと道徳や関心において似たもの同士であるとの確信、そしてさらに遠くの、さらに異邦の地にある別の集団に対抗して共に国民としての輪を創っているのだという確信が育ってくる。ここにおいてこそ国民に関する新しい捉え方が熟すのだ。

私がいま言おうとしていることを、次のような例によって明らかにしてみよう。通常、エル・シッドの時代、スパニア(Spania スペイン)はすでに一つの国民的理念を持っていたと言われている。この命題をさらに補強するために、その何世紀も前にすでに聖イシドロ[セビーリャの大司教・西ゴート時代最大の学者。五六〇―六三六]が「母なるスペイン」について語っていたという話が付け加えられる。私の考えでは、これは歴史的視点のとんでもない誤りなのだ。エル・シッドの時代にレオン・カスティーリャ国家が構想され始め、そしてこのレオンとカスティーリャの統一が当時の国民的理念であり、政治的にも実効性のある理念だった。これに対してスパニアという理念はどちらかと言うと学問上の理念だった。それは、ローマ帝国が西欧に種を蒔いた豊かな理念のうちの一つだった。「スペイン人」はローマによる行政的統一に、帝国後期の一管区(diöcesis)のうちに統括されることに慣れてしまっていた。しかしこの地理的・行政的概念は純然たる受容であって、内面的に湧きあがったものでもなければ、ましてや熱望であるはずもなかった。

この十一世紀の観念にいかに実体を与えようとも、すでに紀元前四世紀のギリシャ人にとってヘラス〔ギリシャ全土を古代ギリシャ人が呼んだ名称〕という概念が持っていた活力と明確さには及ばないことが分かるだろう。しかしながらヘラスは決して本当の国民的理念ではなかった。歴史的に対応しているのは、実は次のことだろう。すなわちヘラスが紀元前四世紀のギリシャ人に意味していたものと、スパニアが十一世紀さらには十四世紀のスペイン人に意味していたものは、ヨーロッパが十九世紀のヨーロッパ人にとって意味したものと同じだということである。

以上のことは、国民的統一という事業のそれぞれがいかに、一つの旋律の中のそれぞれの音のように、順次実現されていくかを示している。昨日までの単なる近親者同士も、国民的感情の噴出が始まるには、明日を待たなければならないであろう。しかし明日という時が来るのはほぼ確実なのだ。

さていまヨーロッパ人にとって、ヨーロッパが国民的理念に変わる好機を迎えている。そして今日そのことを信じるのは、十一世紀にスペインとフランスの統一を予言するより遥かに現実味を帯びているのだ。西欧の国民国家は、その真の実体に忠実であればあるほど、巨大な大陸国家へ真っ直ぐに向かってますます純化されていくだろう。

9

西欧の諸国民が、それぞれ現在の輪郭線を少しでもはみ出すと、その周りや下に、あたかも背景のようにヨーロッパが現われ出る。これこそそれらの国々がルネサンス以後辿ってきた統一的な風景であり、彼ら自身であり、気づかないうちに、その好戦的な複数対立から抜け出し始めているのだ。フランス、イギリス、スペイン、イタリア、ドイツは互いに争い、互いに対立する同盟を形成し、解消し、そしてまた再構築している。しかしそれらはすべて、平和であると戦争であるとにかかわらず、対等の立場で共に生きることを表わしている。これは、かつてローマがケルト・イベリア人、ガリア人やブリタニア人、そしてゲルマン人に対して平和時だろうと戦時下だろうと決してなし得なかったことなのだ。

歴史は第一に争いと一般的な意味での政治を際立たせる。統一という実りのためには、この政治の土壌作りがもっとも時間がかかる。しかし一つの場所で戦争が行なわれている間に、百もの土地では敵との交易が行なわれ、思想や芸術の形式や信条などが交換された。言うなれば、あの戦争の轟《とどろ》きは単なる緞帳《どんちょう》であって、その背後では敵対する諸国家がたがいの生を織り合わせながら根気強く働いていた。それぞれ新しい世代が生まれるごとに、魂の均質性が増大している。もしより正確で、より慎重さが求められるなら、次のように言わなければならないだろう。フランス人の魂、イギリス人の魂、そしてスペイン人の魂はおよそ考えられるかぎりの大きな違いがあったし、今もあるし、これからもあるだろう。しかし心理的には同一の構想、もしくは構造を持っており、そして何よりも共通の内容を獲得しつつあると。宗教、学問、法律、芸術、社会的価値、恋愛の価値が共通のものになりつつある。ところで以上のものは、人びとがそれを糧として生きている精神的なものである。したがって、もともと同一の型にはめられた魂よりも、この場合の均質性の方がより大きなものとなる。

もし今、私たちの精神的内容である意見、規範、欲望、仮定などの収支決算書を作成するなら、大部分のものがフランスからフランス人に来たものでもなければ、スペインからスペイン人に来たものでもなく、ヨーロッパという共通資金から来たものだと気づくだろう。事実、今日、私たち一人ひとりの中でより重く感じられるのは、フランス人、スペイン人といった他と違う部分よりも、ヨーロッパ人として持っているものの方だということである。もし自分が純粋な「国民」として生きようという思考実験をするなら、そして単なる想像の世界で、フランスの平均人が使い、考え、感じていることを、ヨーロッパ大陸の他の国々から受け入れたものだからという理由でそのフランス人から根こぎにするとしたら、その結果を見て恐怖におののくだろう。もはや彼ひとりで生きることは不可能だということと、彼の内部資産の五分の四はヨーロッパの所有者不在の財産であることが分かるだろう。

地球上のこの定められた場所に存在している私たちにとって、ここ四世紀前からヨーロッパという言葉が意味してきた約束を実現すること以外に、いったい他にどれほど大事なことがあるというのか。このことに異議を唱えているのは、国民が過去であると見る、古い従来の「国民」に対する偏見である。いま明らかになりつつあるのは、ヨーロッパ人もまたロト〔旧約聖書「創世記」第十九章〕の妻の子供たちであり、後ろを振り返りながら歴史をつくることに固執するのだろうかということである。ローマの、もっと一般的には古代人について言及することは、私たちにある示唆を与えてくれた。ある種の人間は、一度頭の中に入った国家の理念を捨てるのは大変に難しいのだ。ただ幸いなことは、本人が気づいているか気づいていないかはともかく、ヨーロッパ人がこの世界に持ち込んだ国民国家の理念は、いままで述べられてきたような博学の、あるいは文献学的な理念ではないのだ。

さてここで本試論の主張を要約しておこう。今日世界はある重大な精神的荒廃をこうむっている。その兆候はいくつかあるが、なかでも大衆の反逆というとてつもない現象において顕著であり、その起源はヨーロッパの精神的荒廃の中にある。この荒廃の原因はたくさんあるが、主要な原因の一つは、かつては世界の他の部分の上に、そしておのれ自身の上に私たちの大陸がふるっていた権力が移動したことである。ヨーロッパは支配することに確信が持てないし、世界の他の部分も支配されているかどうかに確信が持てないのだ。歴史的主権は分散してしまった。

もはや「時の充満」などはない。なぜなら十九世紀のようにそれは明確で前もって定められた、間違えようのない未来が前提となるからだ。当時はそうした前提があったので、明日起こることが何か知ることもできると考えられていた。しかしいま、未だ認識されぬ新しい稜線に向かって地平線が再び開かれる。なぜなら誰が支配するか、土地に対する権力がどのように現われるか、誰も知らないからである。誰がとは、つまりどの民族もしくは民族群が、ということになる。そしてそれは、いかなる諸民族、どのようなイデオロギー、どのような優先順位・規範・生命力の体系かということなのだ……。

近き将来において人間に関わる諸問題が、どういう重力の中心に向かって引きつけられるか誰も知らない。したがって世界の生は法外なほどの一時しのぎに身をまかせている。公的な場でまた私的な場で、また最も内面的なことにおいても、行なわれるすべてが、文字どおりすべてが、いくつかの科学のいくつかの部門を除けば、一時しのぎなのだ。今日声高に語られ、誇示され、試みられ、賞賛されるすべてのことを信用しない人こそが正鵠を射るだろう。それらすべては、来たとき以上の速さで過ぎ去ってゆく。すべて、つまり体を動かすスポーツへの熱中(スポーツそれ自体ではなく熱中そのもの)から政治における暴力に至るまで、また「新芸術」からいま流行の海辺での馬鹿げた日光浴に至るまで、万事がそうだ。

そのどれも根を持っていない。なぜならすべては言葉の悪い意味で純然たる作りごとであり、それがすべての生を気まぐれのようなものにしてしまっている。生の根源からの創造などではない。真の渇望でも必要性でもない。要するに、すべてが生の観点から見て偽物なのだ。誠実さを養いながら、同時にそれが偽りだというような生の様式の矛盾した例である。私たちがある人の行為を紛れようもなく必要だと感じるときだけ、そこに真実がある。今日、自分の政治活動が不可避なものと感じている政治家など一人もいない。さらに彼の身振りが大袈裟なものであればあるほど軽薄なものと感じられ、とても運命に要請されたものとは感じられない。避けようも無い場面から構成される生のほかに、おのれ自身に根を持った生、真正なる生はないのだ。それ以外の生、つまり取り上げるも、捨てるも、換えるも私たちの匙かげん一つなどというものは、まさに生の偽造以外の何物でもない。

現在の生は、歴史を支配する二つの組織体——かつてあった組織体と、これからなろうとする組織体——の間の空位期間、空白期間の結果である。だから本質的に先が読めないのだ。そして男たちは、自分は本当にどのような制度に奉仕するのか、そして女たちはどのようなタイプの男性が本当に好きなのか、よく分からないこととなる。

ヨーロッパ人は、統一的な大きな事業に向かっていかなければ生きる術を知らない。そうした事業がないなら、卑俗化し、弱気になり、骨抜きにされてしまうのだ。そうしたことの始まりが目の前に起こりつつある。これまで国民と呼ばれてきた集団は、一世紀と少し前から最大限に広がってしまった。もはやそれらを乗り越えること以外、他になす術がない。それらはもはやヨーロッパ人を閉じ込め、その歩みを遅らせながら、その周りや下方で積み重ねられている過去にすぎない。

私たちはみな、いまだかつて感じたことのないような生の自由さの中にありながら、それぞれの民族の内部にあって窒息寸前だ、と感じている。なぜならそれは密室に閉じ込められた空気だからである。かつては開かれた、風通しのいい広々とした空間だった国民は、今や属州へ、そして「内部空間」へと変わってしまった。私たちが想像するヨーロッパ超国民(super nación)においては、現在の複数性は消滅できないし、消滅すべきでもない。古代国家は諸民族の差異を消滅させるか、それを不活性にして圏外の扱いにするか、少なくともミイラ化して保存するだけに留めた。それに対して、真の意味でダイナミックな国民の理念は、これまで常に西欧の生であったその複数性を絶えず活性化することを求めているのだ。

誰もが、いま新しい生の原理を確立する切迫した必要性があることを認識している。しかし、似たような危機の時代にはいつも起こることだが、ある人たちはすでに失効した原理を極端で不自然な形にして強化することによって、急場をしのごうとしている。これこそここ数年の間に起こった「ナショナリズム」的噴出の意味するところである。もう一度繰り返し言うが、いつの時代もこうなのだ。最後の炎は最も長く、人間の最後の息は最も深い。消滅の前夜、国境線は軍事的国境も経済的国境も神経過敏となっている。

しかし、これらのナショナリズムはいずれも袋小路である。それらを明日に向かって投影してみたらいい、たちまち限界が見えてくるだろう。そこからはどちらの方向にも出口がない。ナショナリズムは常に、国民形成原理(principio nacionalizador)とは逆行する方向への衝動なのだ。国民形成原理が包容的であるのに対し、ナショナリズムは排他的である。しかしながら、団結強化の時代にあれば、ナショナリズムは肯定的な価値を持ち、高邁な規範たり得る。しかしヨーロッパにおいては充分すぎるほどに関係はすべて緊密であり、ナショナリズムは一つの偏執つまり創意と大きな事業の義務を回避するために持ち出される口実にすぎない。ナショナリズムが用いている手段の単純さと、それが持ち上げる人間たちのタイプが示しているところを見れば、ナショナリズムは歴史的創造とは正反対のものだということが余すところなく明らかとなる。

大陸の諸民族の集団と共に、大きな国民を建設しようとの決断のみが、ヨーロッパの脈動を活性化させるだろう。ヨーロッパは再び自分自身を信じるようになるだろうし、そうなれば自ずとおのれに多くの要求を課し、自己を律するだろう。

だが状況は普通に考えられているより遥かに危険である。年月は過ぎ去り、ヨーロッパ人がいま送っているような低次の存在様式に慣れていく危険がある。他を支配しないことにも自己自身を支配つまり律しないことにも慣れていくのだ。そうなれば、ヨーロッパ人のあらゆる優れた美徳や高次の能力が雲散霧消してしまうだろう。

しかし国民形成への過程でいつも起こっていることだが、保守階層がヨーロッパの統合に反対している。彼らにとってそうした過程は破局をもたらすという。なぜならヨーロッパが決定的に破綻し、すべての歴史的エネルギーを喪失するという総体的な危険に加えて、他の極めて具体的かつ焦眉の危険が重なるからだ。ロシアで共産主義が勝利したとき、多くの人は、全西欧が赤の奔流に巻き込まれると信じた。しかし私自身はそのような予想に与することはなかった。むしろその反対に、歴史を通じてその全努力と情熱を個人主義という価値体系に賭けてきた血統を持つヨーロッパ人にとって、ロシアの共産主義は、同化できない内容を持っているとその当時に書いた。時は過ぎ去り、そしていまかつての恐怖を感じていた者は平常心に戻った。皮肉なことに平常心を失うべきまさにその時になって、落ち着きを取り戻したのだ。というのは、まさにいま、ヨーロッパの上に圧倒的で勝ち誇った姿として、共産主義が広がる可能性があるからだ。

私の予想は次のようになる。すなわち以前とおなじく今も、ロシア式の共産主義的信条《クレド》の中身はヨーロッパ人には興味も魅力もなく、望ましい未来図を描くこともない。共産主義の使徒はどこも皆そうであるように頑固で、他人の意見に耳を貸さず、どこか胡散臭いが、その彼らが言い張るつまらぬ理由でそう言っているのではない。西欧の中産階級《ブルジョワジー》は、たとえ共産主義がなくとも、自分の資産だけで生きてきて、その資産を子供たちに残すという生活にもおのずと寿命があることは良く承知している。このことがロシア的信条に対して免疫性を与えているものでもないし、ましてや恐怖の対象になっているわけでもない。

二十年前にソレル［フランスの社会思想家・サンディカリズムの理論的指導者。一八四七―一九二二〕がその暴力の戦術の基礎とした独りよがりの諸前提は、今日において私たちにはかなり滑稽なものに思われる。中産階級は、彼が考えていたように臆病者ではないし、今では労働者よりも暴力へ向かう覚悟ができている。ロシアでボルシェビズムが勝利したのは、ロシアには中産階級がなかったからだということは誰もが知っている。[18] 小市民《プチブル》的運動であるファシズムは、すべての労働階級を束にした以上に暴力的であることが露見した。つまりヨーロッパ人をして共産主義運動に身を投じることを妨げたのは、憶病さではなく、それよりもっと単純な、それ以前の理由からだった。つまりヨーロッパ人は、共産主義的組織の中で人間の幸福が豊かになるとは見ていなかったのである。

繰り返すが、しかし近い将来においてヨーロッパはボルシェビズムに熱狂する可能性がかなり高いのでは、と私には思われる。それは主義そのものからではなく、主義にもかかわらずあり得るということである。

ソヴィエト政府がヘラクレス的に推進した「五カ年計画」がその諸々の企てをやり遂げ、巨大なロシア経済が再建されるだけでなく、豊かなものになると想像してもらいたい。ボルシェビズムの内容がたとえどのようなものであれ、人間の企てとしての巨大な試みであることに変わりはない。人びとはそこに改革の運命を果敢に受け止め、そうした信念が自分たちにもたらした高度な規律のもとに、緊張した生を生きている。人間の情熱などには服従しない宇宙的な問題がその試みを重大なレベルで挫折させないかぎり、ただ少しばかりの自由を残してあげるだけで、その事業の輝かしさ素晴らしさは、ヨーロッパ大陸の地平線上に燃え上がる新しい星座のように光を放つだろう。

もしヨーロッパがその間、規律の欠如によって神経を弛緩させて、何ら新しい生の計画も無しに、近年の卑俗な植物的な体制を続けるとしたら、あの高邁な事業の感染力からどのように回避できるだろうか。ロシア共産主義に対抗して高く掲げるべき旗を持たず、新しい行動への呼びかけに燃え立つこともせずに、それをただ聞くだけではないかなどと期待するのなら、それはヨーロッパ人というものを分かっていないことを意味する。自己の生に意味を与えてくれる何かに奉仕し、おのれの実存的空虚さから逃れるために、ヨーロッパ人が共産主義への異論を呑み込んで、その実体に対してではなくその道徳的振る舞いに惹きつけられるとしても、それは別に珍しいことではない。

私は、大きな国民国家としてのヨーロッパを建設する事業のみが「五カ年計画」の勝利に対抗できる唯一の道であると考えている。

政治経済の専門家たちは、その勝利はきわめてわずかな可能性しか持っていないと確言している。すべてを共産主義側の物質的窮乏を待つのみというのは、あまりに情けないではないか。それでは相手側の失敗は世界的敗北と同じことになってしまう。すべての人のすべてのものの失敗、つまり現代を生きる人間全員の失敗を意味する。共産主義は一つの常軌を逸した「モラル」的なものである。このスラブのモラルに対抗して、西欧の新しいモラルを、新しい生の計画を対置させる方がよほど真面目で生産的ではなかろうか。

十五　真の問題に辿り着く

問題とはこれである。すなわちヨーロッパにモラルが無くなったのだ。これは大衆化した人間が、新しく登場した別のモラルのために、時代遅れのモラルを軽視しているのではなく、その生の体制の中心がまさにいかなるモラルにも服従せずに生きたいという熱望から成り立っているということだ。若者たちが「新しいモラル」について話しているのを聞いても、そのまま信じないでいただきたい。モラルの輝きを持った新しいエトス［倫理的態度］を備えた集団など、ヨーロッパ大陸のどのような片隅にも存在しないとはっきり断言しておく。このように「新しい」モラルが話題になるとき、それはまたもや不道徳《インモラル》なことが行なわれ、密売品を仕入れる最も都合のいい方法を探しているにすぎない。

このような理由から、現代人をつかまえてモラルの欠如を難詰するのはお門違いもいいところだ。非難は右から左に流されるだろうし、もしかしたら調子に乗せることになるかもしれない。不道徳性は破格の安値となり、誰もが不道徳行為をひけらかすにまで至っている。

過去からの生き残りを意味するすべての集団、つまりキリスト教徒、「観念論者」、旧来の自由主義者などを脇に置くなら、現代を代表するすべての人たちの中では、生を前にしての態度が、自分はあらゆる権利を持っているが義務は一つも持っていないとの信念に集約されないような人は一人もいないだろう。それは反動家の仮面を被っていようが革命家のそれを被っていようが関係ない。能動的だろうが受動的だろうが、何度考えたとしても、彼の精神状態はすべての義務を無視して、その理由を自らは疑うこともせずに、自分を限界のない権利の主体と感じることだろう。

こうした魂の人間の上には何が降ろうが、同じ結果しか出ないだろうし、いかなる具体的なものにも服従しないための口実となってしまうだろう。たとえ彼が反動家あるいは反自由主義派として現われようと、それは祖国や国家の救済という理由で、他のすべての規範を無視し、隣人が豊かな人間性を持っているならなおさらその隣人を叩き潰す権利があるのだと主張するためだろう。しかしそれは革命家の場合も同じである。つまり彼の、肉体労働者や貧困に喘ぐ人や社会正義に対する表向きの熱狂も、それはあらゆる義務つまり礼節、誠実さ、とりわけ自分より優れた個人に対する敬意や評価といったものを知らぬ振りするための隠れ蓑として役立つのだ。私も、自分の内部で知性を軽蔑し知性に対するへりくだりを免除してもらう権利を得るためだけの目的で、いずれかの労働党に入党した少なからずの人を知っている。その他の独裁政権に関して言うならば、優れた人やものを足蹴にすることで、大衆化した人間に媚を売っているのを嫌というほど見てきたはずだ。

あらゆる義務からのこうした逃避は、滑稽とも醜悪とも言えるあの現象、つまり私たちの時代に「若者」主義の足がかりができてしまったことを解明している。おそらく私たちの時代に、これ以上グロテスクなものはないだろう。人びとは滑稽にも自分たちは「若者」だと宣言している。なぜなら義務の遂行は成熟するまで無期限に延ばせるからであり、青年つまり若者は義務より権利を多くもっているからである。常に若者は若者である限り偉業を成し遂げるかどうか、あるいはすでに成し遂げたかどうかは不問に付されてきた。いつも信用貸しで生きてきた。このことは本来の人間性の中にあるものだ。それは、もはや若者ではない者が若者に与えていた、皮肉と温情のこもった偽の権利なのだ。しかし現在、若者たちが、何事かをすでに成し遂げた者だけに属するその他のあらゆる権利までも自らに帰すために、それを実際的な権利として捉えているのには唖然とさせられる。

嘘かと思われるかも知れないが、若さが恐喝になってしまった。実際、私たちは今日、相互に補足し合う二つの顔をもつ世界的な恐喝の時代を生きている。一つは暴力による恐喝、もう一つは諧謔《かいぎゃく》による恐喝である。どちらの形をとろうと、望んでいるのはいつも同じことで、劣った者や凡庸な人間があらゆる服従を免除されていると感じられることなのだ。

したがって現在の危機を、二つのモラルもしくは文明の争い、つまり老衰したモラルや文明と日の出の勢いを持つモラルや文明の間の争いだとみなしたからといって、危機を上品にすることはできない。つまり、大衆はただ単に言ってモラルを欠いているということなのだ。つまり常に、本質的に何ものかに対する恭順の念や奉仕と義務の意識であるモラルを持っていないことに尽きる。しかしもしかすると「ただ単に」などと言うのは間違いかも知れない。なぜなら問題は、モラルを無視するタイプの人間だということだけではないからだ。そう、問題をそう簡単に片づけるべきではない。モラルと完全に縁を切ることなどはできない相談だからだ。文法的に言っても意味を成さない無道徳性(amoralidad)という言葉で呼ばれているものは、存在しないのだ。もしもあなたが、どのような規範にも従うことを望まないなら、あなたは好むと好まざるとにかかわらず、すべてのモラルを否定するという規範に従わざるを得ず、そしてこれは無道徳《アモラル》ではなく不道徳《インモラル》なのだ。これはモラルから、その空虚な形式だけを保持した否定的モラルである。

生の無道徳性など、どうして信用する気になったのだろうか。間違いなくそれは文化全体が、近代文明がそうした信念を内に抱えているからだ。いまやヨーロッパはその精神的態度のもたらした痛々しい結果を刈り入れている。ヨーロッパは、見映えはいいが根を持たぬ文化の傾斜を何の備えもなく急降下しているのだ。

本試論で、ある種のヨーロッパ人のタイプについて何とか素描しようと思ったのは、主に自分がその中に生まれてきた文明そのものに対する態度を分析することによってである。このようにせざるを得なかったのは、その人物たちが古い文明と闘う別の新しい文明を代表しているからではなく、単なる否定つまり実際は寄生状態を秘めた否定を是として代表しているからである。大衆化した人間はまさに自分が否定しているもの、他人が建設し積み重ねたものを糧に生きている。だから彼の心理構図と、近代ヨーロッパ文化がどのような根本的欠陥を持っているかという大問題とを混同すべきではなかった。要するに、いまや支配的なこの人間形式がそうした根本的な欠陥に由来することは明らかだからである。

だがこの重大な問いはあまりに大きいものであり、本試論の範囲を越えている。人間の生についての理論は、いつか充分な紙幅を得てあらためて展開されなければならない。

本試論では、いわば対位法のように、各所に織り込まれ、暗示され、小声で囁かれるに留まった。この問いが大声で叫ばれるときがほどなくやって来るだろう。

イギリス人のためのエピローグ

運命の遠心力に飛ばされて辿り着いたこのオランダの風景の中で「オルテガは一九三六年スペイン内乱勃発とともに亡命した」、本書普及版の初版巻頭に置かれた「フランス人のためのプロローグ」を書いてから、まもなく一年が経とうとしている。その当時、イギリスにとっては歴史上最も問題多き時代の一つが始まろうとしており、ヨーロッパにはイギリスの潜在能力を信用する人などほとんどいなかった。ここ最近、あまりに多くのことが挫折したので、世間は精神的無気力ゆえにすべてを、イギリス自体までをも疑う傾向にあった。イギリスは斜陽の国だと囁かれ、傲慢な連中は、最初は威勢がよいが最終的には単なる無知なことが露呈するとはいえ、喧嘩を吹っ掛けるということまでしようとする。

しかしながら私は——ここではあまり触れたくないいくつかの危険を冒してまで——揺るぎない信念とともに、イギリス人のヨーロッパ的使命を指摘しておいた。すなわち二世紀の間、持ち続け、いまこそ最上の形で行使すべき使命のことである。しかし当時、私自身想像もしていなかったのだが、あまりにも早く私の予想は事実によって証明され、私の希望は具体化されたのだった。かつて私は、大陸に対してイギリスが果たすべききわめて特殊な役割についてユーモラスな喩えを使って述べたことがあったが、イギリスがそれに実に正確に応じてくれることなど、もちろん考えてもみなかったのである。

とりあえず触れておきたいのは、イギリスが国内で試みている歴史を見据えての軌道修正の術策は驚異的だということである。これまでになかったような恐ろしい嵐の真ん中で、イギリスという船はすべての帆を張り換え、二つの四分儀を回転させ、風の向きに合わせた。その舵取り加減が世界の運命を左右する。それらすべてを、思わせぶりな身振りなどなしに、そして私がいま述べたばかりのものを含めて、美辞麗句をいっさい使わずに実行してきたのである。歴史を破壊する方法は多様だが、歴史を作り上げる方法も負けず劣らず多様である。

朝、目を覚まして頭を掻きながら、大陸人が、「またこのイギリスときたら……」と叫ぶ事態がもう何世紀も前から毎日のように起こっている。この言い回しは驚きと困惑と、驚嘆すべきだが理解しがたい何かを目の前にしたときの意識を表わしている。事実イギリス人は、地球上に存在する最も奇妙な代物である。私が言っているのは、イギリス人個人のことではなく、イギリス人の社会、集団のことである。つまり奇妙なこと、素晴らしいことは、心理学ではなく社会学の領域に属している。

ところで社会学については、どこであっても誰もほとんど明快な観念を持つことのできない学問の一つである。だから当然、イギリスがなぜ不可思議なのか、なぜ素晴らしいのか、周到な準備なしには説明できないであろう。ましてや、なぜそんな不可思議なものになってしまったのかなど説明のしようもない。本来、国民は「性格」を持っており、国民の歴史はその性格の発露だなどと信じているかぎり、話の糸口さえ見つからないであろう。「国民性」などというものは、人間らしさと言われるものすべてと同じく、生まれつきの恵みなどではなく、作りあげていくものなのだ。

国民性は歴史の中で作られ、壊され、また作り上げられる。つまり国民(nación)は生まれる(nacer)から派生したとする語源学には反するが、国民は生まれるものではなく、作られるものなのだ。うまくいくことも失敗することもある事業であり、試用期間を経て始められ、発展させられ、修正され、何度か「脈絡を失い」、再び始められる、いや少なくとも再び続けられる事業なのだ。

ここ最近百年間のイギリス的生のうち、前代未聞という意味で驚くべき特徴が何であるかを特定するのは興味あることであろう。そしてその次に来る問題は、イギリスはその社会学的特質をいかに手に入れたかを示すことである。私が社会学などという衒学的な言葉をあえて使うのは、その背後に真に本質的で豊かなものが隠れているからだ。なんでも心理学で片付けようとする考え方は、これまでも他の認識方法からは脅かされてきたが、改めて歴史から根絶される必要がある。

イギリスの例外的なところは、創造力のある種類の人間個々の中にあるのではない。個々のイギリス人がこれまで東洋や西洋に現われた他の個人のあり方より優れているとするのは、極めて議論を醸すものだ。かといって、イギリス人の生き方を他のどの民族よりも評価する人でも、問題自体を能力の多寡で比較するといった相対評価になってしまっている。だが私の主張は、イギリス人の例外的なところ、その極めつけの独自性は、人間の生の社会的側面あるいは集団的側面や、社会たり得るにはどうしたらいいかを捉えるその方法に根差しているということである。この点に関して、確かにその他すべての民族とは対照的であり、しかもそれは多寡の問題ではない。おそらく近い将来、私がここで何を言いたいかをすべて明らかにする機会が与えられるであろう。

イギリスに対するこうした尊敬の念は、その欠点に対する不快感を取り去ってくれるわけではない。他の民族から見て、耐えがたいところがない民族などあるはずもないが、この耐えがたい点ということでは、イギリス人にはとりわけ腹立たしいところがある。

人間と同じように、民族にも層々と積み上げられた徳があるわけだが、それはある意味で欠点や限界の上に踏み固められている。私たちが民族に向かうとき、最初に見えるのは国境線である。つまり精神的にも肉体的にもそれらの限界線を意味する。ここ数カ月の間の苛立ちは、ほとんどすべての国民が互いに国境線によって高められた位置に生きている事態から来ていた。つまりそれぞれの生まれつきの欠点が誇張されて前面に出てきた感じである。

以上のこともさることながら、議論の主要なテーマの一つがスペインだったことで、私がどれほど苦しんだかお分かりいただけよう。つまりイギリスやフランス、そして北アメリカにおいて、スペインがまるで欠陥国、のろま、悪徳の化身、できそこないの代表のような扱いを受けてしまうわけだ。私が最も驚いたのは、これらの国々の世論に見られるある種の意志、つまり事態を理解したくないという強固な意志である。だから私としては、スペインに関して一番欠けているのは、本当は世界でいま最も珍重さるべき度量の広さではなかったかと考えている。アングロ・サクソン人の方では――その政府ではなくその国々において――策略、軽薄、頑迷、懐古主義的な偏見、新たな偽善などが歯止めも無く野放しになっている。植民地からのものというだけで、とんでもない馬鹿げた主張が真剣に取り上げられたり、それとは逆に、事態が明らかにするスペイン人の声に対して耳をふさぐ、あるいは歪曲したあとでのみ聞くという根強い決断が今に至るまで存続してきた。

以上の理由から、少しばかり時期尚早であることも承知で、これに続く「平和主義について……」と題する文章の中ではスペインについて話しているなどとは思えないような形で、スペインについて話す――警戒心の強いイギリスの読者には、これしか我慢できなかったであろうから――きっかけにしようという気持ちになったのである。読者はもしも善意の方なら、この文章の名宛人が誰であるか決してお忘れなきようにしていただきたい。イギリス人に向けられたこれらの文章は、彼らの習慣になんとか合わせようという努力を示しているのだ。つまりあらゆる「目を引く輝かしい表現」は諦め、用心深さと遠まわしの表現で組み立てられた、言うなればディケンズの小説「『ピクウィック・クラブ遺文録』一八三七年」の主人公ピクウィックばりのかなり滑稽なスタイル「召使サム・ウェラーとの弥次喜多的旅日記」で書かれているわけだ。

イギリスが作家の国ではなく商人や技師、そして信心深い人たちの国であることを忘れないようにしよう。だからこそ一般に言われているようなことは言わないようにし、ほのめかすに留めたり回避したりすることが主要な任務であるような言語とその言葉遣いを確立できたのである。イギリス人は何かを言うためではなく、沈黙するためにこの世に誕生した。パイプの背後に構えた無表情な顔で、イギリス人は自分のところから何一つ逃げていかないように、自身の秘密に関しての警戒を怠らない。これはこれで一つの素晴らしい力であり、寡黙という宝とそのエネルギーを手付かずに守り通すことは、人類全体にとってきわめて重要なことである。

しかしこれは同時に、他民族とりわけ我がスペイン人との相互理解を困難にする。南の人間はおしゃべりの傾向がある。私たちを教育してくれたギリシャは、私たちの舌を解放してくれ、私たちを生まれながらにして不躾な人間にしてしまったのだ。典雅な表現(aticismo)[アテネ的語法]が簡潔な表現(laconismo)[スパルタ的語法]を征服してしまった。アテネ人にとって生きることは話すこと、言うこと、声にあげること、つまり最奥に秘めた内面までも風に乗せて叫ぶことであった。

それゆえ言説、ロゴスを神格化し、それに魔術的な力を付与した。かくして古代文明において修辞学は、ここ数世紀の間に、私たちにとって物理が意味するものと同じになるに至ったのである。この学問の下に、ローマの諸民族は、他に比べようのない響きと豊かな表現力を備えた、複雑な、しかし魅力的な言葉を形作った。それは、つまり集会場や広場、演壇や居酒屋、そして寄り合いでとめどなく続くおしゃべりから作られた言葉である。私たちがこれら申し分のないイギリス人に近づいて彼らの発する猫の鳴き声のような軽く、そして無愛想な話し声（彼らの言語の真骨頂ここにあり）を聞くときに、なぜどぎまぎするのか、ここにその理由がある。

以下に続く論考の主題は、西欧の諸民族――つまり幼い時から共存してきた民族同士――が陥っている相互間の無理解についてである。事実は驚くべきものである。なぜならヨーロッパはこれまで常に一軒の家のようなもの、家族同士決して別々に暮らしたことがなく、四六時中、生活を共にしてきたからである。嘆かわしいことに、いまや互いに無視し合っているこれらの民族は、巨大な共同住宅の廊下で、かつて子供の頃には一緒に遊んだものなのだ。どうしてこれほどまでに根本からお互いに誤解が生じるようになったのだろうか。これほど無様な状況が生まれたのには、長く複雑な背景がある。この事実を織り成している幾千本もの糸のうちの一本についてだけでも述べようとすれば次のようになる。

すなわち、ある民族が他の民族を裁くという慣習や、要するにただ自分たちとは異なるからという理由だけで、相手を軽視し侮蔑する慣習、軍事的もしくは経済的に弱いから弱小民族の様式や「性質」は馬鹿げたものであると考えることを、今日の強者である民族が自らに許す慣習は、私の思い違いでなければ、五十年前までは決して起こらなかった現象である。十八世紀フランスの百科全書派には、その衒学的な姿勢や知的不従順さ、つまり自分は絶対的な真理を所有しているとの信念にもかかわらず、スペインのような「無教養」で貧しく弱い民族を馬鹿にするなどということは考えもしなかったろう。誰かがそんなことでもすれば、大きな騒ぎになったわけだが、それは、当時のノーマルな人間であれば、成り上がりのように、権力が大きいか小さいかで人間のレベルまで判断するようなことがなかったことの何よりの証左である。

むしろその反対に十八世紀は、隣人と自分との違いに対する愛すべき愉快な好奇心に満ちた旅する世紀であった。これこそ最後の三分の一世紀に完成を見たコスモポリタニズムの意味であった。ファーガソン〔イギリスの社会学者。一七二三―一八一六〕、ヘルダー、ゲーテのコスモポリタニズムは現在の「国際主義」の反対である。民族間の違いを排除するのではなく、むしろ逆に、そうした違いへの熱狂を糧にしていた。複数の生の形式を抹消することではなく統合を目指していたのである。

そのモットーはゲーテの次の言葉である。「ただすべての人間によってのみ、人間たるものを生きることができる」。それに続いたロマン主義はその高揚化に他ならない。ロマン主義者が他民族を愛したのは、まさに彼らが自分たちとは違うからであり、最も風変わりで理解しがたい習慣の中にも偉大な知恵が秘められた神秘があるのでは、と考えたからである。そして原則的には、それは当たっていた。たとえば政治権力の意識で身を鎧った今日のイギリス人にとって、「日光浴をする」といった、彼らには典型的な暇つぶしに思われるが、生粋のスペイン人なら本気で没頭するのが常のあの行為の中に、繊細で洗練された、そして高度な系譜に連なる文化の片鱗を見るのは、さぞむつかしかろう。おそらくイギリス人は、真の文明開化とは、ニッカーボッカを穿き、「ゴルフ」と命名された、ただ箔《はく》をつけるために行なわれるあの作業、つまり小さなボールを棒で撃ちつけることとなり、と信じているのである。

かくのごとく、問題の根はかなり深いのだ。したがって以下に続く文章でも、最も緊急を要する側面からまさにこの問題を取り上げることとした。それは、これまで重大な歴史的誤りを犯すことがほとんどなかったイギリス人が、例の相互間の無理解によって、平和主義という重大な誤りを犯したことについてである。世界の現在の不幸な出来事を生み出したすべての原因の中で、最も特定しやすいのは、イギリスの軍縮であろう。しかしイギリスのもって生まれた政治的天分が、ここ数カ月の間に信じられないほどの努力の末の自制心によって、最悪の事態の修正を可能にした。おそらく身に負った責任感の強さがそうした決断をもたらすことに貢献したのであろう。

以上のことすべてが、すぐ後の文章の中で、過度に持論に自惚れることのないよう注意しながら、しかしヨーロッパの再建に協力したいという並々ならぬ決意のうちに、ある静けさをもって推論されている。さて最後にご報告しなければならないのは、脚注をしかるべき箇所に書き加えたこと〔原注は文末にまとめた〕、そして時間的な言及はそれぞれ該当する月を記すに留めておいたことである。

一九三八年四月、パリにて。

平和主義について……

二十年前からイギリスの政府と世論は、[1]平和主義に踏み切った。私たちは、きわめて多様な、実際にはしばしば対極的な姿勢を、この平和主義という言葉で一つに括ってしまうという間違いを犯している。事実、平和主義にもたくさんの形があるのだ。それらの中で共通項としてあるのは、実はきわめて曖昧なものである。つまり戦争は悪であるという信念、そして人間同士が与する手段としての戦争を根絶する熱望である。しかし平和主義者は一歩を踏み出すや否や分裂し、戦争の消滅などいったいどの程度まで可能なのだろうか、と自問し始める。とどのつまりは、この実に喧嘩っ早い地球の上に平和建設のための必要手段を考え始める段となって、意見の食い違いは最高潮に達する。だから平和主義の多様な形式についての徹底的な研究が、普通考えられる以上に有効なのかも知れない。そうした研究から、少なからず光が差してくるのかもしれない。しかしはっきりしているのは、ここでの私の役割は、イギリスの政府ならびに世論が二十年前に発進させた特殊な平和主義を、それなりに正確に定義したり研究したりすることではない、ということである。

しかし目の前の現実は、残念ながらその課題に取り組みやすくもしてくれている。イギリス流の平和主義が失敗したのは紛れようもない事実だからだ。ということは、その平和主義そのものが間違いだったということである。失敗があまりにも大きく、あまりにも歴然たるものであったので、問題を根本から見直し、すべての平和主義は間違いなのではないか、と問う権利もありそうである。だがいま私がより好ましいと思っているのは、でき得る限りイギリスからの視点に合わせるということだ。そして思うのは、世界の平和を願うイギリスの思いは素晴らしいものであったということである。とはいえ、その願いは願いとしても、他の部分に間違ったところがあったことを炙り出してくれる。すなわち、現在の世界が提供する平和の可能性をどう認識するかという問題に関して、そして真に平和主義者たらんとする者が従うべき行動を決定することに関して、間違いがあったということを、である。

しかしこう言ったからといって、私は何か失望へと導くようなことをほのめかすつもりでは決してないし、むしろまったく逆である。第一、何に失望するというのか。人間に権利がないのはおそらく次の二つしかないのではないか。すなわち傲岸不遜と、その反対の失望である。そのいずれに対しても、許されるための充分な理由など決してないのだ。そのことに気づくには、人間の条件の摩訶不思議な神秘を考えれば充分であろう。すなわち、間違いを犯したという実に否定的で敗北的な状況が、その間違いを認めたというだけで、その人にとっては魔法のように新たな勝利に変化するという不思議である。間違いを認めるということは、それ自体一つの新しい真実であり、その認識の内部に燃え上がる光のようなものなのである。

ものごとの悲しい側面しか見ない人たちの考えとは逆に、実はすべての過ちは私たちの財産を増やしてくれる宝の山である。過ちについて歎《なげ》く代わりに、それを急いで掘り下げる方がいい。そのためには、それを土台から調査し、容赦なくその根っこを掘り出し、それが私たちに教えてくれる新たな概念を精力的に構築する必要がある。私が思うに、イギリス人はすでに沈着に、しかも意を決して、二十年の間自分たちに特有の平和主義が犯した巨大な過ちを改め、もっと洞察力に富んだ、もっと効果的な平和主義をそれに代える準備を整えてきたのである。

ほとんどいつものことと言ってもいいが、イギリス流平和主義の最大の欠点は——そして一般に平和主義を標榜する者たちの欠点でもあるが——敵を見くびることであった。この過小評価は誤った診断によって吹き込まれたものである。平和主義者は戦争の中に害を、犯罪や悪徳を見る。しかし彼が忘れているのは、戦争はそれ以前に、そしてそれを越えて、ある種の紛争を解決するために人間が行なう巨大な努力だということである。戦争は本能ではなくある種の発明なのだ。動物は戦争を知らない。戦争は科学や行政と同じく、純粋に人間的な制度である。そして戦争は文明全体の基礎である最大の発見に導いた。すなわち規律の発見である。軍事教練という最初の規律から、その他すべての規律の形式が派生した。ともあれ、いま平和主義は道に迷っている。戦争とは生の、そして生のための、天才的かつ恐ろしい技術であることを忘れたならば、平和主義など何の意味もない盲信と変わりがないのである。

すべての歴史的形式と同じく、戦争は二つの側面を持っている。すなわち発明のときの戦争と、超克のときの戦争である。発明のときは、計り知れない進歩を意味する。今日、戦争を超克したいと切望するとき、戦争からはただ汚れた背中しか、恐怖や粗野や不足しか見えない。同じように私たちは通常、特に熟考もせず、奴隷制度が発明されたときに示した素晴らしい進歩に気づかずに、その制度を批判する。私がこう言うのは、それまでは負けた側は全員殺されていたからだ。捕虜を殺す代わりに彼らの命を救い、使役に廻すことを考え付いた最初の人間は、人類の天才的な恩人と言えよう。偉大な人間的感覚、つまり歴史的感覚を持っていたオーギュスト・コントは、以上のような観点から――それに関してルソーが言った馬鹿話から解放されて、奴隷制度を見ていた。そして私たちの役目は、すべての人間的事象を二つの視点、すなわち現われたときに持っていた側面と消え去るときに持っていた側面から見ることを学びながら、コントの指摘を敷衍《ふえん》することである。ローマ人たちは実に繊細に、それら二つの瞬間を二体の神――到着の神と退去の神であるアドエオナとアブエオナ――に聖別してもらうことにした。

以上の基本的事実を知らないため、平和主義はあまりにも安易な仕事になってしまった。つまり戦争を無くすには、戦争をしないこと、あるいは少なくとも戦争が行なわれないよう努力することだと考えたのだ。戦争の中に、えてして人間同士の付き合いに現われる余計で病的な突起物だけしか見ていないので、それを摘出すれば充分であり、別にそれを何かと代える必要などないと考えたのだ。しかし戦争というとてつもない努力を回避するには、平和とは戦争より数段大きな努力、複雑きわまりない努力の体制、そして部分的には天才による一か八かの介入を必要とする体制であると理解して初めて可能なのだ。

それ以外のことはまったくの誤りである。それ以外というのは、たとえば平和を、戦争が姿を消したあとに残った単なる空隙のように解釈することである。つまり戦争は人が行なうものであるが、平和もまた人がやらなければならないもの、作り上げなければならないもの、人間の全能力を総動員しなければならないものであることを無視しているのだ。平和は何の努力をしなくてもいつでも享受できるように、単に「そこにある」ものではないのだ。平和は何かの木に自然にできる果実ではない。重要なもので人間に無償で与えられているものなど一つもない。むしろ人間が自分のために作らなければならぬもの、建設しなければならぬものである。だから、人類の最も正確な呼称は工作人《ホモ・ファーベル》なのだ。

以上すべてのことに注意を向けるなら、イギリスのこれまでの信念が、平和のためにできる精一杯のことは何もやらないことにほとんど等しい軍縮だけだったのは実に驚くべきことではないだろうか。なぜそのような信念となったのかは、ある基礎的な診断の過ちがあったことに気づかなければ理解できないだろう。すなわち、戦争は単純に人間の情熱に由来する、そしてその情念を抑え込めば好戦的な態度は封じ込められるという、間違った診断である。この問題を明確に見るためには、ケルビン卿［イギリスの熱力学の先駆者。一八二四―一九〇七］が物理学の問題解決のために使った方法、つまり想像上の一つのモデルを組み立ててみるのがいいだろう。

たとえばある瞬間、イギリスが自らやってみようとしたように、すべての人間が戦争を放棄したと想像してみよう。それで充分であるとか、それどころか、それによって平和に向けての最短の効果的な第一歩が踏み出されたなどと信じられるであろうか。とんでもない間違いである！　繰り返すが、戦争はある種の紛争を解決するために考え出された一つの手段であった。戦争放棄によってこれらの紛争が無くなるなんてことはない。むしろ反対に、さらに手付かずに、さらに未解決なまま放置されてしまう。たとえ戦争への情熱がなくなり、全人類が平和を希求したとしても、功を奏さなくなるだろう。なぜなら相変わらず紛争は解決を求め続けるであろうし、他の手段が案出されないかぎり、平和主義者だけが住むというあの仮想の地球上にも間違いなく戦争が再び現われるであろうからである。

つまり平和主義において究極的に重要なのは、平和への意志ではない。この言葉が単なる善意を意味することを止め、人間同士の新しい交流手段の体制を示すようにならなければならないのである。平和主義が無償で安楽な願望から、新しい、技術の複雑困難な集合体に移行しない限り、この領域から実りあるものは何も期待できない。

イギリスの平和主義が、平和という大義にもたらした大きな被害はどこにあったかというと、私たちが平和と呼ぶ一つの曖昧な名称に対し、平和を実際に作り出すための具体的かつ正確な実践の基本的な技術が欠けているという現実を示さなかったことにある。

たとえば平和は、民族間の関係上の形式としての法であり権利である。ところが通常の平和主義では、法はすでに存在するもの、また、人間の意のままになるものとされ、唯一、人間の情熱と暴力的本能だけが法を無視するものだとされる。もちろんそれはまったくもって真実とは反対である。

法もしくはその一部が存在するには次のことが必要となる。①何人かの人間、とりわけ目覚めた人間が法についての観念や原理を発見すること。②当該集団（少なくとも私たちのケースではオセアニアのイギリス自治領を含めて、ヨーロッパや南北アメリカの諸民族が形成する集団）に向けてのそうした法の観念を宣伝し普及すること。③その普及が優勢となり、そうした法の観念が「世論」という形に強化されるまでになること。そうなれば、というよりもそうなったときのみ、言葉の十全たる意味合いにおいての法、つまり有効な規範として語ることができる。立法者がいなくても、裁判官がいなくても問題ではない。もしも先のような理念が本当に人びとの魂の上に君臨するなら、間違いなく判断を仰ぐことのできる行為規範として機能するであろう。そしてこれこそが法の真の実体なのだ。

つまり戦争を不可避的に引き起こすような事柄［原因］に関する法など存在しないということだ。いまだ「有効性」を獲得していない、つまり堅固な規範として「世論」の中にまだ固まっていないという意味ではなく、観念としてさえ、どこかの思想家の頭の中に抱かれた純粋な定理ですら存在していないのである。そしてそのような法がないのに、つまり理論としてさえ諸民族の法が存在していないのに、民族間の紛争が無くなればいいなどと願っているのであろうか。悪いが、私にはそうした願いなど軽薄、いや不道徳と形容したいくらいだ。なぜならある願いごとが、単にそう願っているからという理由で、魔法のように実現すると考えるのは不道徳だからだ。それの遂行の手段を早めに用意する、厳しい意志を伴った欲求のみが道徳的なのである。

私たちは諸国民の「主観法」がどんなものかを知らないし、その行動を律することができる「客観法」がどんなものか、その予兆すら感じない。ここ五十年の間に登場した国際裁判所や国家間の調停機関などの急増は、私たちがその被害を受けている、真の国際法の窮乏状態を隠蔽することに役立っている。私はまったくもってそれらの機関の重要性を過小評価しているわけではない。道徳的働きの進歩にとって、それが明白な形で特別な機関に具体化されて現わされることは常に大切なことである。しかしそれら国際裁判所などの重要性は、現時点では縮小されてしまったのである。それら裁判所が執行する法は、本質的には、その設立以前にすでに存在していたものと同一のものである。事実、それら裁判所によって裁決された案件を調べてみると、大昔から外交によって解決されたものと同一のものであることに気がつく。本質的な点では、すなわち国民に特有な現実のための法の創造ということでは、いかなる重要な進歩も意味していないのである。

最も大きく、最近ではもはや死に体になっている二つのものを例に出すと、ヴェルサイユ条約と国際連盟の設立をもって始まったこの時代から、より多くの実りを期待するのは筋違いであった。私も、失敗して痛々しい、破綻した事柄に読者の注意を促すのは嫌悪を覚える。だがそれは新しく大きな事業、新しく建設的で有益な仕事に対してわずかでも関心を喚起するには欠かせないことなのだ。要は国際連盟の創設がそうであったような過ちを二度と犯さないようにすること、そのためには、その制度が誕生したときに具体的にどういうものであったのか、何を意味していたのか、を知ることである。それは政治という困難な仕事につきものの通常の間違いとは意味が違う。それは深い意味づけを要求する間違いなのだ。つまり深い意味を持つ歴史的な過ちだったということである。

国際連盟の創設を鼓舞した「精神」、すなわちその計画や姿を出現させた哲学的、歴史的、社会学的、法的な観念体系は、歴史的にはその当時すでに死んでいたのだ。つまり過去に属しており、未来を先取りするなどとは程遠く、すでに旧式のものであった。いまの時点でそう言うのは簡単だなどと言ってほしくない。その当時も失敗は避けられないと警告を発していた人は、ヨーロッパに何人もいた。ここでもまた歴史の中ではいつも起こっていることが繰り返された。つまり、予言されていたということである。しかし政治家たちはまたもやそれら予言者たちを問題にもしなかった。私としてはこれらの予告した者たちがどのような団体に所属していたかなど詳しく述べるつもりはない。人間相関図の中では、政治家とは正反対の種族を代表していると言えば充分であろう。

統治すべきは常に政治家であって、予言者ではない。しかし人間の運命にとって大いに重要なのは、予言者が叫ぶこと、あるいは暗示することに政治家がいつも耳を傾けるということである。歴史上のすべて偉大な時代は、この二つのタイプの人間の絶妙な協力から生まれた。もしかすると現在の不調和の深い原因の一つは、最近二世代にわたって政治家が独立を宣言し、そうした協力を解消してきたからかも知れない。そのせいで、歴史や文明のこの水準において、世界が盲目的にある力学に身を委ね、かつてなかったような成り行き任せの航海をするという恥ずべき現象が起こっている。長期的な歴史の見通しも予言も無いまま、ますます健全な政治が不可能になってきている。もしかすると現在の破局が、ある明らかな事実に対して政治家の目を再び開いてくれるかも知れない。すなわちその事実とは、懸念するテーマが常々あることによって、あるいは感度のいい地震計のような感じやすい魂を持っていることによって、ある人たちが他の人よりも早く未来の来訪を受けるということである。(2)

国際連盟は実在しない法のために創設された巨大な司法装置であった。その大義の空隙は、相変わらずの外交術によって騙し騙し埋められ、それが法に変装することによって世界的な無気力に手を貸したのである。

読者にぜひ次のように自問していただきたい。国民間に今日持ち上がっている大きな紛争のどれかひとつを思い描いていただき、たとえ理論上だけであってもそれを解決することができる法的規範を心の中に見出せるかどうかと。たとえば昨日までは人口二千万だったものが、今日では四千万もしくは八千万の人口を抱えているような民族の権利とはいったいどのようなものか。世界の未だ居住者のいない空間の権利は誰が持っているのか。これらの例は、思いつくうちで最も素朴で基本的な例ではあるが、新しい法的技術から出発しないあらゆる平和主義の幻影的な性格を明らかにするものである。

もちろんここで要請される法とはきわめて複雑困難な代物である。もしも簡単なものであったら、とっくの昔に存在していたであろう。まさに平和と同じくらい、実現困難なものであるという点で両者は一致している。しかし非ユークリッド幾何学、四次元の物理学、非連続の力学の発明を経験した時代は、驚くことなく、それらの企てを見ることができ、遂行する決意を固めることができるだろう。ある意味で、新しい国際法という問題は、それら最近の理論的進歩と同じ様式に属している。ここでは法という常にその根本的制約によって苦しめられてきた人間活動からの解放を目指そうとしている。事実、法は、静的なものであり、その主たる機関が「国家(estado＝状態)」と呼ばれているのも伊達ではない。人間はまだ「事態がこのような状態であるなら」(rebus sic stantibus)［十九世紀中葉のドイツの国際法上の考え方で、条約はそれが締結された時の状況が続いている間のみ有効だとする事情変更の原則。Pacta sunt servanda(合意は拘束する)と対立］という条項の枠を飛び出た正義の形態を作り上げることに成功していないのだ。

しかし問題は、人間にかかわる事柄は「静止しているもの」(res stantes)ではない。まったく反対であり、歴史的なもの、すなわち純粋な運動、絶えざる変化だということだ。伝統的な法は、麻痺した現実のための規制にすぎない。そして歴史的現実は周期的に根本から変化するので、拘束衣と化す法の不変性とどうしようもなく衝突する。だが健康な人間に着せられた拘束衣は、彼の気を激しく狂わせる力を持っている。少し前に言ったことだが、ここから歴史が持つあの病理学的に奇妙な様相、歴史を麻痺と癲癇との間の永遠の闘いとして登場させる奇妙な様相が生まれる。民族の内部に革命が生まれ、そして民族間に戦争が勃発する。法がそうあらんと欲した善は、聖書がすでに私たちに教えているように、悪に変わってしまう。「おまえたちは裁きを毒草に、正義の実を苦よもぎに変えたのか」(旧約聖書「アモスの書」、六の十二)。

国際法における正義の不変性と現実の可変性との間の不一致――平和主義者は現実を正義に従わせようとする――は、最高潮に達した。歴史は法にどの点で関わっているかを考えてみるなら、歴史は何よりも先ず地上における権力の分配の変動として現われる。しかし理論的ではあってもそうした権力の変動を抜かりなく律する正義の原則が存在しないかぎり、すべての平和主義は失恋の苦しみを味わう。なぜなら、歴史的現実がそのようなものであるなら、最大の不正(iniuria máxima)は現状維持(status quo)であるのは明らかだからである。それゆえ現状維持を治めるために作られた巨大な装置たる国際連盟の失敗など不思議ではなかろう。

人間はダイナミックな法を必要としている。つまり柔軟で動きのある法、変容《メタモルフォーゼ》の過程にある歴史に連れ添うことのできる法を必要としている。この要求は法外なものでもユートピア的なものでも、また新しいものですらない。七十年以上も前から民法であれ公法であれ、法はその方向に進化しはじめた。たとえば現代のほとんどすべての憲法は、「開かれた」ものであろうとしている。そのための方策はいささか素朴ではあるが、心に留めおいたほうがいい。なぜならそこには自ら変化する法への希求が宣言されているからである。

しかし私の考えでは、もっと実りが期待できるのは、地球上でこれまで作られた最も進んだ法的現象、すなわち英連邦(The British Commonwealth of Nations)を根底から分析し、正確な定義づけを試みる――つまりそこに物言わず横たわっている理論を取り出してやる――ことだと思っている。そんなことは不可能だと人は言うかも知れない。なぜならこの法的に奇妙な現象こそ、次の二つの原理を介して作られたものだからである。一つは一九二六年、バルフォア[イギリス保守党の政治家。一八四八―一九三〇]の次の有名な言葉をもって定式化された。すなわち帝国の抱える問題において避けなければならないのは、「定義の際に練り上げること、議論すること」。もう一つは、一九二五年九月十二日の歴史的な演説の中でオースティン・チェンバレン卿[イギリスの政治家。国際連盟支持者。一八六三―一九三七]によって発せられた「余白《マージン》ならびに柔軟性」の原則である。「イギリス帝国の種々異なる部分部分の関係を見ていただきたい。イギリス帝国の統一は論理的な組織の上に作られているのではない。また憲法に基礎づけられているわけでもない。どんなことがあっても余白と柔軟性を守ることをわれわれが欲しているからである」。

これら二つの定式の中に、政治家の機会主義《オポチュニズム》の発露のみを見るのは間違いであろう。実際はそんなことではなく、英連邦というものの恐るべき現実を実に適切に表現しており、その法的観点の下にある英連邦の姿を正確に描いているのだ。彼らがしなかったのは定義すること、なぜなら政治家がこの世に生まれたのはそんなことのためではないからである。そしてもしその政治家がイギリス人であるなら、何かを定義するのはほとんど裏切り行為に等しいと思うであろう。しかしもちろんこれとは違う人間もいて、その人たちの使命は、政治家とりわけイギリス人の政治家には禁じられていること、すなわちたとえ本質的に曖昧たらんとしている物事であってもそれらを定義すること、それである。

原理的には、霧を定義することと三角形を定義することの難しさは同じようなものである。純粋な「余白」ならびに純粋な「柔軟性」から成る法の実際上の状況を、明確な概念に集約することが特に重要である。なぜなら柔軟性は法が可塑的であるのを可能にする条件であり、さらに法に余白を与えるなら、その運動までが予見される。もしもこれら二つの性格を、法の単なる言い逃れや力不足とみなすのではなく、それらを積極的な特性ととらえるなら、私たちの前に最も豊かな見通しが開かれる可能性がある。おそらく、イギリス帝国の設立は、アインシュタインが言うところの「軟体動物」に非常に似ている。当初、理解しがたいものと判断された考え方だが、しかし現在では新しい仕組みの基礎になっている。

ここで必要とされている正義の新しい技術を発見する能力は、他のどんな国の場合よりも、イギリス法体系の伝統すべてにわたって、前もって強く形成されている。もちろんそれは偶然のなせる業ではない。イギリス的な法の見方は、イギリス的思考を特徴づけている一般的様式の個別例でしかない。そこではおそらく西欧の知性の運命といえるものが、最も極端かつ純化された形で表現されている。すなわちすべての不活性で物質的なるものを純粋のダイナミズムとして解釈する。そして、そこに静かに動かず横たわっている「もの」としか見えないものを、力学的な運動や機能に換える、というものである。

イギリスは生のあらゆる領域においてニュートン的であった。だが私としてはこの点に立ち止まる必要はないと考える。これまで充分に詳しいデータをもとに、幾度となく明らかにされ、証明されてきたからである。すこし強情な読者のように感じるかもしれないが、次のような主題の本を読みたいとの私の欲望だけは表明しておきたい。すなわちそれは物理学以外の領域、つまり生のその他すべての領域にかかわるイギリスのニュートン主義、というテーマの本である。

さてここまできて、いま私の推論を要約するとしたら、一本の簡単ではっきりした線でなぞることができるのではないか。

平和主義的人間が、あれこれの戦争を直接避けようと気を配るのはいいだろう。しかし平和主義とはそうしたことではなく、平和という人間的共存の別の様式を構築することに基づくものである。このことは一連の新しい技術全体の案出と行使を意味する。新しい技術の案出とは、地球上の権力の分配の変化に関する平等の原理を発見するところから始まる。

しかし新しい法の観念は、まだ法ではない。忘れてならないのは、法は一つの観念以上に多くのものから構成されていることである。たとえば、法を構成しているのは憲兵の二頭筋か、それに代わるもの［物理的強制力］である。純粋な法思想の技術に伴わねばならないのは、より一層複雑な他の多くの技術である。

残念なことに、国際法という名称自体が、現実全体の中で国民間を律する法というものがいかなるものかについての明確な展望の形成を阻害している。なぜなら法は諸社会の内部で起こる現象のように思えるのに対し、「国際的」と呼ばれる法は諸社会の間で、つまりは社会的空隙の中で起こることについての法だと思わせてしまうからである。この社会的空隙の中に国民が集合し、ある契約を介して新しい社会を創造する、そしてこの社会こそが言葉のもつ魔力によって国際連盟(Sociedad de Naciones［諸国民の社会の意］)となるのだと考えられてしまうのだ。しかし以上は、まったくもって語呂合わせ(calembour)という雰囲気しか持っていない(3)。

一つの契約によって構成された社会とは、民法に対して持っている意味においての社会、すなわち結社にすぎない。しかし結社は、あらかじめある民法が現行の効力を持っている領域の上に登場するのでなければ、法的現実として存在することはできない。それ以外のことはすべて絵空事以外の何ものでもない。契約に基づく社会が登場するその領域とは、すでに存在する別の社会であり、それはいかなる契約によるものでもなく、昔からの共存の結果なのだ。この真正な社会は結社などではなく、もう一つの社会と共通しているのはただ名前だけである。語呂合わせと言ったのはそのためである。

私にはここで通りすがりに、舞い上がって、教条主義的な態度で、法哲学や社会学の実に込み入った諸問題を解決しようなどという気はさらさらない。ただあえて言いたいのは、誰かがある法的事実について話しかけてくるとき、その法より前に存在し、法を担うそもそもの社会とは何かを指し示すよう要求する人は、確実な道を進むことができるであろうということである。社会的空隙に法は存在しないし、法が生まれることもない。法は年長の兄弟とも言える慣習や習慣より活力はあるが、それらと同じくその基盤として、まとまりのある人間的共存を必要とする。

ここまで述べてきた点からすれば、本物の社会が果たして存在するかどうかを知るための最も確実な兆候は、そこに法的事実があるかどうかを知ることであるというわけである。私たちは本物の社会は、すべて必然的に本物の国家の形態を蔵せねばならないなどという誤謬を信じている。そのようなことで生じる常なる混乱が、以上の明白な事実を曇らせているのだ。ともあれ依然として明らかなのは、国家という装置は社会の内部に元々あるのではなく、社会の進化がかなり進んだ段階で作り出されるということである。おそらく国家は、いくつかの点で法に完璧さをもたらしてくれるが、しかしイギリスの読者に対しては、法は国家や制定法の活動がなくても存在する、などといまさら言うまでもなかろう。

私たちが諸国民について話すとき、ばらばらに分かれた、そしてそれぞれが自分自身の内部に向かって閉じられた社会として思い描く傾向がある。しかしそれは、現実の最も重要な部分を無視する一つの抽象である。疑いもなくイギリス人同士の共存もしくは付き合いは、たとえばドイツ人やフランス人との間の共存より遥かに密度が濃い。だがヨーロッパ人同士の一般的な共存はもちろん存在し、したがってヨーロッパ全体は、それぞれの国民が個別に歴史を持っているように、何世紀にもわたるそれ独自の歴史を持つ古い社会なのである。

この総体的なヨーロッパ社会は、十六世紀以来ヨーロッパの国民と呼ばれる個別社会が獲得してきた社会化よりは低い程度、低い度合にある。言うなれば、ヨーロッパはイギリスやフランスより脆《もろ》い社会かも知れないが、社会として実質的な性格を持っていることを忘れないでいただきたい。この事実はきわめて重大である。というのは、存在する平和の唯一の可能性は、ヨーロッパ社会が実際に存在するか存在しないかに賭かっているからである。もしヨーロッパが複数の国民だけだったとしたら、平和主義者たちはその希望にきっぱり決別することができる。(4) 複数の独立した社会の間に真の平和が存在することはない。私たちが通常平和と呼んでいるものは、最小の戦争の「状態」、あるいは表面に現われない潜在的な戦争の「状態」にすぎないのだ。

言語や象形文字は物理的現象であり、それを通じて精神的な現実について考えているし、また私たちの精神上の習慣として間違った見方が形成されるという損害を被ることもある。こうした理由から、ただ単に外面的にしか接触を持っていない国民群という多数の領域で構成されているかのようなヨーロッパ像を私は弾劾するのだ。こうしたまるでビリヤード競技のような隠喩は、善良な平和主義者を絶望させるに違いない。なぜならビリヤードのように、一瞬の衝突という偶発事以外の何ものも私たちに約束してくれないからだ。

しからばその喩えを修正しよう。ヨーロッパの国民群を一連の司法権の及ばぬ社会として思い描く代わりに、その内部に非常に濃い濃度の凝固体とか核が形成されたただ一つの社会としてヨーロッパを想像しよう。このイメージは、実際にこれまで西欧の共存がそうであったものに類似している。とはいえ、これで一つの理想像を描こうとしているのではなく、一つの共存、つまりローマ帝国の権力が死滅したあと、その始まりから持っていた実際の姿に視覚的な表現を与えたいのだ(5)。

共存は、それだけだったら社会を意味していないし、社会の中に生きることも、社会の一員になることも意味してはいない。共存はただ個々人の間の関係を意味しているだけである。しかも優れて社会的な現象が自ずと生み出されないかぎり、持続的で安定した共存はあり得ない。ところで優れて社会的な現象とは、知的慣習としての「世論」、生の技術に関する慣習としての「習慣」、行為を導く慣習としての「道徳」、道徳を統括する慣習としての「法」のことである。慣習の一般的な性格は、当人が好むと好まざるとにかかわらず、個人に課せられる振る舞い、すなわち知的、感情的、物理的な規範のことである。

個人は自己責任と危険性の下に、慣習に抵抗することができる。しかしまさにその抵抗の努力こそが、何よりも見事に慣習の強制的な現実を、その「有効性」とも呼ぶべきものを証明している。要するに社会とは、互いにいくつかの有効性のある意見や価値評価に従うことを了解している個人の集まりである。こう考えると、紛争の際に依拠できる究極的な要請として機能する、確かな有効性をもった共通の世界観なしには社会は存在しえないのである。

ヨーロッパは常に絶対的な国境も不連続性もない統一的な社会空間であった。なぜなら、「社会的なるもの」に基づいて並外れた強制力を与えられた「集団的有効性」――つまり共通の納得性や価値体系――の内実や宝が失われたことがないからである。ヨーロッパ社会はヨーロッパの国民群より以前に存在し、そしてそれら国民はヨーロッパという母から生まれ、その膝の上で成長してきたと言っても過言ではないだろう。イギリス人は以上のことをドーソン〔イギリスの宗教史家・文明評論家。一八八九―一九七〇〕の『ヨーロッパの形成――ヨーロッパ社会史入門』(*The Making of Europe: Introduction to the History of European Society*)の中にある程度明瞭に見ることができる。

しかしながらドーソンの本は不充分である。醒めた鋭い精神によって書かれてはいるが、歴史編纂によって積み上げられた伝統的概念から完全には自由になっていない。つまりそれらの概念は多かれ少なかれ芝居がかっていて神話的であり、歴史的現実を照らし出す代わりに隠してしまっているのだ。いま私が指摘したばかりの意味で理解されたヨーロッパ社会史、つまり「理想化」などしない現実主義的なヨーロッパ社会史ほど地平線に平和をもたらすことに貢献するものはまずないであろう。しかしこの問題はこれまで決して認識されたことはなかった。なぜなら歴史的視点の伝統的な形式は、私が厳密な意味で「ヨーロッパ社会」と呼んだ統一的現実を覆い隠し、そしてそれを、たとえばランケ〔ドイツの歴史学者。一七九五―一八八六〕の書名『ラテンおよびゲルマン諸民族の歴史』(*Geschichte der romanischen und germanischen Völker*)に表われているように、強引に諸民族という複数形に代えられてしまっているからである。真実は、これら複数形の民族は、ヨーロッパという唯一の社会空間の内部に浮沈子〔パスカルの原理を利用した玩具〕のように浮かんでいるのだ。「その中で動き、生き、そして存在する」〔新約聖書「使徒言行録」、十七の二十八も参照〕。私が求めている歴史は、その人間空間の有為転変を私たちに語り、その社会化の指標がどのように変化してきたかを見せてくれるものである。たとえば、場合によっては、それが、ヨーロッパの根本からの分裂の恐れを抱かせながら著しい低下を続けたり、特に、それぞれの時代の平和の量がその指標と正比例の関係にある様子を見せてくれる。この最後の点は、私たちの現在の苦境にとって最も重要なことである。

歴史的現実、もっと普通の言葉で言うと「人間世界に起こること」は、ばらばらの事実の集積ではなく、厳密な骨格と明らかな構造を持っている。そればかりではない。もしかするとこの宇宙でみずから構造や組織を持っている唯一のものかもしれない。たとえば物理現象など他のものすべては構造を持っていない。それらは物理学者がある想像上の構造を案出してやらなければならない、ばらばらの事実である。

しかしその歴史的現実の骨格については探究せねばなければならないものである。新聞の論説や大臣・扇動家の演説は、私たちに歴史的現実の情報を与えてはくれない。歴史的現実をよく探究するなら、歴史という体のどこの部分に、あるいはどの層に病巣があるかを、ある程度の確実度をもって診断することができる。かつて世界には一つの極めて広く強力な社会、つまりヨーロッパ社会があった。それは社会として、いくつか究極的な要請、ヨーロッパの知的道徳的信条の有効性に裏付けられた基礎的秩序によって構成されていた。表面上のあらゆる無秩序にもかかわらず、西欧の最深部で機能し続けたこの秩序は、何世代にもわたって地球のその他の部分に光を届け、多少の差はあれ、その部分に可能なかぎりの秩序をもたらしたのである。

ところで、今日の平和主義者にとって、西欧共同体の最深部で何が起こっているか、現在の社会化の指標は何か、「集団的有効性」の伝統的システムがどうして跡形もなく消えてしまったのか、そしてその見かけにもかかわらずそれら有効性のどれかが密かに命脈を保っていないかどうか、これらを調べること以上に重要なことは何もないはずだ。なぜなら法は社会の自発的な働きであるが、その社会とは諸要請の下の共存だからである。現時点でヨーロッパ史全体を通じてもその例を見ないような規模で、それら要請が欠けている事態になる可能性がある。その場合、ディオクレティアヌス〔ローマ皇帝で帝国の四分割統治をする。二四五―三一六〕あるいはセウェルス家〔二―三世紀のローマ皇帝を輩出した一家〕以来、西欧が被った最も重い病気ということになろう。それは治療不可能の病気という意味ではない。しかしただの通りすがりの者ではなく、本当に優秀な医者を呼ぶ必要があるということである。特に言いたいのは、国際連盟からはいかなる対応策も期待できないということである。口の悪い人なら、国際連盟とは、ピクウィック氏〔ディケンズの小説の主人公〕やオメー氏〔フローベール『ボヴァリー夫人』の登場人物〕などが主要会員であるクラブで思いついたような、まるで反歴史的な存在であり、いまもなおそうであるとして、何も期待できない、と言うであろう。

それが当たっていたか間違っていたかはともかく、以前の診断は分かりにくいものであったろう。いや、実際にそうであった。それはそれで残念だが、私の力では避けようがない。また、現代の医療が下す極めて厳しい診断も同じく分かりにくいものである。微妙な血液分析表を読んで、門外漢がそこに恐ろしい病気が特定されているかなど分かるだろうか。わたしは今までいつも、それ自体が現代の悪の一つである秘教主義を駆逐しようと努めてきた。だが無い物ねだりはやめよう。もう一世紀も前から、深い、ある意味では尊重すべき原因から、諸科学はいかんともし難い秘教の方向に進んでいるのだ。それは秘教主義とは正反対の悪癖、すなわち行きすぎた通俗主義を患っている政治家という人間たちが、その深刻な問題性を見ることができなかったものの一つである。今のところはこの状況を受け入れるしかない。認識というものが、卓上のビールとともに供される気楽な会話からは根本的に遊離してしまったことを認める以外に手はないのだ。

ヨーロッパは今日、非社会化されている、あるいはそれと同じことだが、有効であるべき、かつ依拠することのできる共存の原則が欠けている。ヨーロッパの一部は、「新しい」と考えるいくつかの原則を打ち立てるべく鋭意努力している。また一方で、伝統的な原則を守ろうと躍起になっている。さてこれこそ、その双方ともが有効でないことの、そして判断者としての力を失ったか、あるいはもともと獲得していなかったことの最上の証明である。ある意見や規範が真に「集団的有効性」を得るには、社会の内部に存在するある特定の集団がそれを課したり支えたりする努力によって効力が活かされるわけではない。むしろその反対に、特定の集団はその有効性を持ち出すことによって最大の力を求めるのだ。一つの原則のために戦わなければならないというのは、それがいまだ有効ではないか、あるいは有効であることを止めたからなのだ。

それとは逆に、その原則が完全に有効であるときにやるべき唯一のことは、重力の法則に対してのように、それを利用し、言及し、それに保護を求めることである。有効性は、論争も騒ぎもなしにその魔法のような影響を及ぼす。つまり人びとの魂の中に静かに沈殿し、ときには彼ら自身、自分たちがその有効性に支配されているなどとは気づかずに、またときにはそれに反対して戦っているとさえ信じるときに、知らぬうちに影響を及ぼしているのだ。こうした現象は驚くべきことだが、しかし議論の余地のないものであり、社会の基本的事実を構成している。有効性は本物の社会の力、無名で没個性的な力、あらゆる集団や特定の個人から独立した力なのだ。

しかし反対に、ある理念がその集団に対する要請力を失ってしまったのに、誰かが自分は正当化されたとか強化されたと感じるために、その理念を口にさえすればそれが得られるなどと考えているのを見ると、滑稽とも驚きともつかぬ印象を生み出す。しかしながら、こんなことはイギリスや北米では毎日のように起こっている。(6) そう考えると、唖然とするしかない。そうした振る舞いは、間違いなのか、それとも熟慮の末の虚構なのか。無垢なのか、それとも策略なのか。さあ何と考えればよいのだ。

というのは、アングロ・サクソン人の中には、自己表現、すなわち「自分の考えを述べる」機能が、ヨーロッパの他の民族とは違う役割を持っているかも知れないからである。しかしそうした振る舞いの意味がどうであれ、私が恐れるのは、それが平和主義にとって不吉なものではないかということなのだ。そればかりか、ヨーロッパの有効性について常々イギリスが行ない続けてきた特有の慣習が、まさにその有効性と権威を失墜するのに力を貸した要因の一つではなかったかどうか調べてみなければならない。この問題はいつの日か根底から研究されなければならないであろうが、それは今ではないし、また私によってでもないであろう。(7)

ともあれ平和主義者は、自分が生きている世界は平和を組織するための主要な必要条件が欠けている、あるいはそれが非常に弱体化していると自覚する必要がある。ある民族と他の民族との付き合いにおいて、上位の審判に拠りどころを求めることはできない。なぜなら上位の審判などないからだ。諸民族がその中で浮遊していた社交性の雰囲気も、それらの間に好意をもたらす空気のように、円滑な交流を可能にしていた雰囲気も、雲散霧消してしまった。つまりばらばらとなり、互いに角《つの》を突き合わせている。三十年前、旅人にとって国境がほとんど想像上の季節線［天文学で春分・秋分や夏至・冬至を決める軌道］のようなものであったとき、国民の多孔性を気密性のものに変えて急速に角質化し硬化してゆくさまを、私たちはみな目撃したのである。

掛け値なしの真実は、ここ何年か前から、ヨーロッパは臨戦状態に、つまり実質的には過去全体にもなかったような根源的な意味での戦争状態になっていることだ。そして私がこうした状態の起源とみなすものは、民族間に単に暗黙の戦争が存在しているだけでなく、それぞれの内部においても、むきだしの深刻な不和が存在しているか、存在しつつあるという事実によって確認されるように思える。今日の権威主義的な体制を、思いつきや陰謀で生み出されたものと解釈するなら軽薄のそしりを免れまい。それが今日ほとんどの国が置かれている内戦状態の避けようもない現われであることは間違いない。いまようやく見えてくるのは、それぞれの国民の内的結合がその大部分を、いかにヨーロッパの集団的な有効性で養われていたかということである。

この西欧の諸民族間の共同体に見られる突然の弱体化は、とてつもなく大きな道徳的隔絶を意味する。民族間の付き合いは困難をとうに超えている。かつては共通の原則が互いに理解可能な一種の言語を構成していた。したがってそれぞれの民族が他の民族一つひとつをよく個別に識る必要はなかった。そしてこの事実をもって、私たちはまた最初の論点に立ち返るのである。

なぜならこの道徳的隔絶はそれとは反対の現象、すなわち具体的に本論の執筆の動機となった大衆化現象と相まって危険なまでに複雑化しているからである。私としてはその巨大な事実の性格を少しでも明確にしておきたい。

ほぼ一世紀前から新しいコミュニケーション手段、すなわち人びとの移動、製品の搬送、情報の伝達が地球上の諸民族を接近させ、地球上の生活を統一した、と言われている。しかしいつものことだが、こうした言い方には一つの誇張があった。ほとんど常と言ってもよいくらい、人間にかかわる事柄は伝説から始まり、だいぶ後になって現実へと変化する。今度の場合も、単なる先走った熱狂であったことは明らかである。民族同士の効果的な接近を果たすはずの手段である蒸気船、鉄道、電報、電話は、原則的にはすでに存在していた。しかし発想工夫だけでまだ完成の域にはほど遠く、また広く利用に供せられることもなかったし、決定的な手段であるはずの始動用モーターや無線通信などはまだ考案されていなかった。

科学技術の最初の大きな成果を前に興奮した十九世紀は、「前進」や「物質的進歩」などのレトリックを矢継ぎ早に発していた。そのような次第で、世紀末に至る頃、人びとはそうした決まり文句に飽き飽きし始めた。とはいえ、彼らはそれを本当の話だと思っていた。彼らは十九世紀があのような謳い文句で宣伝していたことがすでに実現されたと思い込んでいたのである。そしてこのことが現在の多くの問題の理解を妨げている。つまり奇妙な歴史的視点の誤りを引き起こしたのだ。平均人は、いくつかの偉大な前進によって頂上にまで導いたのは前世紀のことであると確信しているが、技術的発明とその実現化のたぐい稀な時代とは実はここ最近の四十年のことであったことに気づいていないのである。

この極めて短い時期における発見の数と重要性、そしてその実用のペースは、人類史の過去全体を遥かに凌駕している。世界の実際上の技術的変革はごく最近の事実であり、その変化はいま――いまであって一世紀前からではない――根本的な結果を生み出しつつあるのだ。(8)

そしてこのことはあらゆる領域についても言える。現在の経済における深刻な混乱は、生産の場でこれらの発明品が引き起こした突然の変化、それに対して経済組織が適応する時間がなかったという変化から起こっている。たった一つの工場が大陸の半分で必要とされるすべての電球や靴を生産する能力があるなどということは、さしあたっては怪談として受け取られたら運がいいぐらいの話ではなかろうか。このこと自体、コミュニケーションの変化にともなって起きているのだ。

ともあれ、事実ここ数年の間に、各民族は時々刻々、他民族に起こっていることについて大量かつ最新の情報を得ているが、それが実際にも自分たちが他の民族の中にいるとの幻想や、あるいは絶対的な即時性の中にいるとの幻想を作り出してしまった。別の言い方をすれば、世界の社会的生の実質的影響としては、世界が突然ちぢまり、小さくなった。諸民族は備えもないまま力学的により近いものとなったのだ。そしてこうした事態に立ち至ったのは、ヨーロッパの諸民族がまさに精神的により隔絶した時期と重なる。

読者はもちろんこうした流れが持つ危険性に気づいておられるであろう。人間という存在は考えなしには他の人間存在に近づけないことは良く知られている。一見すると接近が容易に見える時代の一つに属する私たちは、人間の常とも言える〔悪魔になった元〕大天使の気まぐれを持った野獣である人間に近づくには、いつもかなりの注意が必要なことを忘れがちである。つまり歴史全体を通して、接近の技術は進化の過程を辿っているということだ。中でも最も顕著で目立っているのが挨拶である。おそらく、いくつか留保を加えてだが、挨拶の形式は人口密度の高さに比例すると言えるのではないか。つまり人間の間の平均的な距離によって決まるのではないか。

サハラ砂漠では、トゥアレグ族一人ひとりは何マイルにも及ぶ孤独の半径を持っている。トゥアレグ族の挨拶は、百ヤード先から始まり、四十五分も続く。密集した民族の国である中国や日本では、人びとは言うなれば重なり合って、鼻と鼻をぶつけながらコンパクトなアリ塚に住んでいるので、挨拶や付き合いは最も繊細かつ複雑な技術を要するややこしいものになっている。あまりに洗練されてしまったので、極東の人にとってヨーロッパ人は下品で横柄な人間という印象を与える。だから厳密に言えば、ただ戦う相手としか見えない。こうした超接近においてすべては癇にさわる対象、危険な相手となる。人称代名詞までもが無礼に変わる。それゆえ日本では彼らの言語から人称代名詞を削除するまでになった。そして二人称は「御身」とかなんとかに、一人称は「私」と言う代わりに、恭《うやうや》しいお辞儀をしながら「不肖……」などと言うのである。

二人の人間の間の単なる距離の変化がそのような危険をもたらすなら、最近十五年あるいは二十年の間に突然ふりかかった民族間の急接近が生み出した危険がどれほどのものか想像していただきたい。私の考えでは、注意することが必要なこの新しい要因のことを、誰もしかるべく注目してこなかったのではないか。

この数カ月の間、いくつかの国家が他の国家の生に干渉したか干渉しなかったか、大いに議論されてきた。しかし今日、いくつかの国民の意見が他の国の、ときにはずっと遠い国の生に対して行なっている〔国民の意見による〕干渉については、少なくとも充分な形では話題にされてこなかった。私の意見では、後者の干渉の方が、前者の〔国家による〕干渉より今日もっと重大な問題である。というのは国家とはどのつまり、それぞれの社会の内部の、比較的「合理化された」機関だからだ。その活動は、特定の個人である政治家、すなわち少しでも内省と責任感に欠けることがあってはならない人たちの意志によって熟慮され調整されたものである。

それに対して民族全体の、あるいは大きな社会的グループの意見は、単純で、無分別で、責任能力のない一つの力であり、あらゆる陰謀からの影響に対しては無防備で無気力であることを示している。それにもかかわらず、一国の厳密な意味での世論は、自国の生についての意見を述べる段になると、それが裁く現実とのずれがないという意味で、いつも「分《ぶ》」(razón)があるのだ。その理由は明らかである。世論が裁定する諸々の現実は、それらに判定を下す主体自身が実際に経験したものだからである。イギリス人が、自国を悩ます大きな問題について意見するとき、自分たちに起こった事実、つまり自分の肉体と魂で経験したこと、生きたこと、要するに自分たち自身について意見するわけだ。本質的なところで、どうして間違うはずがあろうか。

だからそれらの事実の教条的解釈が、もっと大きな理論的不一致の機会ともなり、そしてその不一致が特別な集団によって支持された党派的な意見を誘い出すきっかけともなるわけである。しかしそうした「理論的」不一致の下で、国民が享受したり苦しんだりした誤魔化しようのない事実が、国民の中に生の「真実」を、すなわち歴史的現実そのものであり、すべての教条よりも上位の価値と力を持つ生の「真実」を突きつける。こうした生きた「分」もしくは「真実」は、その特性としてすべての真正な「世論」に認められなければならないが、その存在意義は整合性にある。別の言い方をすれば、次のような命題となる。すなわち、その国の重大問題において、「世論」が、判断の裁かれる現実と有機的に対応するために必要な最小限度の情報を欠いているということは、およそ考えられにくい。さほど重要ではない細部での間違いはあるかも知れないが、巨視的にとらえるなら、現実と合致せず、現実と有機的な結びつきを持たず、それゆえに有毒となる反応はまずあり得ないのである。

ところが他の国で起こっていることに関する意見となると、厳密な意味ではその反対のことが起こる。つまり相当な確率で見当違いのものが多いのだ。Aという民族は、Bという民族とは異なる、彼ら独自の人的経験を背景に考えたり意見したりする。このことは、まさに見当違いなやりとりへと導かないであろうか。まさにここに避けようのない齟齬《そご》が生じるのだ。その齟齬は、一つの非常に困難なこと、つまり充分な情報を得ることによってのみ相殺される。ここには生きた「真実」が欠けているので、認識という真実にその代わりをさせなければならない。

一世紀前だったら、アメリカ合衆国の国民がギリシャで起こっていることについて意見を持つこと、そしてその意見が間違った情報をもとにしたものであっても許されたであろう。アメリカ政府が行動に移さないかぎり、その意見はギリシャの命運にとってなんの効果も及ぼさなかった。その当時、世界はそれほど小さくもなく、柔軟な「大人」

であった。民族間の物理的な距離は非常に大きかったので、その距離を横断するとなると、見当違いの意見もその毒性を失ったのである(9)。しかしここ数年の間、諸民族は力学的に見て極端なまでに近接した関係に入り、たとえば北米の大きな社会集団の意見がスペイン市民戦争に実際に、直接の意見として、つまり彼らの政府の意見としてではなく干渉している。それと同じことは、イギリス人の意見についても言える。

イギリス人やアメリカ人が、お気に入りの問題について好きなように意見する「権利」を槍玉に挙げて、彼らの自由意志を抹消しようなどとは、私はこれっぽっちも考えていない。問題は「権利」などにあるのではないし、そうした題目の陰に隠れ潜んでいる唾棄すべき言葉遣いのことでもない。簡単に言えば、良識の問題として取り上げたいのだ。私の意見では、ある国の世論が他の国の生に干渉することは、今日ではおよそ無礼で、有毒で、攻撃的な熱情を生み出す要因である。なぜならその意見は、諸民族間の距離の変化に適応した技術によって未だ律せられていないからである。イギリス人にしろアメリカ人にしろ、スペインで起こったこと、そして起こるはずのことについて意見する権利はもちろん持っている。しかしその権利はそれ相当の義務、すなわちスペイン市民戦争の現実(その第一の、最も本質的な主題は、その起源、そしてそれを生み出した原因である)についてよく知らされていなければならないという義務を負うものであり、それを受け入れなければ侮辱になってしまう。

しかし現代におけるコミュニケーション手段が効果、さしあたっては害を生み出すのは、まさにここである。なぜなら、ある民族が他の民族に起こったことについて絶えず受け取る情報量は莫大なものである。イギリス人に、スペイン市民戦争や他の似たような緊急事態といった歴史的現象について、あなたは情報を得ていませんよ、などと説得することがどうして容易のはずがあろう。イギリスの新聞があらゆる国の内部に特派員を派遣して、その滞在を支えるために半端ではない額のお金を払っていることは知られている。またこれら特派員のなかには情熱的かつ党派的な方法で仕事を遂行している者がいるとしても、他の多くの特派員の公正さには問題がなく、正確なデータを実に見事に報道していることも知られている。確かにそれは本当のことだが、しかしだからこそ結果として非常に危険なのだ。(10)

というのは、もしイギリス人がここ三、四年のことを大急ぎで思い返すなら、世界にはイギリスにとって大変重大な、そして彼らには青天の霹靂のようなことが起こっていたことを見出すだろう。歴史においては大事件が突然起こるようなことはない。だからイギリス人が次のように考えたとしても別段、行き過ぎた用心深さとは言えないのではないか。つまり自分は普通考えられるよりずっと少ない情報しか与えられていないのではないか、あるいは自分に与えられた情報は豊富だが、通り一遍のデータからでき上がっており、そこには鋭い視点もなく、データの中には本当の現実をつかみ損なっているものもあるのではないか、と。そうしたことの最も明白な例は、その恐ろしいまでの大きさゆえに、この文章の出発点に使わせてもらった巨大な事実、すなわちイギリスの平和主義の失敗と、そしてイギリスの国際政治二十年間の失敗である。その失敗が騒々しく告げ知らせているのは、イギリス人は——その数え切れないほどの特派員の数にもかかわらず——他の民族に現実に起こっていることについてはほとんど知らないということである。

ここで現実に起こっている複雑なプロセスをよく理解するために、図式的に説明してみよう。A民族がB民族から受け取る情報は、Aの中に反論しなければならないという状況——幅広いグループでの反論か、あるいは国全体の反論——を引き起こす。しかし今ではそれら情報が超スピードで、しかも大量に途切れることなく届くので、そうした意見は一世紀前のように多少とも「静観的」な段階に留まることはなく、むしろ即座に活発な意向を帯電し、すぐさま干渉という性格を帯び始める。他にも、いつも特有の動機を持った陰謀家たちがいるもので、彼らは用意周到にそうした干渉を促そうとする。

また逆にB民族の方でも、そうした遠くで起こった意見について、その不穏な空気、動向に関する情報をこれまた素早く、大量に、しかも途切れることなく受け取る。そして外国の奇妙な連中がとんでもない無礼な態度で、まるで自国を侵略しているような、まるで目の前で怪しい動きを見せているような印象を持つのである。こうした怒りの反応はすぐさま激昂にまでエスカレートしてしまう。なぜならB民族は、A民族の意見と実際にB国内に起こったこととの不一致にすぐさま気づくからである。こうなると隣人が自分たちの生に干渉しようとしていることに苛立ちを覚えるのはもちろんだが、しかしそれだけでなく自分たちの生を完全に無視しているとなると、相手側の不遜な態度は自分たちの中に激しい怒りを誘い出す。

マドリッドで共産主義者やその同調者たちが、作家や教授たちを脅迫して、自分たちのマニフェストに署名することやラジオで話すことなどを強制していた間も、イギリスの主だった作家たちは自分たちの書斎やクラブの安楽椅子に坐ったまま、なんの圧力も受けずに、それら共産主義者やその同調者たちは自由の擁護者であることを保証する別のマニフェストに署名していたのである。事を荒立てないようにしたいものだ。しかしイギリスの読者にぜひお願いしたいのは、先のような醜悪さと悲劇の間を揺れ動く現実を前に、私の最初の行動がどのようなものであったか、想像していただくことである。

なぜかと言えば、それ以上に辻褄の合わない事態に出くわすことなどめったにないからだ。幸いなことに、私は生涯を通じて、私の心理的、身体的機構の中にきわめて強力な抑制と抑止のシステム――もしかすると文明とはまさにそうした装置以外の何ものでもないのではないか――を設置することに努めてきたし、またダンテも述べていたように、

予見された矢はもっとゆっくり飛んでくる

というわけで、驚きのあまり私自身が意気阻喪するようなことはなかった。もうだいぶ前から、私はヨーロッパのインテリに頻繁に見られる浮薄さと無責任さを指摘することに腐心してきたが、私はこれらを現在の混乱の原因の中でも第一級の大きさを持つ要因だと告発してきた。しかし、たまたま私が示すことのできるこの中庸は、「自然のもの」ではない。自然なのは、それらイギリス人作家たちに対して私が今や情熱的な戦争状態になっていくことの方であろう。それゆえこれは、諸民族間の相互の無理解を作り出してきた好戦のメカニズムの具体例なのである。

数日前、アルバート・アインシュタインは、スペイン市民戦争について意見すること、それに対する態度表明をすることが自分の「権利」だと確信を持った。ところでアルバ

ート・アインシュタインは、現在と過去において起こったこと、いや常にスペインに起こっていることについての根本的無知を利用したわけである。このような無礼な干渉へと彼を踏み切らせた精神は、このところずっと知性人の世界的な権威失墜を招いてきたのと同じ精神である。そうした知性人には、精神力が欠けていて、世界が成り行き任せに進んでいくのを、手をこまねいて見ているのだ。

分かっていただきたいのは、私がスペイン市民戦争について話すのは、多くの例のうちの一つとして、より正確には私自身に明らかな例としてであって、イギリスの読者にたとえ一瞬ではあっても、大量の「情報」にもかかわらず、自分が充分な情報を得てはいないという可能性があることを認めてほしいからに他ならない。もしかして、このことが読者を動かして、他の国についての不充分な認識を修正してもらえるかも知れないが、それこそが再び世界に秩序が君臨するための最も決定的な前提である。

だがここにもっと一般的な別の例がある。最近、［イギリス］労働党の大会は三十万対二百十万という票差で共産主義者たちとの提携、つまりイギリスにおける「人民戦線」の形成を否決した。しかしその同じ政党と先導する世論とが、より具体的かつ効果的な方法で、他の国々で形成された「人民戦線」を厚遇し育成することに腐心しているのだ。「人民戦線」なるものが有益なものか破滅的なものかは不問に付して、同じ集団が意見に関して二つの態度をとったこと、私としてはその有害な不一致をぜひとも強調しておきたい。投票の際の数の開きは、ヘーゲルによれば自動的に質的違いへと変換する量的差異に属する。

それらの数字は、労働党のブロックからすれば、共産主義との提携、「人民戦線」が、数の多寡の問題ではなく、イギリス国民にとっての恐ろしい病気とみなしたということであろう。しかし問題は、同時にこの同じ意見集団が他国での同じ病原菌の培養に努めているということだ。そしてこれは一つの干渉、いやそれ以上に軍事的介入とさえ言えるのではないか。なぜなら、それは少なからず化学戦争の性格を持っているからだ。このような現象が作り出されている間は、世界に平和が支配するようにというすべての希望は、繰り返しになるが、失恋の苦しみなのである。その辻褄の合わぬ行為、労働党の意見の二重性は、イギリスの外ではただただ苛立ちしか喚起しないからである。

いやそれらの干渉に苛立つのは当該民族の一部であって、他の部分には歓迎されているなどとの反論は意味がないと私には思われる。以上はいまさら証明するまでもないほど、明らかな観察結果である。外国の意見によって一時的に利益を得られる国の一部は、もちろんそうした干渉の恩恵にあずかろうと躍起になるであろう。もう一つの愚行と言えよう。しかしそうした目立った一過性の感謝の下に、国全体によって生きられた現実の過程が走っている。国民は「それ自身の真実」、実際に起こったことにおいてこそ定着し、敵対する二つの党派は、そう宣言するしないにかかわらず、その真実において一致する。それゆえにこそ、一致しない外国の意見に抗してついには統一する。外国の意見が長期間感謝されるのは、偶然に正鵠を射ているか、あるいはその生きている「真実」との不一致がより少ない場合だけである。

　知られざるすべての現実は、復讐を用意する。人間の歴史における破局の起源はこれ以外にはない。それゆえ民族は人間と同じく、別な形で別な理由からだが、一つの内面性――それは理由なく外から発見されることのない秘密のシステムである――を無視しようとするならば、その意図はすべて忌むべきものとなる。読者はどうか漠然としたこととか神秘的なことを考えないでいただきたい。何か集団的機能、たとえば言語などを取り上げてもらいたい。たとえどんなに勉強したとしても、外国語を内面的に知ることは事実上、不可能ということは動かしえない事実なのだ。それならば、外国の政治的現実の理解がやさしいことだなどと信じるのは、無分別もいいところではなかろうか。

　だから私は世界の新しい枠組みの中では、かつてはほとんど無害であった、他国に起こっていることについて軽々に意見することが、ときに正真正銘の侵略に変わってしまうと主張したい。このことは、ヨーロッパの国民群がより上位の統一化へと近づいているように見えるまさにそのときに、突然、自分の中へ引きこもり互いに対してその存在を密閉し始め、国境を絶縁体で覆われた潜水服に変え始めたのはどうしてか、を説明するには充分だろう。

私が思うに、前にも触れたことだが、ここには法の問題と並行して国際的な規律にとって第一級の新しい問題がある。以前私たちは新しい法的技術を要請したが、ここでは民族間の付き合いに関する新しい技術を要求したい。イギリスでは、個人が他の個人について意見することが許されるには、いくつかの注意事項を守ることが前提とされることを学んできた。誹謗文に関する法律があるし、「礼儀作法」という恐ろしいまでの独裁体制がある。一民族の他民族についての意見が、同様の規制を受けない理由などないはずだ。

もちろんこのことは、基本原則についての合意があることを前提とする。基本原則とは、すなわち諸民族ならびに諸国民が存在しているということだ。ところで、古くからの安手の「国際主義」は現在の苦悩を生み出した当のものだが、かつては、心の底ではその反対のことを考えていた。つまりその理論と行動のいずれも、その根っこに国民とは何か、そして国民という存在が世界の中で無視できない恐るべき現実を構成しているのだということについて、無知であったことを認めないかぎり理解できないのである。

複数の国民が存在しているという肝心な事実をいつも自分の思い込みのせいで忘れていたという不思議な国際主義である。(11)

おそらく読者は以上のような否定的な考えではなく肯定的な教説を求めておられるのではなかろうか。もちろん私としては、きわめて図式的な説明になるかも知れぬ危険をあえて冒してでも、自分の見解を披瀝することになんの不都合も感じない。

英語版でかなりの読者を得た『大衆の反逆』(12)の中では、ヨーロッパ的共存の最も進化した形式の到来を、その統一の法的政治的組織化への第一歩を、私は擁護し告知している。このヨーロッパ的理念は、あのわけの分からぬ国際主義の対極に位置するものである。ヨーロッパは国民の間にあるもの(inter-nación)ではないし、これからだってそうではないだろう。なぜなら国際なるものは、明確な歴史的概念からすれば、空隙、虚《うろ》、虚無を意味するからだ。むしろヨーロッパは超・国民(ultra-nación)なのだ。西欧の国民群を形作ったのと同じ霊感が、ゆっくりと静かにサンゴ礁が繁殖するように地下深く活動を続けている。

要するに、例の国際主義が代表する方法上の迷走のせいで、大事なことが見えなくなっていたのだ。つまりヨーロッパが具体的で意味のある統一に到達するのは、限界まで悪化したナショナリズムの段階を過ぎて初めて可能であるという事実である。これまでの伝統的な形式が新しい生の形式に移行し定着するのは、極限の形での習練を積んで初めて可能となる。ヨーロッパの諸国民は、いまや自分たちの限界に達し、そしてそれらの間の角の突き合いを経てヨーロッパの新しい統合へと進むであろう。問題はそこである。つまり国民を貼り合わせることではなく、西欧の豊かな特性を残しつつ統合することなのだ。

現時点において、先ほどもほのめかしたように、ヨーロッパ社会はいまにも蒸発しようとしている。しかしだからといって、これが消滅や決定的な解体を意味すると考えるのは早計であろう。ヨーロッパ社会に見られる無秩序や極端なまでの分散状態は、ヨーロッパ社会が有する現実のもう一つの証明である。そういうことがヨーロッパに起こっているのは、共通の信念、ヨーロッパ的信念、それの社会化の基礎となっている有効性が危機に陥っているからである。いま直面している病気は、したがって共通のものである。問題はヨーロッパが病気になっていることではなく、それでもあれこれの国が充分な健康を享受していることである。つまりヨーロッパが消滅することもあり得るし、また別な歴史的現実の形式――たとえば手綱を緩められた諸国民、あるいは西ヨーロッパと根っこのところから袂を分かった東ヨーロッパ――に取って代わられたヨーロッパもあるかも知れないということである。ところが以上のいずれも地平線上にその姿を現わしてはおらず、だから病気は共通の、ヨーロッパ的なものであって、再建もまたそうであろう、ということだ。要するに、公的生の二つの違った形式、すなわち新しい自由主義と、ぴったりしない名称だが普通そう呼ばれている「全体主義」、という二つの形式をとってヨーロッパが現れる時代がやってくるであろうということだ。弱小民族は過渡的かつ中間的な姿を採用するであろう。

これでヨーロッパは救われるであろう。またもや明らかになったのは、生のあらゆる形式は、その対立者を必要とするということだ。「全体主義」は「自由主義」の上でその色を落としながら、自由主義を純化させ、そうすることによって、自由主義を救うであろう。かくして私たちは、新しい自由主義がまもなく権威主義的な体制を和らげるのを見るであろう。この純粋に機械的で暫定的な均衡は、最小限度の休息の新時代を、つまり人びとが心の中に持っている森の奥に、再び新しい信仰の泉が湧き出るためには欠かせない短い休息の時代を可能にするであろう。これこそ本物の歴史的創造力であるが、しかしそれは混乱の中からではなく、慎み深い自己沈潜の中から湧き出るのだ。

パリ、一九三七年十二月

原注

フランス人のためのプロローグ

(1)『エルンスト・カッシラー記念論文集　哲学と歴史』(*Philosophy and History: Essays Presented to Ernst Cassirer*)(一九三六年)収録の著者の試論「体系としての歴史」(History as a System)参照[井上正訳『オルテガ著作集』第四巻、白水社、一九七〇年所収]。

(2)それらの概念すべての究明と修正(mise au point)が開始されたのは、他のどこでもなくフランスにおいてであったことはぜひ述べておきたい。読者は他の箇所で、このことについてだけでなく、それがなぜ失敗に終わったのかについての説明を見出すであろう。私としてはこの種のテーマでは断然、他より優れている最近のフランス語版を出発点にして、この究明作業に協力してきたつもりである。私の思索の成果は近々出版予定の『人と人びと』(*El hombre y la gente*)[アンセルモ・マタイス、佐々木孝訳『個人と社会』(『オルテガ著作集』第五巻、白水社、一九六九年所収)]にも出ている。そこには今述べたようなことが、さらに発展し証明された形で読者の前に現われるであろう。

(3)『世界の君主制　二つの小品』(*Deux opuscules de Monarchie: Réflexions sur la monarchie universelle en Europe*)、一八九一年、三六ページ。

(4)『バルザック全集』(*H. De Balzac: Œuvres complètes*、カルマン・レヴィ社版)、第二二巻、二四八ページ。

(5) イギリスでは住民名簿にそれぞれの名前と一緒にその人の職業と地位が書かれている。それゆえ、普通の中産階級はその名前の横に s.nob. すなわち貴族の身分を持たぬ(sin nobleza)、と併記されている。これがスノッブ(俗物)の起源である。

(6) ギゾー『ヨーロッパ文明史』(Guizot, *Histoire de la Civilisation en Europe*)、三五ページの「諸原理の共存と闘争」参照。ギゾーとは非常に異なるように見えるランケにも似たような考えが見出される。「ヨーロッパでは、それがどのようなものであれ一つの原理が絶対的な支配を企てようとするや否や、ヨーロッパの生の根源の奥底から、それに対する抵抗運動が常に生まれる」(『ランケ全集』第三八巻、一一〇ページ)。また他の箇所(第八と第一〇巻、三ページ)にはこう書かれている。「ヨーロッパ世界はさまざまな起源を持つ諸要素から構成されており、まさにその後の対立と闘争の中で、歴史的局面の変化が展開され発展していくのである」。ランケのこの言葉の中に、明らかにギゾーの影響が見られないであろうか。十九世紀のある歴史の深層を見えなくしている要因の一つは、一七九〇年から一八三〇年に至るフランスとドイツの間の思想の行き来が充分に研究されてこなかったことが明白に挙げられる。恐らく今後の研究の結果、その当時、ドイツがフランスから得たものの方が遥かに多かったことが判明するであろう。

(7) ギゾーはいくぶんか誇らしげにガスパラン夫人に語っている。教皇グレゴリウス十六世がフランス大使と話しているとき、ギゾーに触れてこう言ったと伝わる。「偉い大臣です。決して笑わないそうだ」。『ガスパラン夫人宛て書簡』、二八三ページ。

(8) もし読者がこれについて調べてみようという気になったとしても、理論家たちが同じ理論を持ってはおらず、みなそれぞれに違っているといった、なにか逃げ道を用意しているような定式に再三ぶつかるであろう。それはまるで他の学派では起こらないかのような、また人間の集団と蓄音機の集団の間には違いがないかのような口ぶりだが、実際はその逆である。

(9) 最近のことだが、チャールズ・H・ポータスは文書保管室からギゾーの文書を抜き出し、何巻かの本の形で資料を提供するという骨の折れる仕事を引き受けてくれた。この資料がなければ、ギゾーの仕事の再現を始めることは不可能であったろう。ロワイエ・コラールに関してはそんなことすらない。結局、ギゾーとコラールの理念(idearium)に関するファゲ[フランスの批評家。一八四七―一九一六]の研究に頼らざるを得ないであろう。それ以上のものは見当たらないし、才気溢れるものであっても、まったく不充分だからである。

(10) たとえば、《抵抗》の政治を、まったくもって単純に保守的なものと解釈したときには、誰であっても穏やかな意識――知的な《意識》を持っている人の場合だが――のままでいることはできない。ロワイエ・コラール、ギゾー、ド・ブロイ[フランスの政治家。一七八五―一八七〇]などが単純な保守主義者でなかったことはいまさら言うまでもない。《抵抗》という言葉は、前述のランケの引用に表われた限りでは、この偉大な歴史家に与えたギゾーの影響が見てとれるが、その言葉にしても意味を突然変えることがあって、ロワイエ・コラールの演説の中に「公的自由とは抵抗以外の何物でもない」などという言葉を読むと、こう言ってよければ、その言葉のいわば古層を教えられるような気がするのだ(バラーント[フランスの歴史家。一七八二—一八六六]の『ロワイエ・コラールの生涯と演説』(*La vie politique de Royer-Collard, ses discours et ses écrits*) II、一三〇ページ)。ここに再びお目にかかるのは、静的なるものをすべて動的なるものに還元する最上のヨーロッパ的霊感である。自由の状態は相互に抵抗し合う諸力の複数性から出てくる。しかしロワイエ・コラールの演説は、今日ではほとんど読まれていないので、それらが素晴らしいもので、それを読むと純粋な知的喜びを感じ、デカルト哲学の最上の形を示した最後の著作だと言うと不遜に思われる方もいるだろう。

(11) 前述の拙著「体系としての歴史」を見ていただきたい。

(12) ドイツ人たちは、自分たちこそ個人とは違う、そして個人より《前の》現実である社会的なるものを発見したのだと言いたがっている。彼らにとって民族精神(Volksgeist)は最もドイツ的な理念の一つと思っている。先ほどの注で言及した、一七九〇年から一八三〇年の間のフランス・ドイツ間の知的交流の詳細な研究が最も推奨さるべきケースの一つである。しかしVolksgeist(民族精神)という言葉は、ヴォルテールの国民の精神(l'esprit des nations)の翻訳であることは明らかである。集産主義がフランスを起源としたのも単なる偶然ではなく、フランスを社会学発祥の地ならびに一八九〇年あたりの再登場(デュルケーム)の舞台としたのと同じ原因に由来している。

(13) C・ブーグレ[フランスのデュルケーム学派の社会学者。一八七〇—一九四〇]とE・アレヴィ[フランスの歴史家。一八七二—一九六二]による序文と注のある『サン・シモンの教説』(*Doctrine de Saint-Simon*)(二〇四ページ)を参照のこと。一八二九年になされたこのサン・シモン主義の説明が、十九世紀の最も優れた作品の一つであることとは別に、ブーグレとアレヴィの注の中に蓄積された仕事は、私の知るかぎり一八〇〇年から一八三〇年にわたるヨーロッパ精神を効果的に究明した最も重要な貢献の一つとなっている。

(14) 誰かが引き受けなければならない簡単で有益な仕事は、それぞれの時代に次の未来に関してなされた予想を集めることである。私自身、いつの時代にも、未来を予見した人間が確かにいたという事実を前に驚嘆するには充分な程度の文献は集めている。

(15) スチュアート・ミル『自由論』(*La liberté*)、デュポン・ホワイト訳、一三一—一三二ページ。

(16) 『全集』第一巻、一〇六ページ。

(17) 『農民の歴史』(*Histoire de Jacques*)第二巻、I、六四三ページ。

(18) 「似たような意見がより広い世界の人びとの精神にも徐々に浸透し、そしてそれが他人の意見も支配し、またさまざまな案件もそこから解決のための力を得ていることがこの私にも理解できる。こうして現代の書物の中にうまく入り込んだその思想は、ヨーロッパが恐れている全面革命へとすべてを配置する」。『人間知性新論』(*Nouveaux Essais sur l'entendement humain*)第四巻、第十六章。以上の言葉は二つのことを明らかにしている。第一に、ライプニッツがこれを書いた頃とほぼ同時期の一七〇〇年あたりの人間は、一世紀後に起こったことを予見することができたということ。第二に、現代ヨーロッパの疾患は、通常考えられるよりも時間的にも生的にももっと深い地層に発していること。

(19)「自らをあらゆる種類の法を変えるべき運命の持ち主と信じたわれらの世紀……」。ダランベール「百科全書への序説」(Discours préliminaire de l'Encyclopédie)『著作集』第一巻、一八二一年、五六ページ。

(20)「この誠実で非難の余地のない、しかし見通しが甘くうわすべりの一八四八年革命は、結果として、一年も経たないうちに、わが国で最も動きの鈍い、先見の明のない、そして頑迷な保守層に力を与えることになった」。ルナン『現代の問題』(Renan, *Questions contemporaines*)、第十六章。一八四八年にはまだ若く、そうした動きに共感していたルナンは、壮年期になると、それが「誠実で非難の余地のないもの」とみなしながらも、革命に対する好意的な意見を差し控えるべきであると感じるのである。

(21) J・R・カレ『フォントネルの哲学』(J.R.Carré, *La Philosophie de Fontenelle*)、一四三ページ。

(22) 前出の拙著「体系としての歴史」参照。

(23) 彼のスチュアート・ミル『自由論』の翻訳への序文、四四ページ。

(24) これは単に言い方の問題ではなく、文字どおりの真実なのだ。なぜならそれは、今日でも《有効性》という言葉がより直接的な意味を持っている世界、すなわち法律の世界で価値を持っているからである。イギリスでは、「過去と現在を隔てるものはなにもない。実定法は途切れることなく遥か太古の時代まで歴史の中を遡ることができる。イギリスの法律は歴史的な法律である。

法的に言えば、イギリスに古い法律はないのである」「それゆえイギリスでは、いかなる時代のものであれ、すべての法が現行のものである」。レヴィ・ウルマン『イギリスの法体系』(Lévy-Ullmann, *Le système juridique de l'Angleterre*)第一巻、三八—三九ページ。

(25) エッセイ「ヘーゲルとアメリカ」(一九二八年)とその少し後に出た合衆国についてのいくつかの記事も参照していただきたい。『全集』第二巻、第四巻参照。

第一部

(1) 一九二一年刊行の拙著『無脊椎のスペイン』(*España invertebrada*)〔桑名一博訳『オルテガ著作集』第二巻、白水社、一九六九年所収〕、「エル・ソル」(*El Sol*)紙に載せた「大衆」という題の記事(一九二六年刊)、そしてブエノス・アイレスの「芸術の友協会」で話した二つの講演(一九二八年刊)などで、私は本試論が展開しているテーマを問題にした。いまの私の意図は、これまで私が言ってきたことを集め完成させること、そうすることによって現代における最も重大な事実について組織だった理論を得ることである。

(2) その過程で悲劇的であったのは、これらの密集が行なわれる一方、地方の人口減少が始まったことで、これが帝国の人口に決定的な減少をもたらさざるを得なかったことである。

(3) 前出の拙著『無脊椎のスペイン』(日刊紙「エル・ソル」での連載が始まったのが一九二一年である)参照のこと。この機会を利用して、寛大にも拙著について書いてくださった外国の方にお知らせしたいのだが、ときに私の記事の最初の日付を特定する際に困難を感じておられるようである。私の著作のほとんどすべては新聞記事という形態で世に出たということで、その大半は一冊の本になるまで何年もかかっているからである。

(4) ハドリアヌス帝の貨幣の刻印には、幸いなるイタリア(Italia Felix)、黄金世紀(Saeculum aureum)、不動の大地神(Tellus stabilita)、豊饒の時(Temporum Felicitas)などの字が読める。コーエン[ドイツ、新カント派の哲学者。一八四二―一九一八]の優れた古銭コレクションは別にして、ロストフツェフ[ロシア生まれのアメリカの歴史家。一八七〇―一九五二]の次の本に収録されているいくつかの貨幣をご覧いただきたい。『ローマ帝国の社会ならびに経済の歴史』(Rostovtzeff, *The Social and Economic History of the Roman Empire*)、一九二六年、図版五二、五八八ページ、注6。

(5) ヘーゲルの『歴史哲学』(ホセ・ガオスのスペイン語訳)の満足せる時代についての素晴らしいページをどうぞ続けて読んでいただきたい。「西洋評論」(*Revista de Occidente*)誌、第一巻、四一ページ以下。

(6) 一世代前の時代が自らにつけた「近代」「近代性」のもともとの意味は、いま私が分析している「時代の高さ」という感覚を実に鋭く表わしている。近代(Moderno)とは、様式(modo)に沿っているということだ。つまり新しい様式、修正(modificación)もしくは流行、すなわちそれぞれの時点で、古く伝統的で、過去に用いられていた様式に抗して生まれてきた様式である。したがって「近代」という言葉は、古いものより優れた新しい生という意識を表わしていると同時に、時代の高さに立てという命令を意味している。「近代人」にとって、近代人でないことは歴史的水準以下に落ちることと同じなのだ。

(7)『芸術の非人間化』(*La deshumanización del arte*)[神吉敬三訳『オルテガ著作集』第三巻、白水社、一九七〇年所収]。

(8) まさに人間の生的時間が限られていて、まさに死すべき存在であるからこそ、距離や時間の遅れを克服しなければならないのである。その存在が不死である神にとって、自動車など意味がないであろう。

(9) 最悪の場合、そして世界が唯一の出口に限られているように見えるときでも、いつも出口は二つあるだろう。つまりその唯一の出口と、世界そのものから出て行くことである。しかしちょうどドアが部屋の一部であるように、世界からの出口も世界の一部なのだ。

(10) 私の最初の著作『ドン・キホーテをめぐる思索』(*Meditaciones del Quijote*)(一九一六年)のプロローグにも書いたとおりである[佐々木孝訳『ドン・キホーテをめぐる思索』、未来社、一九八七年]。また「ラス・アトランティダス」(Las Atlántidas)では「地平線」という名前で現われている。他にも、『傍観者』(*El Espectador*)第七巻に収録した「国家のスポーツ的起源」(El origen deportivo del Estado)(一九二六年)というエッセイもご覧いただきたい[西澤龍生訳『傍観者』、筑摩書房、一九七三年に収録]。

(11) ニュートンの世界は無限である。しかしこの無限性は大きさのことではなく、一つの空虚な一般化、抽象的で中身のないユートピアなのだ。アインシュタインの世界は有限であるが、そのどの部分も中身のつまった、具体的な世界である。したがって物が豊かにある、そして実質上、最大規模のものである。

(12) 精神の自由、すなわち知性の潜在能力は、伝統的に分離不可能な理念を分離する能力によって計られる。ケーラーがチンパンジーの知性に関する研究の中で言っているように、理念を分離するのは、結びつけるより遥かに骨が折れる。人間の理解力が今ほど分離の能力を身につけたことはなかったのである。

(13) これこそ今日を没落だとする診断の最も根源的な原因である。私たちが没落しているのだというのではなく、そのあらゆる可能性を認める覚悟をした上で、没落の可能性も除外しないだけの話である。

(14) しかしながら、過去から積極的な指針というのではないにしろ、いくつか消極的な忠告を受けることは可能だと考えられるだろう。過去は私たちがすべきことではなく、避けるべきことを教えてくれるのだ。

(15) 現代の最も偉大な物理学者の一人で、アインシュタインの友人であり後継者でもあるヘルマン・ワイル[ドイツ生まれのアメリカ人。一八八五―一九五五]は、その私的な会話の中で、常々こう言っているそうだ。もし十人あるいは十二人の特定の物理学者が突然死んだとしたら、現代物理学の素晴らしい成果が永遠に人類から失われてしまうのはほぼ確実である、と。人間の精神を抽象的で複雑な物理学理論に適応させるのに、実に多くの世紀にわたる準備が必要だったのである。未来の技術の基礎ともなる、この素晴らしい人間の可能性を無に帰してしまうような出来事はいくらでも転がっている。

(16) ひとりの個人が他の人たちとの関係でたとえどのように豊かであろうと、世界全体は貧しかったから、彼の富が彼にもたらしてくれる容易さとか便利さなど実に限られたものであった。現代の平均人の生活は、他の時代の最高権力者のそれよりさらに容易で便利で、そして安全なのである。もしも世界が他の時代よりも豊かで、彼に素晴らしい道路、鉄道、電報、ホテル、肉体的な安全そしてアスピリンを提供してくれるなら、自分が他の人たちより豊かでないとして、それが何であろうか。

(17) おのれの性向のままなげやりになった大衆は、彼自身が平民であれ「貴族」であれ、生きたいという熱望の中で、いつも自分の生の諸原因を破壊しようという傾向にある。私にはいつもこの「生のために生きることの原因を失う」(propter vitam, vivendi perdere causas.)という傾向は、あるおかしな戯画と重なって思い起こされる。それは、一七五九年九月十三日、カルロス三世が即位宣言をした日に、アルメリア近くのニハール村で起こった事件である。即位宣言は村の広場で行なわれた。「式のあと、大群衆に酒が運ばれたのだが、人びとは七十七アローバ[一アローバは約十六リットル]のブドウ酒、四つの革袋の焼酎を飲み干した。酒のせいで熱くなった群集は何度も歓声をあげて村の共同穀倉に向かって行進し、そこにあった小麦と金庫にあった九百レアール[スペインのふるい貨幣]の金を穀倉の窓から放り投げた。そしてそこからさらにタバコ専売店に押しかけ、給料用の金とタバコを放り出すよう命じた。他の店でも同じことを命じ、その日の催しに一層箔を付けるために、店々にあったすべての種類の酒や食品をばら撒くよう強要したのである。教会関係者も駆けつけたが同じような結果になり、群集は女たちに向かって大声で家の中にあるものをすべて放り出せなどと命じた。女たちはまったく執着もせずこの命令を実行したので、家の中にはパンも、小麦も小麦粉も、大麦も皿も、土鍋もシチュー鍋も乳鉢も、そして椅子さえも残らないまでになり、かくして村は壊滅状態になってしまった」。以上、マヌエル・ダンビラ著『カルロス三世の治世』(Manuel Danvila, *Reinado de Carlos III*) 第二巻、一〇ページの注2に引用されているサンチェス・デ・トカ氏所蔵の当時の文書によるものである。この村は王制の喜びを生きようとして、自分自身を滅ぼしてしまったのだ。感嘆すべきかな、ニハールよ！　未来は君のものだ！

(18) どのような問題を前にしてでも、たまたま自分の頭の中にあったことを考えることで満足しているような人は、知的なレベルとしては大衆である。それに対して、自分の心の中に前もっての努力もなしに見つかるものを過小評価し、いまもって彼自身の上にあるもの、それを得るためには新しい伸びを必要とするものを価値あるものとする人は優れた人である。

(19) 前出の拙著『無脊椎のスペイン』、一五六ページ参照。

(20) 先のところでは、「貴族」という言葉を、世襲制はさておき、その当初の意味まで戻すことが目的なので、歴史の中に何度も「貴族の血統」が現われたという事実を研究する余裕がまだない。この問題は手付かずのままとっておこう。

(21) 前出の拙著『傍観者』第七巻の中の「国家のスポーツ的起源」参照のこと。

(22) 大衆、とりわけスペイン人大衆の不従順については、すでに『無脊椎のスペイン』の中で話しているので、そちらを参照していただきたい。

(23) いままで何度も私は次のような問題を自分自身に問いかけたものだ。多くの人たちにとって、人生の最も苦悩に満ちた苦しみの一つが、愚かな隣人との接触、衝突であったに違いないのは明らかである。しかしながら私が知る限りではそのことについての研究、つまり「愚かさについての試論」が今まで決して試みられなかったのはどうしてなのだろうか。

(24) 問題をはぐらかさないでもらいたい。意見することはすべて理論化することなり。

(25) もし誰かが私たちとの議論で真理に基づくことに関心を示さないとしたら、つまり真実たらんとする意志を持っていないとしたら、彼は知的なレベルでは野蛮人なのだ。事実、これこそが大衆化した人間が話し、講演し、あるいは執筆するときの姿勢なのである。

(26) いまさら言うまでもないことだが、誰もこれらの表現を真面目に取る人はほとんどいないであろうし、正しい意図を持っている人でも、もしかして感動的な隠喩として捉えるであろう。生とは何であるか、あるいは少なくとも生とは何ではないか、をすでに決定的に知っているなどと信じない程度に無垢な読者なら、これらの言葉の第一義を素直に会得するであろうし、まさにそれらを——真実であろうが偽りであろうが——理解する人であろう。それ以外の人たちの間では最も熱烈な一致が支配するかも知れないが、唯一つぎの点だけが違っている。すなわちある人たちは、真面目に話すとすれば、生は魂の実存的過程であると考えるであろうし、また別の人たちは、それは化学的反応の連鎖であると考えるであろう。実に自閉的な読者を前にして、すべての思考様式を要約してみせて、生という言葉の一義的かつ根本的意味は生物学での意味ではなく、伝記における意味で使われるときに初めて現われる、などと口上を述べたとして、私の立場が好転するとは思えない。なぜ伝記的意味において使用されるべきかと言えば、生物学というものはすべて究極的にはある伝記の一章にすぎず、生物学者が(伝記になり得る)生涯を賭けて行なうものであるという、最強の理由付けに拠る。それ以外の理由付けは抽象、幻想、そして神話である。

(27) 過去を前にしてのこうしたゆったりした動きは、気取った反抗の態度ではなく、逆に「危機的な時代」が義務として取るべき明白な態度なのだ。もし私が無礼にも自由主義を攻撃する大衆に対して、十九世紀の自由主義を擁護しても、それはその自由主義そのものに対する完全に自由な態度を放棄するわけではない。まったく逆で、本試論でその最も悪い面が強調されている原始性は、他の場面では、またある意味では、すべての偉大なる歴史的進歩のための条件なのだ。数年前、『傍観者』第三巻の「生物学と教育学」(Biología y pedagogía)に書いた「野蛮性のパラドックス」(La paradoja del salvajismo)を参照いただきたい[邦訳は、西澤龍生訳『現代文明の砂漠にて』、新泉社、一九七四年に収録]。

(28) だから私の考えでは、アメリカとはすなわち「技術」なり、と定義すれば何ごとかを言ったつもりになっている人は、実は何も言っていないわけだ。ヨーロッパ人の意識をかなり深刻に乱しているものの一つは、最も教養ある人の定見でさえをも支えているこうした幼稚なアメリカ観の総体である。これらは、現代の問題の複雑さと人びとの精神能力の間の不均衡を示す特殊例であり、この問題は後ほど触れることとする。

(29) 厳密に言うなら、自由主義的デモクラシーと技術は密接に絡み合い、互いに含み合っているので、片方なしの片方は考えられず、したがって両者を包括する一般名称が欲しいくらいである。

それこそ真の名前であり、前世紀の本質を言い当てたものとなろう。

(30) より内面的な問題については触れないでおこう。研究者の大部分ですら、彼らの学問が今日遭遇している、深刻で危険極まりない内的危機について軽く疑うことさえしていない。

(31) アリストテレス『形而上学』八九三a一〇。

(32) すべての生の原理——政治、法律、芸術、道徳、宗教——がそれ自体に実際の危機に、あるいは少なくとも過渡的な機能停止に陥っているという事実は、すでに指摘しておいたが、事態の奇怪さを百倍にもする。科学だけが失敗せず、そればかりか毎日、約束しているものすべて、いや約束しているもの以上に、奇跡的な成長をもたらしている。したがって科学に比するものはないのだから、平均人が何か別の文化的興味に心奪われて、科学に対して無関心であるという弁解を許容する理由にはならないだろう。

(33) この後に続けて問題にするつもりだが、ここにすでにある時代の学問の状態とその文化の状態との間の相違をかいま見ることができる。

(34) 一世代の活動期間は約三十年続く。しかしその期間は二つの時期に分かれ、二つの形式をとる。前半部は——おおよそだが——新しい世代が彼らの思想や好みや趣向を宣伝するのだが、やがてそれらは有効性を獲得し、その期間の後半部には支配的なものとなる。しかし自分たちの支配下で教育された世代は、すでに他の思想や好みや趣向を持っており、それらを社会に注入し始める。支配的な世代の思想や好みや趣向が極端なものである場合、つまり革命的である場合、新しい世代は反極端主義、反革命的、つまり本質的に復古的な魂の持ち主となる。もちろんこの復古という言葉で単純な「古きものへの回帰」と理解すべきではない。復古がそんなものであったためしは一度もないのだ。

(35) 諸手段の増加、いやその手段の豊かささえも余剰と混同してもらっては困る。十九世紀には生活がますます便利になり、そのことは先にも指摘しておいたように生の――量的かつ質的な――驚くべき増加を生み出した。しかし平均人の潜在能力と比して、文明世界は余剰で過剰なまでに豊かで物が有り余っているという様相を呈することになった。ほんの一例を挙げると、進歩(すなわち生活の便利さが常に右肩上がりの状態のこと)が約束するかに見える安全性が、すでにして偽りの、萎縮性の、悪に傾きやすい、自信を吹き込むことによって平均人を駄目にしたのである。

(36) 他の場合と同じく、ここでもイギリスの貴族制は一つの例外と思われる。しかしそれは実に感嘆すべきケースではあるが、イギリス史の概略の流れを描くだけで、この例外が、例外でありながらも法則を確証していることが充分分かるであろう。普通言われていることとは反対に、イギリスの貴族制は、ヨーロッパでは最も「余剰」とは反対のものだったのであり、他のどの貴族制より絶えざる危険の中に生きてきたのである。そして常に危険と隣り合わせだったおかげで、他から尊敬されることを学び習得したのだ。――それは絶え間なく危機的状況にあったことを想定させる。イギリスが十八世紀の半ばを過ぎてもなお、西欧の最も貧しい国であったという基本的なデータが忘れられている。貴族制はこのこと自体によっても救われたのだ。つまり諸手段が潤沢でなかったため、商業や産業の――大陸では卑賤と思われた――仕事を引き受けざるを得なかった、つまり経済面で生産的に生きること、そして特権などにはすがりつかない覚悟ができたのである。

(37) オルブリヒト『気候と進化』(Olbricht, *Klima und Entwicklung*)、一九二三年参照。

(38) 家が社会に対して持っている意味は、さらに大きな規模では一国民国家が国民諸国家の全体に対して持っている。現行の「お坊ちゃん気どり」の最も明確で目立った表われのひとつは、ご覧のように、いくつかの国民国家が国際的な共存の中で「やりたいことをやる」と決断したことである。人びとは深く考えもせずに、これを「ナショナリズム」と呼んでいる。しかし国際性に対する似非信心じみた服従を嫌悪する私でも、たいして成熟していない国々の過渡的な「お坊ちゃん気取り」がグロテスクに見える。

(39) 太陽は地平線に沈むのではないとコペルニクス的に信じている人でも、相変わらず太陽が沈むのを見ている。つまり見るという行為は最初の確信であるから、太陽が沈むと信じ続けているのだ。どういうことかというと、彼の科学的信念は最初の自然発生的な彼の信念を絶えずせき止めるわけだ。かくしてカトリック信者は、彼自身の真正な自由主義的信念を、その教義論的な信念で否定しているのである。このカトリック信者のケースは、いま私が表明する理念を明らかにするための例として挙げたまでで、私が現代の大衆化した人間、「満足しきったお坊ちゃん」に対する根源的非難を彼に向けているわけではない。このお坊ちゃんと合致しているのは一点だけである。私が「満足しきったお坊ちゃん」を非難するのは、彼のほとんど存在全体に見られる真正さの欠如である。カトリック信者はその存在のいくつかの点で真正ではない。しかしこの両者の部分的一致といえども見かけのものにすぎない。カトリック信者が彼の存在のある部分——好むと好まざるとにかかわらず彼のうちの近代人的な部分すべて——で真正でないのは、宗教的信仰という、彼の実効的な別の部分に対して忠実であろうとするからである。このことは、そのカトリック信者の運命がそれ自体悲劇的であることを意味する。彼はこの非真正さという取り分を受け入れることによって、おのれの義務を果たす。ところが「満足しきったお坊ちゃん」はまさにすべての悲劇を避けるために、まったくの軽薄さをもって、おのれ自身を、そして結局はすべてを投げ出すのだ。

(40) 品位を落とすこと、卑しさは、自分がかくあらねばならぬものになることを否定した人間に残された生の形態である。しかしだからといって彼の真正な生は死ぬわけではなく、自分を責め立てる影、亡霊に形を変え、もともと彼が背負わなければならなかった存在に関して持つことになる存在の劣等性を絶えず感じさせるのだ。品性を落とした人間は、生き残った自殺者である。

(41) 哲学が支配するためには、プラトンが最初に望んだこと——哲学者が支配する——必要はないし、プラトンが後につつましく望んだこと——皇帝たちが哲学する——必要すらない。その二つとも、厳密に言うなら、実に不幸なことである。哲学が支配するには、ただ哲学があればいいのだ。つまり哲学者が哲学者であればいいのだ。約一世紀前から、哲学者は——政治家、教育者、文学者、あるいは科学者という具合に——哲学者以外のすべてであった。

(42) 前出の拙著『無脊椎のスペイン』参照。

(43) 貴族の牙城が中産階級の優位性に取って代わられるという大きな歴史的変化に関するこの箇

単なイメージは、ランケに負っている。しかしもちろんその象徴的かつ図式的な真実が、完全な真実となるためには、少なからずの状況説明が必要である。火薬は太古の昔から知られていた。筒に火薬を詰めるという発見はロンバルディアのある人ということになっている。しかしそうではあるが、弾丸を鋳造することが発明されるに至るためには大して役立たなかったのである。「貴族」は銃火器を大して使わなかったが、あまりにも高くついたからである。経済的に恵まれた形で組織された中産階級の軍隊だけが、大々的に使用することができたのである。しかしながら、ブルゴーニュ人たちから成る中世的なタイプの軍隊によって代表される貴族たちが、スイス人たちが編成していた職業的プロではない、中産階級の新しい軍隊に決定的に敗北したのは、文字どおり確実なこととされている。その第一の強さは新しい軍律、新しい戦術の合理化にあった。

(44) この点を強調すること、つまりヨーロッパ絶対王政の時代はきわめて弱体の国家によって機能していたと指摘することは意味がある。これをどのように説明できるであろうか。すでに周囲の社会は成長を始めていた。もし国家が万能であったとしたら――国家は「絶対」だった――なぜもっと強くならなかったのだろうか。その原因の一つは、すでに指摘されている。すなわち世襲の貴族制の技術的・合理的・官僚的な無能力がそれである。しかしそれだけではない。それ以外にも、絶対王政の中では、あれらの貴族制は社会を犠牲にしてまで国家を大きくすることを望まないという事態が生じた。普通一般の考え方とは違って、絶対王政は私たちの民主国家、つまりより知的で、歴史的責任に対する感覚の少ない民主国家よりも、社会を本能的に尊重していたのだ。

(45) セプティミウス・セウェルスが息子たちに与えた最後の言葉を思い出していただきたい。「一致団結しなさい、兵士たちには給金を払いなさい、その他のことは無視しなさい」。

(46) エリー・アレヴィ『十九世紀イギリス国民の歴史』(Élie Halévy, *Histoire du Peuple anglais au XIXe siècle*)第一巻、一九二一年、四〇ページ参照。

第二部

(1) 拙著「ヘーゲルとアメリカ」(Hegel y América)、『傍観者』第七巻、一九三〇年を参照のこと[西澤龍生訳『現代文明の砂漠にて』、新泉社、一九七四年所収]。

(2) 拙著「ローマの死について」(Sobre la muerte de Roma)、『傍観者』第六巻、一九二七年所収[西澤龍生訳『傍観者』、筑摩書房、一九七三年所収]。

(3) これは物理学や生物学がやっている「自然主義的理性」というものであり、これによって「歴史的理性」よりも理性的でないことを示している。なぜなら歴史的理性が、本試論においてそうであるように、ものごとを表面からではなく根底から扱おうとする際に、いかなる事実をも絶対的なものとして認めることを拒否するからである。歴史的理性にとって、思考することはすべての事実を、その起源を発掘しながら流動化させることにある。前出の拙著「体系としての歴史」を参照のこと。

(4) カタルーニャでいかに二つの対立する躍動する力が働いているかを示すのは興味深いことであろう。すなわちヨーロッパのナショナリズムとバルセロナの都市主義であり、後者の中に古き中世人の傾向が生き続けている。わたしはかつて、レバント人は半島に残る古代人の末裔だと述べたことがある。

(5) 必ずしも中央集権主義を意味しない法的均質性のこと。

(6) 政治とは、おしなべて——「善い」政治であれ悪い政治であれ——政治とは何であるかについての明確な考えを前提とするこの無愛想な断言は、前出の拙著『人と人びと』という社会学的論文に見出される[アンセルモ・マタイス、佐々木孝訳『個人と社会』(『オルテガ著作集』第五巻、白水社、一九六九年)]。

(7) 前出の拙著「国家のスポーツ的起源」、『傍観者』第七巻参照。

(8) ドプシュ[オーストリアの経済史家。一八六八—一九五三]の『ヨーロッパ文明の経済的社会的基礎』(Dopsch, *Fundamentos económicos y sociales de la civilización europea*)、第二版、第二巻、一九二四年、三、四ページ参照。

(9) ローマ人はその集落がどのように密集したものであれ、蛮族《バルバロ》[ローマ人以外の人]たちの居住地域を決して都市と呼ぼうとはしなかった。「仕方なく」それらを百姓の住居と呼んだ。

(10) 知られているように、アウグストゥスの帝国は養父カエサルが作り上げようと熱望したものとは反対のものであった。アウグストゥスはポンペイウスなどカエサルの敵たちの方向に沿って動いたのである。この問題に関して著された今までのところ最良の本はエドゥアルド・マイヤー[ドイツの歴史学者。一八五五—一九三〇]『シーザーの君主制とポンペイウスの元首政治』(Eduard Meyer, *La Monarquía de César y el Principado de Pompeyo*)、一九一八年である。

(11) すべてのスペイン人はスペイン語を話し、すべてのイギリス人は英語を、そしてすべてのドイツ人は高地ドイツ語を話すということでさえ、純然たる事実ではない。

(12) もちろん国民的な言語ではなく特別な意味で国際的な言語であるコイノン(koinón)〔古代ギリシャ・ローマ時代の都市国家で使われていた言語〕とかリングア・フランカ(lingua franca)〔十字軍の時代のプロバンス語を中心とする共通語〕の場合は例外である。

(13) 一見してこれとは矛盾しているように思えること、すなわち帝国内の住民全員に対する市民権の譲渡も実はこの事実を確認してくれる。結局その譲渡は市民権が政治的法規の性格を失って、ついには国家に対するただの役割や奉仕に変わったり、民法上の単なる名目に成り下がっていくのに応じてなされたものだからである。奴隷制が原則的に認められていた文明からこれとは別のことを期待するというのは無理である。それとは逆に、私たちの「国民国家」にとって奴隷制は単なる遺物にすぎない。

(14) この考えによれば、人間存在は否応なく未来志向的な機能をもっている。つまりまずもって未来に生き、未来を糧に生きている。しかしながら私は、古代人とヨーロッパ人とを対置させて、前者は比較的未来に対して閉鎖的で、後者は比較的開放的だと言った。要するに、二つの命題の間に矛盾があるように見える。これは、人間が二層を持つ存在であることを忘れたときにこう見える。つまり一方ではあるがままの存在、もう一方でおおよそ彼の真正な現実と合致する、自分自身についての観念を持っている。もちろん私たちの考え、好み、欲望は私たちの真の存在を消し去ることはできないが、しかしそれを複雑にし、変調させることはできる。古代人やヨーロッパ人はともに未来について関心を持っていた。しかし前者は未来というものを過去の規範に従わせるのに対し、私たちヨーロッパ人は将来に対して、つまり新しいものであるという理由で、それ自体に最大の自律性を残しておく。存在においてではなく好みにおいてのこの相違は、ヨーロッパ人を未来主義者、古代人を懐古主義者と形容することを正当化してくれる。ヨーロッパ人が目覚め、自己を把握するや否や自分の生を「近代」と名付けるようになったのは示唆的である。周知のように、「近代的」という言葉は新しいもの、古い慣習を否定するものという意味がある。すでに十四世紀の終わりに、まさに最も敏感に時代の関心の的となった問題において、近代性を強調することが始まった。たとえば「神秘神学」の分野で一種の前衛派が、近代的信心として話題になったのである。

(15) 国民の始まりは時間的に見て、十八世紀末のロマン主義の最初の兆候のひとつであった。

(16) 私たちはいま、実験室でのそれのように、大じかけで明白な一つの例が試みられるのを目の当たりにする。すなわち私たちは、イギリスが魅力的な計画を提示しながら、帝国内のさまざまな部分を共存という至高の統一のうちにどのように維持し得るか否か見てみよう。

(17) この均質性はもともとの条件の多様性を尊重するものであり、それを消去するものではない。

(18) マルクスの社会主義とボルシェビズムがいかなる共通の局面すら持っていない二つの歴史的現象であることを一気に納得するには、この事実で充分であろう。

イギリス人のためのエピローグ

（1）本論は雑誌『十九世紀』(*The Nineteenth Century*)の一九三七年六月号に掲載されたものである。

（2）時代錯誤がいくぶんか含まれているのは政治にとっては生得的なことである。政治は集団的現象であり、すべての集団的なるものもしくは社会的なるものは、創意に富んだ少数者たちの個人の生に比して、懐古的である。大衆がそれら少数者から離れる度合いに応じて、社会の懐古主義は増大し、通常構成される規模から病的な規模へと移行する。国際連盟の創設にかかわった人たちのリストをざっと眺めてみると、当時の基準で評価さるべき知性をもった人を見つけるのは非常に困難であるし、現在の知性の評価にはなおさら照応しない。もちろんあれら政治家たちの愚行を発展させ遂行しなければならなかった専門家や技術者たちのことを言っているのではない。

（3）イギリス人たちは歩調を合わせてそれを連盟(liga)と呼びたがった。確かにこれだと曖昧さは避けられる。しかし諸国家の集合体を率直に政治的なものと認識はするが、法の圏外に位置づけてしまう。

（4）別の観点から考察されたヨーロッパの統一と複数性については本書の「フランス人のためのプロローグ」を参照されたい。

（5）つまりヨーロッパ社会は、その構成員がそれぞれ国民であるような社会ではないのだ。要するにすべての本物の社会と同じく、その構成員は人間、つまり個人でありヨーロッパ人である。要するにヨーロッパ人である以外に、イギリス人であったり、ドイツ人、スペイン人であったりするわけだ。

（6）たとえば、自称「文明世界」とか「世界の道徳心」への訴えなどだが、これらは「タイムズ」（*The Times*）紙編集長宛ての投書に滑稽な形で登場するものと同じだ。

（7）百五十年前から、イギリスは「婦女子」というメロドラマ的な原則を都合のいいときはいつも——というよりも、都合のいいときのみ——動員しながら国際政治を豊かにしてきた。これが一例である。

（8）「基本的発明品」と呼ぶことができるもの——斧、火、車輪、かご、食器、などなど——は論外である。まさにそれが他のすべてのものの前提であり、そして何千年の年月の中で獲得されたものであるから、派生的もしくは歴史的発明品すべてと比較することはかなり難しいだろう。

（9）これらの意見の中でいつも大きな役割を演じているのが、西欧全体に共通する有効性であるということを付け加えておきたい。

（10）今年［一九三七年］の四月、バルセロナに駐在する「タイムズ」紙の特派員は、自分のところの新聞に、状況を説明するためのあまりに詳細なデータや数字を書き送った。しかしそれら細かいデータや数字を動員して意味を与える肝心の記事の論旨は、まるでそれが周知の事実ですべて説明できているとして、スペイン人の先祖がモーロ人であったという前提から出発しているのだ。これは、たとえその特派員の勤勉さや公平さがどのようなものであれ、スペインの生の現実について報告する能力に完全に欠けていることの充分な証明となっている。諸民族間の相互認識の新しい技術が、新聞業務の根本的改革を要請しているのは明らかである。

(11) 地平線上に折り重なっている黒雲のように、大きな危険が政治の方角から直接やってくるのではなく、経済の方角からやってくる。全世界の恐ろしい経済的破綻はいったいどの程度まで避けられないのか。エコノミストたちは、彼らの診断に対する信頼が得られるように、私たちにその機会を与えるべきであった。しかし彼らはひとつも切迫感を示してはいない。

(12) 本書の英語版。ジョージ・アレン・アンド・アンウィン社版、ロンドン。

訳者あとがきに代えて

佐々木 淳

本書の訳文は、父・佐々木孝が死の五日前の二〇一八年一二月一五日に息子の私に託した遺稿です。病院での加療・闘病生活に赴く前の最後の週末の夜、南相馬の自宅で病床に伏す母を囲んで、最後となった家族会議が開かれました。その場で、父は十数年にわたって精魂を傾けて完成させた本訳業を出版する願いを家族に伝えたのでした。

父は、定年前の二〇〇二年に東京の大学を辞し、父祖の地・相馬に居を移して、病の母に寄り添う後半生を選びました。新天地で生活を送り始めた父は、ある日、東京に住む私に連絡をよこし、このオルテガ・イ・ガセットの代表作を翻訳してみたいと思っていると、はずんだ調子で伝えてきました。実際に父が、本書の本格的な翻訳を開始したのは、二〇〇六年のことでした。そのきっかけの一つが、一人息子の私が結婚し、福島で両親と一緒に暮らすようになったことだったと考えています。新たな家族である私の妻が加わり、新たな命である孫娘・愛が生まれたことは、父に、喜びとともに自らの魂が引き継がれていく希望をもたらしたようです。父は奮起し、市井のスペイン思想研究者として改めて再出発を決意しました。

その仕事の中心が、『大衆の反逆』の新訳でした。自らの師の神吉敬三先生を含む偉大な先達による既訳がいくつもある中で、父はこの名著を新訳で世に問う必要性を強く感じていました。内外を問わず、ともすればこの作品が曲解、あるいは拡大解釈されてきた傾向に一石を投じたい。オルテガがこの作品に込めたものは何だったのか。大衆、すなわち私たち一人ひとりが覚醒し、慎み深い自己沈潜において新たにまっとうに歩み始めること、それがオルテガの祈りだったのではないか。『ドン・キホーテをめぐる思索』『ガリレオをめぐって』『ヴィルヘルム・ディルタイと生の理念』『個人と社会』『哲学の起源』など、オルテガの他の作品の翻訳を多く手掛けてきた父はそう捉えていたようです。オルテガの真意について思索をめぐらせながら、常に自らの半径三メートル内にいる母を見守り、介護する傍ら、父はこの作品の翻訳を進めました。

長年にわたりミゲル・デ・ウナムーノやオルテガの翻訳と研究を重ね、その人間のありようを見つめてきた父には、世間一般の理解とは異なるもう一つのオルテガ像があったようです。それは、一六世紀ルネサンス期ヨーロッパのエラスムスやスペインのルイス・ビーベスらの系譜に属するユマニスト、つまり人文主義者としてのオルテガ像です。複雑かつ深遠な知性であり続けたオルテガの探索に一生を捧げた父は、常にその文章の中に、論よりも、その論を生み出す人間の魂の在り処を見出そうとしていました。

以下は、父が『平凡社大百科事典』(一九八四年)に記したものです。

オルテガ・イ・ガセット(José Ortega y Gasset　一八八三―一九五五)

スペインの哲学者。〈輪転機の上に生まれ落ちた〉と形容されるほど一族には出版関係者が多く、父オルテガ・イ・ムニーリャ(一八五六―一九二二)も作家、ジャーナリストとして著名。彼自身の執筆活動もかなり早くから行われ、ウナムーノなど一世代前の〈九八年の世代〉のそれとほぼ重なる。

マドリード大学卒業後ドイツに渡り、H・コーエンなど新カント学派のもとで哲学研究の仕上げをし、帰国後の一九一〇年、マドリード大学の形而上学教授となる。彼がその哲学的立場を初めて明確にした『ドン・キホーテをめぐる省察』(一九一四年)では、ドイツ観念論から早くも脱し、〈私は私と私の環境である〉という有名な命題を発見する。これはユクスキュルが生物学(動物生理学)の領域で行った〈環境〉概念の新たな構築を、哲学の領域で企てたものと言える。実在論が〈私〉をもう一つの〈もの〉にし、観念論がすべてを〈私〉のうちに取りこんだとするなら、オルテガの主張は〈私〉と〈もの（環境）〉の真の共存である。つまり真の意味で実在するのは、先の命題の第一の〈私〉すなわち〈私の生〉なのだ。そしてあらゆる実在はただ遠近法的にのみ存在する、つまりパースペクティブが実在の構成要素であるという〈パースペクティビズム〉。

二三年には〈時代の高さ〉を保つ雑誌『西欧評論』を創刊するなど、スペイン語圏の知的向上に努め、三〇年に発表した『大衆の反逆』は、彼の名を文明批評家として広く世界に印象づけた。しかし彼の本領は、処女作以来、遺稿となった『人と人々』（一九五七年）や『哲学の起源とエピローグ』（一九五七年）に至るまで一貫して続けられた〈生・理性〉〈生ける理性〉あるいは〈歴史理性〉の体系化にあった。市民戦争勃発時から四五年までの亡命生活などもあって、その企ては未完に終わったが、J・マリアス、P・ライン・エントラルゴ、J・L・アラングーレンなどの後継者のうちに豊かな実りを結んでいる。

私がオルテガの名を初めて意識したのは、父が東京・五反田の清泉女子大学で教鞭を執っていた頃でした。当時、小学生の私は休日などにこんもりとした樹々に囲まれた小高いキャンパスに連れていってもらいました。ひっそりした父の研究室の机の引き出しには、手作りのフェルトの栞《しおり》が入っていて、そこには「オルテガ」と刺繍されていました。この栞からは、一般にイメージされる鋭利な文明批評家としてのオルテガではなく、まさにフェルトの素朴な質感と、オルガンやオルゴールなどといった言葉にも通じる音感から、何とも言えぬほのかな温もりの感じられる人物像が醸し出されているように思われました。そして、それは父の姿とも重なるものでした。私にとっては子供のころから、オルテガもウナムーノも、父の代名詞のような存在だったのです。

翻訳の底本となったオルテガ全集第四巻には、父の字で「二〇〇七年八月一八日第一回訳了」と記されています。その後、父は時間をかけて翻訳の手直しを続けていました。二〇一一年三月一一日に東日本を大震災と原発事故が襲いました。福島第一原発から二五キロ地点にある私たち家族の住む地域からは次々と住民が避難してゆき、音のない世界が広がりました。その渦中にあって、自宅を離れずに母の手足となって生活を支える決断をした父は、震災前と変わらずに、本書の翻訳の完成を地道に目指しました。納得のゆく翻訳を完成させたのは、父が急逝するまさにその月のことでした。

父には自らの仕事に確固たる指針と矜持がありました。異文化との交わりで生ずる文化の断層をうやむやにするのでなく、しっかりと見据えることこそが、真の相互理解につながると父は固く信じていました。翻訳においてもその考えは一貫していました。原文への忠実性を損なうことなく、その文意を日本語に置き換えることにエネルギーを注いだ自身の翻訳に、信念と自信を持っていたようです。読者の方々が永きにわたって本書を手に取り、父の訳文を通してオルテガと対話して下さることを願っております。

本訳稿が岩波文庫に迎えられるにあたっては、多くの方々の力添えがありました。そのきっかけを作って下さったのは、戸嶋靖昌記念館館長で著述家の執行草舟氏と、朝日新聞編集委員の浜田陽太郎氏でした。お二人とも父の深い理解者であり、最後まで敬慕し続けて下さった最晩年の恩人です。また、スペイン語原文との照合をし、父に代わって校正の作業を担って下さったイエズス会司祭で上智大学元教授のホアン・マシア師、現代にあってオルテガのこの本をどのように読んだらよいか、その指針を解説で示して下さった東京大学社会科学研究所教授の宇野重規氏、父の遺稿の価値を認め、編集を担当された岩波書店の小田野耕明氏、そして、最後まで父の思いに寄り添って下さった魂の友人としての諸氏、以上のすべての方々に心からのお礼を申し上げます。

最後に、父が必ず寄せたであろう結びの言葉を記させていただきます。

——本書を妻・美子に捧げる。

解説　新鮮な自己批判の書

宇野重規

はじめに

本書は、スペインの哲学者ホセ・オルテガ・イ・ガセット(一八八三―一九五五)の『大衆の反逆』(最初、スペインの「エル・ソル」紙に掲載され、一九三〇年に書籍として刊行)に、フランス語版と英語版のために著者が寄せた「フランス人のためのプロローグ」と「イギリス人のためのエピローグ」を加えたものである。この間にスペインでは、フランコ将軍のクーデタによって内戦が始まり、オルテガは亡命を余儀なくされている。その意味で、オルテガの思考の同時代的緊迫感がよくうかがえる構成になっていると言えるだろう。

しばしば、本書は「大衆社会」を批判する代表的著作とされる。二〇世紀において出現した「大衆」とは、一九世紀に理想とされた「教養ある、判断力を持った公衆」と対比されるべき、「知識を持たず、他者と付和雷同する無責任な人々」としてイメージされることが多い。しかし、オルテガの『大衆の反逆』とはそういう本なのだろうか。エリートの視点から、高みに立って大衆を批判する本なのだろうか。

二一世紀の今日、あらためて本書を読み直すとき、このような通俗的なイメージと程遠い、新鮮な自己批判の書が見えてくる。大衆とは、ある意味で、私たちの自画像ではないか。そしてオルテガの念頭にあったのは第一義的にはヨーロッパ世界(とアメリカとロシア(ソ連))だけであったとしても、二一世紀の現在、問題はよりグローバルなレベルで顕在化しているのではないか。どうしても、そのように思えてくるのである。

例えば、次の一節を見てみたい。

むしろ現代の特徴は、凡俗な魂が、自らを凡俗であると認めながらも、その凡俗であることの権利を大胆に主張し、それを相手かまわず押しつけることにある(七四頁、強調点は原文)。

何も自分が特別な才能の持ち主だと思っているわけではない。が、だからと言って何が悪いのか。自分と同じ意見の人間はたくさんいる、だからそれは正しいのだ。それに従わないお前が悪いのだ、自分を認めろ。お前こそが従うべきなのだ。このような言い方で、相手を圧倒しようとする言説が、ＳＮＳの空間をはじめ、今日も世に満ち満ちているのではなかろうか。

あるいは、次はどうだろうか。

つまり私たちは、信じられないほどの能力を有していると感じていても、何を実現すべきかを知らない時代に生きているのだ。あらゆるものを支配しているが、おのれ自身を支配していない時代である（一一一頁）。

たしかにテクノロジーは進化した。ＩＴを用いればあらゆる情報を入手できるし、３Ｄプリンターによって何でも作ることができる。バイオテクノロジーやナノテクノロジーによって、生命や極小の世界すら、人間の力でコントロールできるようになった。とは言え、「何をしていいかわからない」、「自分がわからない」と悩む人が世に溢れるのが現代である。これは大いなる逆説であろう。が、ある意味で、オルテガの時代から、そのことはすでに明らかだったとも言える。

今日、本書のリアリティは増すばかりである。以下、本書を読み解く上でのポイントをいくつか確認していこう。

大衆とは誰か

オルテガによれば、大衆は「その定義から見て、自分の存在を律すべきではなく、またそもそも律することもできず、ましてや社会を統治することもできない」(六三頁)人々である。大衆とは、自分や社会を導くことができず、導かれなければならない存在なのである。なぜだろうか。しかし、本書を読んでみても、オルテガが大衆を明確に定義しているようには見えない。あえてそれに近いものを探せば、「大衆とはおのれ自身を特別な理由によって評価せず、「みんなと同じ」であると感じても、そのことに苦しまず、他の人たちと自分は同じなのだと、むしろ満足している人たちのことを言う」(六九頁)あたりだろうか。

オルテガにとって、人間にはそもそもふた通りある。一方が「自らに多くを要求して困難や義務を課す人」であるとすれば、他方は「自らに何ら特別な要求をせず、生きることも既存の自分の繰り返しにすぎず、自己完成への努力をせずに、波の間に間に浮標《ブイ》のように漂っている人」である(六九—七〇頁)。これは興味深い指摘だろう。この基準に従えば、大衆とは、いわゆる経済社会的な意味での「下層階級」とは限らない。労働者階級にも高貴な魂は存在するし、逆に、いわゆる専門家と呼ばれるような人間の間にも、大衆は存在するとオルテガは言う。いかなる階級の中にも大衆と、そうでない人の両方がいるのである。

自分には自分の使命や課題がある。それを見出そうと努力し、自らに多くを求め、その義務をはたしていく人間こそが、オルテガのいう高貴な魂である。そのような人間にとって、自由とは「本来の自己になるための準備」(二一七頁)である。逆に、自分にそのような使命などないと考える人間にとって、自由は重荷であり、あわよくばそれなしですませたいと思うものであろう。それゆえに、そのような人間は自分を律すべきでないし、律したいと思ってもできない。まして社会を指導させてはならない種類の人間であるとオルテガは断言する。

なぜ人間にそのような違いがあるのか、オルテガはその理由を述べない。また、個人に課せられる使命や義務の根拠も示されない。それが神の命令に基づくのか、はたまたカントの定言命法によるのか、詳しい説明があるわけでもない。オルテガによれば、そもそも人間には二種類あり、それはいつの時代も変わらないということになる。

あえて言えば、現代の特異性は、「みんなと同じ」でいいと考える人々が大量に、密集して出現したことにあるのだろう。そのような人々は、かつてであれば少数者のみに許されていた特権的な場に進出し、おのれを主張し、おのれの欲求の実現を求めている。少し前まで彼らは、政治家と呼ばれる人々が、よくわからないにせよ、自分たちよりはいくぶんかは政治問題に通じているはずだと考えていた。これに対し、いまやカフェで自分たちが気楽に話したその内容が、直ちに法になるべきことを疑ってやまない。そのような「平均的」な人々が世界を覆っている。

そのような平均人から成る大衆は、過去の時代を尊敬しないし、理想を求めない。昔の時代と比べて自分たちが劣っているとは考えず、堕落したとか、退廃したとは思わない。むしろ、自分たちの社会は頂点に達したと感じており、自分の力を誇ってはいるが、自分の運命に確信を持てずにいる時代、現代とはまさにそのような時代なのである。

このような時代にふさわしい幻想が進歩主義である。進歩主義者は未来を語りつつ、実は未来を配慮していない。彼らにとって未来は予測可能なものであり、そこに驚きはない。ただ、世界はあらかじめ決まった道筋を歩むだけであり、そこに本質的な刷新はない。「もはや世界は逸脱も後退もなしにまっすぐに進んでいくと確信して、将来についての不安を引っ込め、迷いなく不動の現在に腰をすえる」(一一三頁)。

オルテガによれば、このような大衆化した人々を生み出したのは、自由主義的デモクラシーと技術に代表される一九世紀の文明である。学校教育が発展し、衛生状態はよくなった。人々は快適な暮らしを享受し、物質的に豊かになった。しかしながら、彼らはそのような自分たちの暮らしがなぜ可能になったのか、その理由を知らない。文明社会の便益を享受しながら、そのような文明がいかにして可能になったのかを知らない。ある意味で、大衆とは「満足しきったお坊ちゃん」なのである。

満足しきった彼らは、自己を乗り越えようとは夢にも思わず、自らのうちに閉塞する。過去への尊敬の念も、自分より優れた人々への敬意もないまま、自らの無限の欲望を膨張させるばかりである。オルテガにすれば文明とは共生への意志であるが、その意味で、他者を考慮しない大衆は「反市民的で野蛮となる」（一五五頁）しかない。

「専門主義」の野蛮

興味深いのは、オルテガの大衆批判が、科学者を含む、いわゆる専門家にも及ぶことである。オルテガの見るところ、医師や技師といった人々もまた大衆にほかならない。むしろ彼らこそ、大衆の典型である。なぜなら彼らもまた、科学や文明の運命や、それとの連帯などこれっぽっちも考えていないからである。その意味で彼らは、ただ車を乗り回し、アスピリンを買う人たちとなんら変わらない。

現代において科学は専門分化している。科学が発展するためには科学者は専門化せざるをえない。

つまりそれぞれの世代において科学者がその仕事の領域を縮小せざるを得ないことから、徐々に科学の他の分野との接触を失い、宇宙に関する完全な解釈から遠ざかるということだ。しかしこの宇宙の総合的解明こそが、ヨーロッパの科学、教養、そして文明の名に値する唯一のものなのである(二〇一頁)。

オルテガに言わせれば、専門家が専門の名の下に、細分化された領域に閉じこもり、宇宙の総合的解明や文明の全体的発展に思いを致すことがなくなるならば、そのような専門家はまさに大衆である。たしかに専門家は、自らの専門領域についてよく知っている。しかしながら、ひとたびその外の領域に出たとき、完全に無知である。にもかかわらず、彼らは、自分の知らないことについても、知者として振る舞う。専門家という中途半端な資格を持つがゆえに、彼らは自分に満足し、自分に閉じこもるのである。自らを超えた使命や要請に「聞く耳を持たない」という意味で、彼らは最悪の大衆にほかならない。

社会と国家

オルテガの独自の国家と社会に関する理解も、本書の大きな特徴だろう。彼によれば、社会とは人間の共存のために生まれてくる。その場合、注意しなければならないのは、社会とは結社と異なるということである。両者は「ほとんど反対なもの」(一八頁)とさえオルテガは言う。近代思想の誤謬はこれを取り違えたことにあり、社会とは本来意志の一致により成立したものではない。社会とは昔からの共存の結果であって、社会契約の産物ではないのである。持続的で安定的な共存が可能になるためには、「世論」、「習慣」、「道徳」、「法律」が必要であり、その意味で、「社会とは、互いにいくつかの有効性のある意見や価値評価に従うことを了解している個人の集まり」(三五三頁)なのである。

国家とは、そのような社会の内部に元々あるものではなく、社会が進化する過程において作り出すものである。この場合も、国家を「血の同一性によって結びつけられた人間たちの、自然発生的な共存」(二七九頁)と見なしてはいけない。国家を、それに先立つ言語や民族、宗教の同一性によって基礎づけることはできないのである。むしろ、それは国家による統一の結果であり、「沈殿物」である。国家とはむしろ、それまでは分離していた集団が共存を義務づけられたとき、「共に何かをするために」始まる。

フランスなり、スペインなりの国家が、あらかじめあるものではなく、長い時間をかけて「鍛え上げられた」ものであることをオルテガは強調する。逆に言えば、その存在は自明の存在ではない。異なる集団をつなぎ合わせるものを失ったとき、国家は分裂を免れない。このようなオルテガの国家論の背景に、内戦へと進みつつあるスペインへの危機感を読み込むことも、あながち無理ではないだろう。

　国家とは、血や言語の同一性に基礎づけられるものではなく、その過去によってつなぎとめられるわけでもない。それらは「静的で宿命的で融通の利かない無気力な原理」（二九四頁）にすぎない。むしろ国家にとって重要なのは、未来に何を実現するかである。その意味で、「私たちが国を守るとき、実は私たちの過去ではなく明日を守っているのだ」（二九五頁）というオルテガの言葉は重いものを持っている。

　国民国家はつねに自分を創りあげているか、あるいは解体しているかであり、その中間はない。そして新たな企てが生まれたとき、それまで敵対していた民族との連合の可能性も生じる。「いまヨーロッパ人にとって、ヨーロッパが国民的理念に変わる好機を迎えている」（三〇二頁、強調点は原文）というオルテガの言葉は、まさにヨーロッパが第二次世界大戦に向かっている最中にあって、後のヨーロッパ連合を展望する、あまりに早い予言であったと言えるだろう。イギリス人、フランス人、スペイン人の魂はそれぞれ独自のものを持ちつつ、それでも新しい世代とともに「魂の均質性」（三〇四頁）を増しているという彼の発言に、「ヨーロッパ人」としての彼の強い信念を見て取れる。ヨーロッパは多様性とともにあり、しかし一つの使命とともに結びつけられているという信念を、彼は最後まで失わなかったのである。

オルテガをどう読んでいくか

オルテガの『大衆の反逆』は危機感に満ち満ちている。いまやヨーロッパは世界を導くにたる理念、モラルとエトスを持たないのではないか。その生の充実を失い、衰退の過程にあるのではないか。オルテガはこのことを繰り返し、本書の中で問い直している。その彼の眼前にあったのはアメリカとロシアの台頭である。

オルテガにとって、アメリカはヨーロッパの「若返り」であり、共産主義ロシアという「カモフラージュ」の下には若い民族が見られる。それこそが両者の本質であり、「若者には生きるための理由など必要ない。必要なのはただ口実だけである」(二四四頁)。オルテガは共産主義を認めないが、いずれにせよ、若き両民族に対して、老いていくヨーロッパを対置する。

オルテガにとって、生きるとは「何かに向かって放たれることであり、目標に向かって歩むことである」(二四九頁)。その生が何ものにも向けられておらず、自らを託すものを持たないとき、人間は自らの迷宮をさまよう。自己解放を成し遂げたあと、なすべきこともなく、自らの内に閉じこもる生は空虚である。

国家もまた同じである。「自らを賭ける何もの」を持たなくなり、減退感と無力感に悩む存在として、オルテガはヨーロッパの現状を描いている。ある意味で、このような診断は、現在の日本にも当てはまるかもしれない。民族的・言語的・文化的同一性を強調して、他者に対して開かれることなく、むしろ内なる衰退の言説にとらわれ、未来への共通の企てを考えようとしないのが日本の現状であるとすれば、それはまさに本書の中で描かれているものに等しいのではないか。

自分たちの生活が誰によって創られ、維持されているかを想像することなく、自らに課せられた使命や義務を考えようとしないとき、私たちは誰も「満足しきったお坊ちゃん」である。オルテガの本を読み、これを「新鮮な自己批判の書」として読む理由はそこにある。

ヤ　行

ラ　行

ワ　行

タ　行

ナ　行

ハ　行

マ　行

人名索引

ア　行

カ　行

サ　行

大衆《たいしゅう》の反逆《はんぎゃく》　オルテガ・イ・ガセット著

2020年4月16日　第1刷発行
2023年9月25日　第9刷発行

訳　者　佐々木孝《ささきたかし》

発行者　坂本政謙

発行所　株式会社　岩波書店
〒101-8002　東京都千代田区一ツ橋2-5-5

案内　03-5210-4000　営業部　03-5210-4111
文庫編集部　03-5210-4051
https://www.iwanami.co.jp/

印刷・理想社　カバー・精興社　製本・中永製本

ISBN 978-4-00-342311-0　　Printed in Japan

読書子に寄す

——岩波文庫発刊に際して——

岩波茂雄

真理は万人によって求められることを自ら欲し、芸術は万人によって愛されることを自ら望む。かつては民を愚昧ならしめるために学芸が最も狭き堂宇に閉鎖されたことがあった。今や知識と美とを特権階級の独占より奪い返すことはつねに進取的なる民衆の切実なる要求である。岩波文庫はこの要求に応じそれに励まされて生まれた。それは生命ある不朽の書を少数者の書斎と研究室とより解放して街頭にくまなく立たしめ民衆に伍せしめるであろう。近時大量生産予約出版の流行を見る。その広告宣伝の狂態はしばらくおくも、後代にのこすと誇称する全集がその編集に万全の用意をなしたるか。千古の典籍の翻訳企図に敬虔の態度を欠かざりしか。さらに分売を許さず読者を繋縛して数十冊を強うるがごとき、はたしてその揚言する学芸解放のゆえんなりや。吾人は天下の名士の声に和してこれを推挙するに躊躇するものである。このときにあたって、岩波書店は自己の責務のいよいよ重大なるを思い、従来の方針の徹底を期するため、すでに十数年以前より志して来た計画を慎重審議この際断然実行することにした。吾人は範をかのレクラム文庫にとり、古今東西にわたって文芸・哲学・社会科学・自然科学等種類のいかんを問わず、いやしくも万人の必読すべき真に古典的価値ある書をきわめて簡易なる形式において逐次刊行し、あらゆる人間に須要なる生活向上の資料、生活批判の原理を提供せんと欲する。この文庫は予約出版の方法を排したるがゆえに、読者は自己の欲する時に自己の欲する書物を各個に自由に選択することができる。携帯に便にして価格の低きを最主とするがゆえに、外観を顧みざるも内容に至っては厳選最も力を尽くし、従来の岩波出版物の特色をますます発揮せしめようとする。この計画たるや世間の一時の投機的なるものと異なり、永遠の事業として吾人は微力を傾倒し、あらゆる犠牲を忍んで今後永久に継続発展せしめ、もって文庫の使命を遺憾なく果たさしめることを期する。芸術を愛し知識を求むる士の自ら進んでこの挙に参加し、希望と忠言とを寄せられることは吾人の熱望するところである。その性質上経済的には最も困難多きこの事業にあえて当たらんとする吾人の志を諒として、その達成のため世の読書子とのうるわしき共同を期待する。

昭和二年七月